珍藏本
纪念版

汉译世界学术名著丛书

华盛顿选集

〔美〕乔治·华盛顿 著

聂崇信 吕德本 熊希龄 译

商務印書館
SINCE 1897 The Commercial Press

2017年·北京

Edited by
Jonas Viles
GEORGE WASHINGTON
LETTERS AND ADDRESSES
New York
The Sun Dial Classics Co.
Publishers
1909
根据纽约日晷名著出版公司版本译出

乔治·华盛顿

汉译世界学术名著丛书
（120 年纪念版·珍藏本）
出 版 说 明

2017 年 2 月 11 日，商务印书馆迎来 120 岁的生日。120 年前，商务印书馆前贤怀揣文化救国的理想，抱持“昌明教育，开启民智”的使命，立足本土，放眼寰宇，以出版为津梁，沟通中西，为中国、为世界提供最富智慧的思想文化成果。无论世事白云苍狗，潮流左右激荡，甚至战火硝烟弥漫，始终践行学术报国之志，无改初心。

迻译世界各国学术名著，即其一端。早在 20 世纪初年便出版《原富》《天演论》等影响至今的代表性著作，1950 年代后更致力于外国哲学和社会科学经典的译介，及至 1980 年代，辑为“汉译世界学术名著丛书”，汇涓为流，蔚为大观。丛书自 1981 年开始出版，历时三十余年，迄今已推出七百种，是我国现代出版史上规模最大、最为重要的学术翻译工程。

丛书所选之书，立场观点不囿于一派，学科领域不限于一门，皆为文明开启以来，各时代、各国家、各民族的思想与文化精粹，代表着人类已经到达过的精神境界。丛书系统译介世界学术经典，引领时代思想，为本土原创学术的发展提供丰富的文化滋养，为推动中国现代学术和现代化进程做出了突出的贡献。

为纪念商务印书馆成立120周年，我们整体推出“汉译世界学术名著丛书”120年纪念版的珍藏本，寄望既利于文化积累，又便于研读查考，同时向长期支持丛书出版的译者、编者和读者致以敬意。

两甲子后的今天，商务印书馆又站在了一个新的历史时间节点上。我们不仅要铭记先辈的身影和足迹，更须让我们的步伐充满新的时代精神。这是商务人代代相传的事业，更是与国家和民族的命运始终紧密相连的事业。我们责无旁贷，必须做好我们这代人的传承与创造，让我们的努力和成果不仅凝聚成民族文化的记忆，还能成为后来人可以接续的事业。唯此，才能不负前贤，无愧来者。

商务印书馆编辑部

2017年10月

出版说明

北美殖民地独立战争的军事统帅、美利坚合众国第一任总统乔治·华盛顿(1732—1799),是美国历史上一位伟大的政治家。他1732年2月生于弗吉尼亚的布里奇斯湾,祖辈原系英国望族,于1658年迁居北美。他十一岁时丧父,受教育不多,十六岁开始任土地丈量员。1753年,开始在英国军队中服役,任弗吉尼亚团队中校,并参加北美英军对法国人的战争①,于1758年立了显著战功。同年年底辞去军职,退居芒特弗农,开始经营种植园,是当时殖民地最富有者之一②。1759年,当选弗吉尼亚议会代表。以后,即投入反英行列。

1774年秋,华盛顿以弗吉尼亚议会代表和费尔法克斯县志愿兵司令身份参加了第一届大陆会议。1775年6月,第二届大陆会议任命他为大陆军总司令。此后,他即率领大陆军在民兵配合下同英国殖民军进行了长达八年的独立战争,获得了最后胜利。1783年,他宣布辞去大陆军司令职务。1787年,主持费城制宪会议;新宪法获得批准后,他于1789年被选为合众国总统;1792年,又重新当选连任。第二任总统任期届满后,他拒绝再做总统候选

① 即英法七年战争(1756—1763)在美洲的一部分。

② 当时华盛顿在西弗吉尼亚有四万英亩土地,在弗吉尼亚有七万英亩土地。

人,宣布退出政治生活,回到芒特弗农庄园。1799 年,病逝。

本书共收录华盛顿的书信、文章、演说等二百三十二篇,写作时间在 1748 至 1799 年间,基本上反映了他一生的生活、思想和政治主张。

本书内容表明,早在独立战争爆发以前,华盛顿反对英国殖民统治的思想就是明确的。在他致乔治·梅森的信中,就提出为了保卫"天赋自由",殖民地人民在请愿无效以后就应当最后拿起武器的主张①。1774 年 7 月,在反对英国当局对殖民地的课税权时,他已经是弗吉尼亚最激进和最有影响的人物之一了②。但是需要指出,在第一次大陆会议时,华盛顿的政治要求只是使殖民地人民获得自由,恢复和平与安定,并不要求脱离宗主国而独立③。独立战争爆发后,在殖民地实行自治还是独立问题上,他是有过短时期的犹豫的。在这期间,他希望在"光荣条件下"同宗主国实行"和解"。

但是从 1776 年 2 月以后,他就宣布不再抱有"和解"的想法,决心同"不公正、不人道的国家(英国)断绝一切",并且承认,希望在"光荣条件下实现和解所作的一切努力均已失败"。④《独立宣言》发表后,他当即表示热烈支持,并且命令向大陆军士兵宣读宣言全文。

需要强调的是,华盛顿在指挥大陆军的作战中,遇到了许多艰

① 参见本书第二十七篇。
② 参见本书第三十三篇。
③ 参见本书第三十四篇。
④ 参见本书第五十篇。

难险阻。士兵多为农民，实际上是边作战边种田，夏末、秋季要回家收割庄稼，流动性很大，纪律松弛；其次是弹药缺乏，衣食不足，加上军队的组织不健全和各州的本位主义作祟，既影响了战斗力，又给作战指挥和后勤供应增加了困难。华盛顿在坚信战争的正义性和人民的无限爱国热情的指导思想下，采取各种措施提高军队素质，增加部队的战斗力，加上他本人的指挥才能，使这支没有受过正规训练的军队有了统一的领导和统一编制，经过曲折与反复，愈战愈强。1777 年 10 月，萨拉托加大捷以后，英政府面对不利的形势，提出“和谈”，企图使独立战争半途而废；提出只要十三州不脱离宗主国而独立，英国可以答应殖民地其他任何条件。这时华盛顿向大陆会议提出不仅要拒绝，而且要揭穿这种骗术和诡计。他认为，除独立外，其他条件都不能达到目的①。大陆会议采取了华盛顿这一立场，英国的和谈阴谋因而没有得逞。

华盛顿是个共和主义者，主张建立一个强有力的共和制的中央政府。因此，在独立战争末期（1782 年），他断然拒绝了一些有君主主义思想的军官要他出任美国国王的请求。不言而喻，他要建立的中央集权政府的目的在于保护私有财产，所以他对谢司起义是持反对态度的。

华盛顿认为邦联政府缺乏效率，各州的权力过大，彼此之间矛盾很多，经常发生严重争吵；主张对这种体制进行彻底改革，不赞成修修补补。因此，他对取代《邦联条款》的新宪法是坚决拥护的，对新宪法的批准也起了促进作用。新宪法规定建立中央相对集权

① 参见本书第九十六篇。

的强大的联邦政府，但又不过多影响各州和个人权利，是符合以华盛顿为代表的当时的资产阶级的愿望的。所以，他就以联邦党人身份当选为合众国首任总统，任职期间为现行联邦体系的建立作出了贡献，并且开创了不连任三任总统的先例①，受到后人的称道。他的著作对于研究美国历史和他本人，都有重要的参考价值。

本书原名《华盛顿书信与演说集》，原书无目录和篇章编号。这个中译本的目次和注释编码都是我们补编的。

1982 年 11 月

① 1951 年生效的宪法第二十二条修正案规定，任何人不得被选为总统两届以上。

目　　录

一、年青时期的爱情[1]

致罗宾

1748 年

罗宾我友:朋友不在一地时,彼此通讯致候,并经常交流思想,那确实是友谊与尊敬最好的表现。我将不时作此努力,经常使你了解我的处境和生活情况,以表区区之意;希望你有机会时,也能不以为烦,惠我数行。你完全可以肯定,你的来信会得到热情的欢迎。目前我住在爵士府邸,一位十分可人的年青女士(乔治·费尔法克斯上校的妻妹)也寄寓该处。我在这里,心无牵挂,日子本可以过得舒舒服服。但我经常与她做伴,而且无法避免,这就重新点燃了我从前那种对你们低地①美人的激情,真是火上加油,更使我心神不定。要是我能深居独处,不与青年妇女接触,把我那纯洁而烦人的感情埋葬于永久忘却的坟墓之中,我可以多少减轻我的烦恼。我敢肯定,这是我减轻痛苦的唯一验方或良药,这也是对我进行治疗或帮助的唯一秘诀。因我深信,如果我有任何企图的话,我只应得到拒绝,这就只会使我忧上加愁。

二、《俄亥俄日志》摘录[2]

1753 年

翌日,我们偶然遇到一队法兰西属地的印第安人,他们埋伏在

① 苏格兰中南部苏格兰高地和厄普兰兹之间的地区。——译者

那里准备攻击我们。其中之一在不足十五步处向我和吉斯特先生开枪，幸未命中。我们把他拘留起来，一直到晚上九时许才将他释放。然后整个晚上我们一直不停地步行，未作任何停留，以便次日出发时使他们无法追及，因我们确信，只要天一亮，他们就会跟踪追击。第二天，我们继续赶路，直到天黑，到达河边离上纳平斯约两英里处。我们原以为河已封冻，但实际上并非如此，仅离两岸各五十码宽才有冰冻。因河中有大量冰块在飘流，我想上游的冰已经破碎。除乘木排渡河外，别无他法。我们只得以仅有的一把钝斧赶制木排，于日落时竣工。我们整整干了一天。然后出发；但划至河中时，木排陷于冰中，情势危急。我们预料木排随时有沉没的危险，我们也随时可葬身鱼腹，于是我用篙插入水中，试图止住木排，使冰块飘过，谁知激流迅猛异常，撞击木排，把我抛到十英尺深的水中。幸而我抓住木排上的一根木头才侥幸脱险。但是不论我们如何努力，仍无法使木排到达河岸。因我们已靠近一岛，只好被迫放弃木排，登上该岛。

当时寒气凛冽，吉斯特先生的全部手指和部分脚趾均被冻伤，但河水也已冻结，次晨即毫无困难地履冰离开该岛，去找弗雷泽斯先生。

三、请求授予军职[3]

致理查德·柯尔宾

1754 年 3 月

亲爱的先生：绿泉晤谈，颇承雅爱，承蒙许以少校以上军衔，并被列于远征军主要军官之列。统率全军,既非我所求,也非我所盼,更非我所愿;我必须坦白承认,我年事尚轻,缺少经验,不足以受此重任。既然自知不能胜任,加上爱国热诚,凡可能危及国家的事,实非我所愿意承担。但如能允许我有所希望,倘蒙您认为我胜任中校职务,并蒙在任命军官时为我一言,则铭感无既。

我自认为在能干的、通情达理的指挥官的领导下(我竭诚地希望在他手下任职),以我的戮力不懈与勤于职守,我将奉公守法,不受指责,并将及时证明自己无愧于这次提升。

四、情愿做一名志愿兵[4]

致丁维迪州长

寄自大草地我军营地 1754 年 5 月 29 日

尊敬的先生:虽然我过去曾经要求、现在也仍然希望我从事义务服役而不支领现在的薪给,但我丝毫没有引退之意,这是我首先必须使您明确的。我担心的是因为我没有接受你宽宏大量而我受之有愧的恩惠,你可能竟以忘恩负义相责。阁下,我可以向你保证,像忘恩负义这种歹毒可憎的罪恶是我的胸襟所最不能容,也是我的灵魂所最深恶痛绝的。你的好意,我衷心理解,但愿在有生之年,有机会证明我是愿意效劳的。

至于军职申请者为数甚多以及选择何人的问题,我认为如果这些先生们能像我当时那样对此间情况有所了解,并对此战役所遇到的各种困难有所认识,我相信阁下决不会像现在这样求者盈门,不胜其烦了。然而,我说这些,并非以此作为脱离军职的理由。

就我的情况而言，身体结实，足以迎接并经受最艰苦的考验，而且我自认决心很大，不在任何人之下，在考验来到之时，这当可得到证实，而这一考验，我相信已经迫近。

赴加拿大远征的军官，在服役期间允许支给英军待遇，这一点（我相信）是确切无疑的。既然目前并没有照此办理，因此，阁下，请允许我按志愿者服役，并请您相信，这对我来说，是仅次于英军待遇的一种报酬。因就我所知，我的贡献与英军最好的军官相比，并无逊色。我决不为低于英军薪给而服役，也不会接受折中的待遇，事关荣誉，我只有坚持。尽管如此，我已将阁下意见向他们作了传达，并尽可能装出一副伪善姿态，将可能产生的好处详加阐述，劝告他们接受条件，如果拒绝接受则可能为自己的品格带来污点，因为脱离军职的原因，世人可以随意猜测。我已深深感到他们的辞职所产生的有害影响，因为他们此次随征已取得某些军事艺术的经验，他们中间的大多数在不同时间均曾派出参加过特遣队，对这个国家也有一定了解，而且像我们一样对现在这种艰苦辛劳的生活也都习以为常。这种生活如果忠实地加以报道，我相信麻烦阁下请求军职的人数会大为减少。这最后一个动机已经使我，并将继续使我尽力进行调停，虽然我确信有些人是不会长此下去而不改变的。他们已经答应加以考虑，并将给阁下答复。

我们都需要花钱置备军服，我相信这是人所共知的。我们的军服以及这次远征必须购置的其他必需品，当我们用弗吉尼亚货币去购买时，与英国军官用英镑去购买时相比，所花的钱并不少一丝一毫，这更是人所熟知的。在这一点上，这两种货币的价值应该相等。费尔法克斯上校则说，他们的饮食和杂项开销很大，使他们很少节余。如果他们节余不多,那就是已将薪给用于享受,而我们并没有节余,也没有享受。我们已无缘享受美好生活的乐趣,(我敢说,您会同意我的)。对一个习惯于美好生活的人来说,只能吃到一点咸肉和清水,而且还要从事辛苦吃力的职务,确实是不大容易,这与一个士兵的生活几乎是不相容的,然而还要同样减薪,好像我们的生活已够奢侈了。

希望阁下不要从此得出结论,认为我说这些只是为了增加薪给。我是为了替自己辩护,并向阁下表明我们的抱怨并非轻率从事,而是有充分的理由为依据。服役期间领取全薪或作为一个慷慨的志愿兵,不取分文,这对我来说,几乎是个无关紧要的问题。其实,如果我的境况和我的愿望一致,我会毫不迟疑地选择后者,因为我这样做的动机是纯洁而高尚的;我没有争名逐利之意,而只有一种荣誉感,即忠诚地为我的国王和国家服务就能给我荣誉。

五、大草地的战斗[5]

写给他的兄弟

1754年5月31日于大草地营地

上次通讯后,我们来到此地,三天前我们在此同法国人交战,我方一队士兵同法方一队士兵开仗。我们的大多数士兵均随其他支队外出,留在我指挥下的仅有不到四十名士兵和大约十名或十二名印第安人;但我们取得了辉煌的胜利。战斗持续约十或十三分钟,双方猛烈射击,最后法国人退却逃走,但走也无济于事。因为我们击毙法军十二人,其中有他们的指挥官德·于蒙维尔,俘虏二十一人，其中有拉·福尔斯和德鲁荣和其他两个军校学员。我已将他们送至温切斯特州长阁下处，由威斯特中尉率领二十名士兵押送。我方仅一人阵亡，二三人受伤。我方伤员中有华格纳中尉，希望没有什么危险。我们随时预料敌人将以优势兵力攻击我们，但只要他们拖延一天时间，我们即可做好对付他们的准备。我们已挖好战壕，并在竖立栅栏，希望这一工事今天可以完工。明戈斯人已袭击法军，我希望在他们动手之前给法国人以狠狠打击。我预料今夜会有四十多人来到我们这里，有了这些人，再加上我们的堡垒和弗赖上校的一些援军，我们是会精神振奋、斗志昂扬的。

又及：我所在的右翼，遭受敌人全部火力的袭击，我方一人死亡，其余受伤，但我幸免于难。我听到子弹飕飕飞过，真的，那种声音确实有些悦耳。

六、闲话一则

致费尔法克斯夫人

1755年5月14日于坎柏兰堡

亲爱的夫人：我经历了不少辛苦和困难，终于发现为什么沃德罗普太太比F—X太太更受布雷多克将军的青睐，而在亚力山大检阅时更受尊敬。在告诉你原因之前，我先得取笑你忽视产生效果的手段。你知道那是什么手段吗？噢，请相信我，不多不少，就是由于赠送了美味的蛋糕和山鹬！味道如此鲜美，使所有尝过的人都留下了深刻的印象。因此，对这位不但多姿而且多礼的女士，将军除了赞赏以外还有甚么别的法子呢！

我们很可能在这里再停留三个星期或一个月，以等待车马粮秣；所以不难想象，我的处境将不会是愉快和惬意的，我(在我出来以前)最怕这种事情，比战场上可能发生的一切其他事件都更惧怕。

七、愿意担任候选人[6]

致约翰·A.华盛顿

1755年5月25日于温切斯特

亲爱的兄弟：闻悉费尔法克斯县将被划分，亚力山大先生有意辞去职务。盼你探明费尔法克斯上校的意向，并告我他是否有意当候选人。要是他无此意图，我将乐意参加竞选，如果我认为机会尚佳的话。

卡莱尔少校在威廉斯堡曾以开玩笑的方式向我提及此事，并问我是否愿意。同时他说他虽不清楚，但他们可能在我一无所知的情况下，把我派往此县或彼县参加竞选。我必须承认，用此种方式，无论代表哪个县我都愿意，但是我宁愿代表费尔法克斯，因为我是该地的居民。

希你能探明卡莱尔少校在这方面的真正想法，以及多尔顿、拉姆齐、梅森诸位先生的意见，并望你这样做时，不要多泄露我的意图。我深信你的智慧会为你提供办法。

如果你对此事有任何企图的话，请尽快让我知道你成功的秘诀，以及这些先生们如何受到影响。如果他们似乎有成全我之意，而事情已到紧急关头，那么你可以宣布我的意图，并请求他们的帮助。如果情况与此相反，你发现他们倾向于支持别人，此事我将完全作罢。

格林牧师与麦卡迪上尉对此事的关心将有举足轻重的影响，盼能趁机试探了解他们的意向。你在探索上述诸位的意见时，最好以毫不在乎或漠不关心的态度，一直达到目的为止。然后，你可根据情况，相机行事。

韦斯特上尉（现名伯吉斯）和我们的朋友杰克·韦斯特也能为我们服务，如果他们愿意助你兄弟一臂之力的话。

八、谈布拉多克的败绩[7]

致约翰·A.华盛顿

1755年7月15日于坎柏兰堡

亲爱的兄弟：抵达此间后，听到道路传言，说我已不在人世，并发表过临终讲话，故即以此函相达，使你们知道我尚在人间，也从未发表过临终讲话。由于上帝全能的意旨，我得到近乎神奇的保佑；四颗子弹穿过我的外衣，我先后骑的两匹马均被击毙，我周围的战友也都不幸阵亡，而我竟未负伤。

我们为数目上微不足道的敌人战败，实在是丢脸。由于疲倦，而且缺乏时间，所有情况只有抵芒特弗农欢聚时再行详述；驱车上路以来，这也是我一心向往的时刻。我目前健康欠佳，身体虚弱，得在此稍停二三日，使体力少有恢复，以便更轻松愉快地继续登程，返回家园。你可指望本星期六或星期日晚上见到我。我准备取道我的布尔斯金农庄，估计那时完全可以到达。请向所有朋友们致候。你亲爱的。

九、对弗吉尼亚团军官的讲话

1756 年 1 月 8 日

对行为不端的后果及时提出警告，我相信会有助于激励年轻军官在为国效力时奋发有为，力争上游。我并非担心他们中间会有人干犯法纪，而是怕有些失检的行为，如果掉以轻心，不谨慎对待，不周密思考，也将产生同样不光彩的后果。

所以，我愿意诚挚地以此相劝：对待各项任务，务必欣然接受并坚定果敢地执行。要记住：作为一名军官，并不仅是因为有了军官的委任，而是要有军官的行动；对一个军官决不是只要有军官的头衔，而是有更高于此的要求。纵情欢乐时切莫忘记还应该匀出时间充实自己的知识。现在既然尚无机会从实际范例学习以提高自己，我们就应该为此目的阅读书籍。布兰德以及其他一些人的文献可提供我们希望得到的知识。

先生们，既然我有此荣幸作为你们的上级，我认为对你们提出这种朋友似的忠告是我的职责。而且，我自己就已下定决心，就我在军中短期服役的经验，我的能力和我对部队的关心，尽力注意自己的一举一动，遵守最严格的纪律。另一方面，也请你们信赖，大家都会得到最公正的对待。我将把了解各人的功绩，奖励那些表现勇敢为国立功的人，作为我最乐于从事的职责。我愿意向你们保证，我的行为决不会为偏好所左右，也决不会由于成见而使任何人受到伤害。在我执行任务的整个过程中，我将尽我最大努力做到赏罚分明，决无丝毫的偏颇。

十、谈边境的痛苦[8]

致丁维迪州长

1756 年 4 月 22 日于温切斯特

尊敬的先生：阁下可以想见痛苦的居民和我已陷入何等不幸的处境。我虽具有悲天悯人的心肠，嫉恶如仇和满怀救助的心愿，但我太不熟习哀伤动人的语言，实在难以表达人民的苦难。我能有何作为呢？如果我的鲜血或者生命能制止他们无休无止的报复行为，我宁愿做那些野蛮人的牺牲品，任凭他们千刀万剐以拯救我们的人民。我深悉居民的处境，了解他们的危险境遇，并分担他们的苦难，但除了空言抚慰，别无他策。总之，我已清楚地看出不可避免的毁灭，除非议会采取有力措施，迅速提供援助，目前在要塞中的可怜居民，将只有死路一条，而这个国家的其余人民在野蛮的敌人面前，只有逃之夭夭。总之，居民的处境悲惨，获救的希望甚微，加上对此间军官的恶意中伤、尽情诽谤，矛头所向，无非说我竟能容忍如此严重的不法行为，而服役军中所能博得的荣誉、声名，即使能有所获，也为期尚远。所有这些情况使我悔恨当初，不该接受军职。要是在平常时期，而非如目前这样危在旦夕，我会毫不犹疑地辞去指挥官职务。我从未指望通过这一职位以猎取名利，而当无知的婴儿、无告的家庭遭受屠戮要惟我是问时，我完全可以肯定，这一职位所能带给我的，只能是人们的不满。

女人哀哀乞怜的眼泪，男人频频呼救的哀号，使我悲痛难已。

我愿庄严地宣布，如果我明心见志，我能有助于减轻人民痛苦，即使把我作为牺牲去满足杀人成性的敌人，我也心甘情愿。

十一、谈士兵的艰苦

致约翰·鲁宾逊

1756年8月5日于温切斯特

亲爱的先生：应士兵的一再请求，我听取了他们的意见，并感到有必要转达他们的申诉。他们认为，事实也确系如此，按服役的性质与此间的情况来说，与大陆任何其他地方的士兵相比，他们负担的任务更重，所经受的艰辛痛苦更多，但所得待遇却最低，其他方面的奖励也最少，这一事实使他们感到难过。卡罗来纳州的士兵系按英军待遇；马里兰州士兵，我相信也享受同样待遇；宾夕法尼亚州对于士兵的奖励，一向从优；至于泽西州和纽约州的士兵，记不起待遇多少，但我知道新英格兰诸州的政府，每天除配给士兵拉姆酒、豆，烟叶、姜汁酒、醋等外，还按我们的币值发给多于一先令的钱。

我们的士兵抱怨他们的待遇甚至不够购买鞋、袜、衬衣，而他们的军官为了要他们衣着整齐，执行勤务，还要求他们必须购买。他们说买了这些，就没有足够的钱购买生活必需品或方便生活的用品，使得他们只好以最不愉快的方式在一次不愉快的服役中度日如年。即便我缺乏经验，但由于下列理由，我完全相信他们的待遇即使仅用于制装，也非绰绰有余。英军士兵每天除发给英币八便士外，尚有多种必需品的配给，此皆为我军所无，而且，又能以最低廉的价格买到所需要的物品。此外，一年之中有半年之久驻在营舍或驻地，消耗率仅及我军士兵五分之一，因我军士兵终年跋山涉水，连续行军，而其所得仅为每天——。我军士兵所得少四分之一，每天尚需扣军装费两便士，其他需扣的钱则和英国士兵一样多。由于活动频繁他们需要准备的军需品和服装在数量上要多三倍，在价钱上则高两倍，类此情况，他们的所得又何足以应付开销呢？当然是不可能的。这就是我们的士兵总是衣不蔽体的原因。

把自己的生命暴露于残酷敌人的不断攻击之下而不希求任何报赏的人，是为数不多的，这一点你一定也会同意。另外一点使他们感到极为不安的，就是对伤残的士兵缺乏固定的抚恤。他们对议会的慷慨，衷心感激，对议会的措施，深怀敬意，议会对他们战友的关怀，他们也铭感无既。但是他们说，那只是本届议会的善举，另一届议会可能另作他议。我们无法肯定这一慷慨之举会继续存在，瞻念前景，惟感渺茫；至于奋勇向前，生机勃勃，更缺乏鼓舞，而可能遇到的后果就是负伤，一旦负伤即不适于服役。解甲归来之日，社会视为路人，毫无救助，于是只好乞讨、偷窃或沦为饿殍！简言之，他们对一切可能发生的事完全理解，当他们背负给养翻山越岭、巡逻放哨、埋伏守望、任凭风吹雨打之时，只有树木岩石做他们的遮盖！这一切艰辛，他们也并不感到轻松。老战士已有所感，时以伤心的口气陈诉苦况，并以此作为理由，解释逃兵甚多的现象。为逃兵所花费的钱，专差费、租马费、滥用马匹等，这些钱节余下来就足以用于提高士兵的待遇。如果待遇提高也一定有助于大大减少这些项目的花销。上述种种并不说明在士兵待遇上我有任何别出心裁的建议，那绝非我的本意。我固然希望他们在服役期间能享受和英军相同的待遇，作为对他们辛劳的褒奖，而不是作为一种权利。但是，如国家能每年发给一套军服而不扣回两便士，即可视为优厚的津贴，使他们心满意足。他们所要求的（根据他们所说）只是享有士兵所应享受的权利与待遇，这些权利与待遇是他们从入伍多年的老兵那里获知的。他们并称，假如能如愿以偿则任何艰难困苦均可处之泰然。如果这能办到，并由委员会颁布一项命令，授权我依照军队的规章与习惯给他们供给，使我有所遵循，行事时无须犹疑不决或顾虑重重，定能使国家获益，政府满意。就我们目前情况而言，编制奇特，法令无常，欲求国家、士兵及我本人均能满意，实感困难重重。由于无章可循，每有兴作，难免有所顾虑，生恐违纪。如贵局能如前所述，发布一项指令，我即可以最优惠的价格为全团购置大批军需用品及服装等，分发各连，满足士兵需要，然后，从饷银中扣回所值。这种办法可使士兵获得供应，执行勤务时无虞匮乏，心情愉快，而国家之所费仅为提前数月预支或垫出一笔款项，此款随即由士兵付还。

十二、谈民兵的缺点

致丁维迪州长

1756 年 11 月 9 日于温切斯特

尊敬的先生：首先要谈谈民兵。不论发生何种紧急情况，很难把他们召集起来，这是我经常谈到并引以为憾的。以我在本县及其他县的不愉快的经验，深知这一缺憾为害甚大。民兵开始抗击之前，敌人可有一切机会烧、杀、劫掠并安然逃脱。姑且不一般而论民兵的高昂代价，从下列事例即可见一斑。一次出勤即可派出上尉一人、中尉一人，外加少尉一人，以及上士二三名，士兵七八名。此类情况，其为浪费人力，彰明较著，阁下当无须我再加引证。

再者，民兵召来时，只能在职一月，而一月之中，有一半时间却消耗于往返旅程（来自邻近各县的尤其如此）。到达驻地前，尚需花去一些时间，从事某些勤务，这就意味着有两套人马为同一任务支领薪金。此外，他们对装备的浪费也不可胜述。发给时即杂乱无章，购买时不仅不求价廉，而是恰恰相反。民兵的给养和士兵一样，为了方便，让他们背上几天的给养，而他们却认为这是对尊严的莫大的伤害，宁愿挨饿，也不愿携带。到行军时，缺乏早餐，路上遇到的第一条牛就成为他们的食物，饱餐一顿，再继续前进，中餐晚餐均如法炮制，人民则深受其害。在征用牲口作为给养时，由无知和不负责任的邻居估价，这些人在干这种事情上吃过亏，对能否得到牛钱也丧失了信心，于是估价很高，结果不管怎样，还是公众受损。再有一点是由于缺乏管理民兵的适当法令（我无法归于任何其他理由），他们不服管教，自以为是，坚持错误，对人民并无益处，对国家却成了沉重的包袱。每一个浅薄无知的人都可以大放厥词，抢着发号施令。他的意见如被忽视，即认为自己被小看，受到了凌辱与伤害，为了发泄怨气，立即离队回家。凡此一切均系事实，我亲眼所见为主，部分则系闻诸别人，这些人可信无疑。

对上述情况少加考虑，就不难想象居民们可悲而又不幸的处境，如不从速纠正，势将引起令人痛心的后果。他们已深感痛苦，在民兵保护下并无安全感。他们需要援助时，民兵姗姗来迟，对保护居民的职责漠不关心，也无长久之计，除贪图自己的安逸外，其他毫不在意。总而言之,居民们已有大祸临头之感,整个偏僻地区普遍有向南部诸殖民地迁移的趋势。同时,我预计短期内决无任何家庭会定居弗雷德里克、汉普夏或奥古斯塔。居民们言词恳切,请我派去一连士兵。可惜我无力相助,除非我把自己置于比他们更危险的地位。在他们迫切的请求下,我答应代他们向阁下及议会申请建立一支正规部队以代替民兵和别动队,因这些队伍用处小而花费大。如果是正规军,整个部队在统一指挥下,任何不轨行为都不可能逍遥法外。而非正规部队,则可任性妄为,随意来去,对任何命令指示都可置之脑后。而且,如果所传非误,某些别动队长之所以获得荣衔,全靠欺骗。据说他们向阁下提出的队员名单包括各式各样愿意在他们手下服役的人。部分人名据说是伪造,另一部分并不知道自己已被列入名单,其余的则系用荒诞不经的诺言拉入部队,而这些诺言的兑现,势必有损于部队的职能。但是如不这样办,任何着眼于待遇的人,就会发现虽然士兵与民兵同在良好的管束之下,但他们的待遇存在着巨大的差别。

十三、一点解释

致丁维迪州长

1756年12月24日于亚历山大

尊敬的先生:我信中的用语竟被认为失礼,我为此感到非常抱歉。我从无侮人之意,对于上级,我更是力图在举止言行中保持尊敬。此次去奥古斯塔,本是一片好心,想在可能时对此多灾多难的居民点有所救助。结果发现,没有士兵就无从着手。由于听到霍格上尉的抱怨，我也很想看看他如何行事，所以冒着不小的危险，继续向前。现在回想这一特殊任务，颇以为慰。因为此行使我对边民情况更为熟悉，这些情况，我过去已竭尽所知向你报告过，而我这样做的动机是为国效劳，这一动机从未动摇。我感到遗憾的是，这次的行动以及我近来一些殚精竭虑的作为都遇到不利的解释。至如来自何处，我一无所知。如果我书函话语中直言无私的方式，迹近放肆无礼，我将改正错误，谨言慎行，并将注意按照命令行事，避免多所涉及。

十四、为自己的动机辩护

致弗吉尼亚议会议长

1756 年 12 月

亲爱的先生：从几封信中得知议会对弗吉尼亚团大为不满，并认为有理由对军官们的放纵行为，尤其是酗酒与渎神，提出指责，闻悉此事，深感关注。谁将受到何种谴责，我不愿冒昧推断，但我敢肯定并以我的良心和我所发布的命令与指示作证（在世人眼中我想这将是更能说明问题的证据），证明我本人意向的纯洁，并可说明我曾进行过不懈的努力，制止营中颇为盛行的赌博、酗酒、诅咒种种恶行；另一方面也说明我曾利用一切机会在军官中鼓励力图上进，在士兵中号召忠于职守。为达到这一健康的目的，在措施上我可能有失误之处，但非我所能论列，我所敢说的是：在某些方面应该允许用个人的意图来为自己的行为辩护。在这一问题上，比在其他问题上，我一向更为直言无讳，因为我知道我的品行必然牵入这一场全面的非难。因此，我不得不提出，如果国家认为我的行为应该受到谴责，而且心目中已有人选可以接替我的职务，他现在就可以接替。但从我所作所为来看，谁能比我更能为国家的利益尽心尽力呢？辞去指挥官职务，实为最大乐事，因接受此项任命，并非我的意愿。

我知道由于经验短缺，使我犯过的错误不可胜数。因此，国家稍表不满，我即应引退，如果必须等到有明确的表示时再辞去职务，我将为社会所不齿，也说明我太不爱国，而爱国是我一切行为的最高准则，何况此项职务，我必须坦白承认，我并不乐于担任。

但我丝毫无意为所有军官的行为辩白，因为我了解那将是过于艰巨的任务。有些军官确实是懒散成性，既不能有利于己，又不能有利于国。即使这样的人，我也从未吝予劝导，我自己则一直是兢兢业业为国宣劳，力求尽善尽美，从未懈怠。这将使我在退役时感到心满意足。我的行为，从不为卑念所左右，也从不背离敦品立行的原则希图不义之财。凡此一切，也足以使我在退役时感到心安理得，回想起来也可聊以自慰。我自己勤谨奉公，对部下也曾以此相勉。只要我尚能辨别善恶，这些回想将永远是我心灵的慰藉。

十五、函告近况

致伦敦商人理查德·华盛顿

1757 年 4 月 15 日于卢图恩堡

亲爱的先生：久疏音问，迹近简慢，深以为歉。早想致函致候，迟迟未果，确实是别有原因，如悉真情，当能相谅。

过去二十个月内，我一直随军驻此荒寒边塞，完成一项不可能完成的任务，即以一支为数不多的部队，守卫长达三百五十英里的防线，使居民免遭凶残狡诈的敌人侵袭。久居于此，犹如放逐，如在其他地方，可望获得与朋友通讯的机会，在此地则几乎不可能。

目前，在这块殖民地上稍有头脑的人，根据经验无不相信：如果允许法国人继续占有俄亥俄，并允许他们在该地区定居的印第安各部落之间施展鬼蜮伎俩，我们的和平与安全即将化为乌有。他们也相信：为对付出没无常的敌人，保卫自己的身家性命所需费用（按应该采取的防卫措施来考虑），必然要比撤销一个据点，如杜奎斯尼堡，以消除无中生有的恐惧所花费用要多得多。但不知出于何种奇怪的理由，本季度恐怕不会采取行动摧毁那些野蛮人的根据地。他们已使三个人口众多的居民点谈虎色变，称之为野蛮人最为恰当。

弗吉尼亚，过去确实是甘心情愿以其全部人力物力服务于这一值得想望的目标。我敢断言，过去从来没有，将来也永不会有，像现在这样有利的时机去完成这类事业，因为敌军已被迫北上对付卢图恩爵士的强攻，以保卫他们的家园。

至于我的私人事务的经营情况，我一无所知，无可奉告。但我估计，我应该有一些烟叶，并且可能已经运出。我已请托波马克的卡莱尔上校和拉巴汉诺克的费尔丁·刘易斯先生为我办理，并请他们代表我和你联系。他们是否已部分或全部照此办理，我不了解。因此，愿以下列两事相烦。一、代购各物，如我的汇款不足支付货款，希望你垫付的款数将不会给你带来不便，我丝毫无意由于我的来函为你添加麻烦。二、所购各物，如非价格受到绝对的限制，务请购买款式新颖、质地良好、制作精致的。随函附上购物单一纸，请按单代购为感。

十六、为自己的行为辩护

致丁维迪州长

1757年8月27日于卢图恩堡

先生：我必须请求你允许我为自己的行为辩护。责备恰当时，我是乐于接受责备的，因为，我犯了错误时，就准备承认错误，其迫切之情，比指责我的人有过之无不及。同样，如果我认识到自己有罪，我也会迫不及待地为自己赎罪。另一方面，我不得不深表关切地指出，我最良好的努力并未得到奖赏，就我的行为而言，我虽始终不渝地加以注意，并竭尽所能地合乎常轨，但不能获得阁下有利的评价；否则，阁下就不会在一些事情上责备我行为散漫，玩忽职守，而这些事，我相信我的所作所为，已经超过我的职责，而不是没有尽到职责。在印第安事务上，显而易见地就是这种情况，我已经获得明确无误的指示，不要关注或"处理印第安事务"。因此，近来在致阁下的函件中，避而不提印第安人，并让阿特金先生自己陈述他与印第安人的误会。我知道有关他职权范围以内的事，他直接向阁下报告。至于账单的事，他既不愿与之发生任何关系，而债户则无时不向我催讨，我又无此财力支付，虽然我并不认为这是我的职责，也不愿干预，也只好答应向阁下请示，希望你会指派一位你所信任的人，收集并付清他们所持的账单，除此以外，我还有什么别的办法呢？

十七、感谢在选举中协助

致詹姆斯·伍德

1758 年 7 月

亲爱的上校：我心中充满欢欣感激之情。如果我的感激能在某种程度上补偿你在选举中所经受的辛劳焦虑与痛苦，请务必接受我的谢意。我知道对于一个助人为乐的人，感谢何能补报于万一，而你正是这样一位助人为乐的人。

如何感谢伍德夫人的美意，对人民的选择如何表示我所承担的义务，我无法用言词表达。何必用言词呢？把他们的利益看做我自己的利益（实际情况也确是如此），并且尽我所能谋求国家的荣誉和幸福，还有什么比这更好的感谢吗？我想是没有的；而且要竭尽所能听从他们的指挥。我现在作此永远信守的承诺，而不悬流于形式的承诺。

你和其他朋友，曾以我的名义招待有地产的人，我极为感谢。我希望对那些投票反对我的人没有另眼相看，而是同样对待，让他们吃饱喝足，这是我非常盼望的。我唯一的担心是你在花费上可能过于节约。

我不想谈我的公务。前景满布阴霾，看不出光明的迹象。因此，我不愿多说，只说这一点：除了冬天，一切事务似乎都在后退——只有冬天急遽向前。

十八、致未婚妻[9]

致玛尔塔·柯蒂斯夫人

1758年7月20日

我们已开始向俄亥俄进军。趁信使赴威廉斯堡之便,匆匆写几句话给你——与我生命相连的人。自从我们誓结同心之日起,我的思想一直萦回在你的身边,你好像就是另一个"我"。你永远忠实而亲爱的朋友在为你祈祷,希望万能的主保佑你和我的安全。

十九、谈职责重于私见

致布凯上校[10]

1758年8月6日于坎柏兰堡

亲爱的先生:将军的命令或任何上级军官的命令,一经发出,对我来说就是法律。在服从命令方面我不会犹疑不决,但在命令发布之前,我认为有责任畅所欲言,使你(现任的指挥官)改变修筑一条新路的决定。因为我得到的都是不利于修路的报告,而且根据山岭高峻、地势崎岖等等情况,尤其使我担心的是施工季节的短暂,我认为及时修好一条路,满足我们的需要是不可能的。部分根据我对这一地区的实地勘察,部分根据我雇用的善于了解情况的人所提供的情报,我仍然坚持我的意见。我既身为殖民地军官,应对陛下及殖民地负责。我感到有必要在当时情况下,以你亲眼所见的开诚布公、径情直遂的方式发表我的意见。如果我的看法是上当受骗,我将承认错误，承认自己虽出于好心，但被引入歧途，因而判断错误，而不是出于偏见，有意反对你所认为的有关公共福利的重大措施。如果我不幸而言中，我的行为将说明在这一重要场合我履行了职责；而我们的一切在某种程度上都有赖于良好地履行职责。

二十、致函问候——宣布订婚

致乔治·威廉·费尔法克斯夫人[11]

1758年9月12日于坎伯兰堡营地

亲爱的夫人：本月1日承惠短笺，昨日收到，甚以为慰。我原来以为你不会再和我通讯，当我接读来函，高兴的程度只有让说明一切的时间和我那永远忠实的心来作见证。我现在要用沉默来表示我的欢欣；在某些情况下，希望现在就是这种情况，沉默比动听的雄辩表意更为深刻。

如果你认为我反对我们现行的管理制度会博得任何荣誉，你就是把我的焦虑归因于渴望获得卡斯蒂斯夫人，从而把我见到的那种制度的优点全部摧毁，何时——我无须告诉你，你猜吧！难道我的激动不可能为了自己的荣誉和国家的利益？不错，我承认我自己是爱情的信徒。我承认这件事涉及一位女士，我还要进一步承认这位女士是你所认识的。是的，夫人，正如那位深知她的可爱，深感她的魅力，并将永远倾心于她的人对他的认识一样。当我回想起那些含情脉脉的交往，我就感到她的力量。这些回忆，我只想忘记，直到有朝一日我可以重温旧梦。但是痛苦的经验啊，它告诉我这是不可能的，并且证明了我早就有的见解：命运之神控制着我们的行动,再强的人力也无法抗拒。

亲爱的夫人,你已经使我,或者毋宁说我已经使我自己,坦白地供认了一件简单的事实。不要误解我的意思;不要怀疑,也不要说出去。周围世界无须知道我爱慕的对象。在这个世界上我想知道超乎一切的一件事,而你所认识的朋友中只有一个人能帮我解答,或者能猜到我的意思。所有这一切都再见吧!让我等待更幸福的时刻,如果我还能见到它。此时此刻是枯燥乏味,使人郁郁寡欢。不论是刀光剑影的战场,或温文尔雅的舞会,都不合我的口味。我相信你像你说的那样地幸福,我但愿我也幸福。无忧无虑、精神愉悦、心情舒畅,还有?——当然会使你称心如意,幸福无量。

如果一位可人的女士为了别人的缘故,竟愿自己成为英俊的男人,恐怕许多英俊的男人都愿意自己更加英俊,以便获得斯波茨伍德夫人的欢心。她已成为营中最受欢迎的人,许多人(如果命运垂青)要把自己荣誉的伤疤作为功高的标志,并以此作为信使向她传送他们的爱情。

我很难原谅上一次信差不合时宜的匆遽,他使我不能看到你准备添加的那个字。他本来是可以等待的。这一次信差的时间完全听候你的支配。这次远征的命运无论以什么方式结束,在那以前,可能这是最后一次听到朋友们的消息了。因此,我希望知道你何时启程赴汉普敦,何时你会再一次回到贝尔沃。我很想听到你早日启程的消息,因为我希望在我到达以前,你已经归来。要是我来时见不到你的全家,会使我挂念不已。远征究竟何时结束,现在还很难说。估计 12 月中以前没有可能。你给吉斯特上尉的信,已立即转交。他的回信我将妥为转来。

带给默塞尔上校的口信和问候，我已转达。他和我一起衷心祝愿你和贝尔沃的女士们一切顺遂，生活愉快。请你相信，亲爱的夫人，毫不掩饰地说，我是你最忠顺的、最感恩的卑贱的仆人。

二十一、谈自己的退职

致理查德·华盛顿

1759年9月20日于芒特弗农

亲爱的先生：我的兄弟已安全到达，就健康而言，他的英国之行获益不大。我早就有意作英伦之游，此愿并未因我兄弟的偏见而稍减。他既然健康欠佳，游乐当然受到限制，任何地方，他都会感到索然无味。可惜我现在公务缠身，只好以后再说。

美洲的形势已变得对我们大为有利，幸运的将军们捷报频传。一切战况，你当已在战报中直接看到，无须我再详述。我目前的情况是和一位可人的终身伴侣在此安居。我希望解甲归田，与我所经历的扰攘尘寰相比，我会得到更多的乐趣。衷心感谢你良好的祝愿——为什么你不给我一个机会，以同样的方式向你道喜呢？亲爱的先生，你的祝愿是最亲切而诚挚的。

二十二、定购衣服

致理查德·华盛顿

1761年10月20日于芒特弗农

亲爱的先生：信纸的背面是我想托你购买的衣服清单，并盼能赶上驶来此地的第一班船运出。这些衣服都是我自己穿的。你是行家,你可以根据你自己的喜好代我选择。我既不要花边,也不要绣花。普通衣服,缝上一个金的或银的纽扣(假如是适于上等人的服装),这就是我的全部要求。我原来的衣服都是一个名叫查理斯·劳伦斯的裁缝缝制的,他住在老鱼街。不知是裁缝之过,还是尺寸有误,我的衣服总不合身。因此,我愿把选择裁缝的事也托付给你。随信附上尺码;此外再补充一点,想必也非多余:即我身高为六英尺,体型瘦长并不肥胖。

二十三、谈印花税法

致伦敦弗朗西斯·丹德里奇

1765 年 9 月 20 日于芒特弗农

先生:与令侄女结婚至今已经六年,一向疏于音敬。如您允许我以书信方式问候兴居,以表敬意,并以此信作为开端,我将深以为幸。

我原本无意在此时此刻以书信方式作自我介绍与先生结识,以免我的动机可能被认为出自不纯的念头。今夏接指挥官罗伯特·卡里先生来信,使我有理由相信,我的来信不会为先生感到不快,故不揣冒昧,修书致候。在此以前,我一直以为你对令侄女和我结婚的消息颇感不快——理由则非我所知,因而在结婚时无所表示,并断绝了与她的通讯联系。但如从今以后,我尽我所知,以此间情事相告,如承青睐,我将深以为慰,并将力求定期致函,以补前此的疏慢。

就我所见所闻，目前此间并无任何趣闻。大不列颠议会强加于殖民地的印花税法已成为殖民者日常谈论的唯一话题。他们认为这一违宪的税法是对他们的自由的可怕的进攻，并大声疾呼反对此种侵犯。这一税法及其他远非明智（我认为我可以这样形容）的措施，将引起何种结果，我不愿冒昧断言，但它为母国带来的利益将大大小于内阁的估计却是我敢于肯定的。目前，我们的全部财富已以某种方式流入大不列颠，这是确凿无疑的，而一切促使我们减少进口货品的措施必将有损于这些货品的制造商，这也是肯定无疑的。我们的人民正在睁开眼睛，我们将会看到在大不列颠时那些充斥于我们生活之中的奢侈品，我们完全可以不要，而生活中的必需品则大都可以由我们自己提供。这当然会带来俭朴，并鼓励勤劳。因此，如大不列颠对其产品课以重税，不是要促成这种结果吗？不论我们是否愿意，我想他们是不会强迫我们为他们的出口付钱的；我既不是他们的商人，肯定不会不考虑价值而立即付款。那么，这些限制的用途又何在呢？

至于印花税法，如果孤立地来看，我认为首先产生的恶果将使我们的法院势必关门大吉。因为在目前情况下，即使我们甘心情愿将国会法案付诸实行，要让人人遵守是不可能的（或者是接近不可能）。不仅由于无钱可以交付印花税，单是这一条理由已够充足，而且还有其他许多难以反驳的理由阻止他们这样做。如果我们的法律诉讼一旦停止，我估计希望废止该项税法的人们当中，与殖民地进行贸易的大不列颠商人将不是最后一批。

我现住在费尔法克斯县波托马克河畔，位于亚历山大下游约十英里处，离我妻子的任何亲戚都有数英里远。他们都住在约克河附近,我们一年至多见一次面,有时一年也难见一次。我妻子身体很好,她的儿女(她前夫的子女)都在一起为您和他们的婶娘祝福,并要我表达他们的敬意。请转致我对尊夫人的问候,并希望您会相信我是您最恭顺的仆人。

二十四、谈借债的无益——西部的好处[12]

致约翰·波西上尉

1767 年 6 月 24 日于芒特弗农

先生:我诚恳希望你能获得友好而且有力的支援,使你既能保持产权,又能从债务丛集的困境中摆脱出来。我实在是力所不及,除非我出售部分产业,无法再提供支援。我借出的款项,即使想索回一部分也不可能。我的一位挚友需款四五百英镑,如无此款,就需要出售部分产业。在过去两年中,我一直尽心竭力为之筹措,但迄今尚无着落。上次,你欠格林先生的二百六十镑由我作保,我曾多方设法清偿,但至今仍未如愿。这些事实当可使你明了我的处境。何况我自己还有一些欠款都必须及时清偿,以全信用。

在此情况下,除非我有筹到现款的希望,否则为你偿还债务作保是既荒唐又无用的。固然你的某些债主愿意等待,但有些也可能不愿等待。无论怎样,付债的一天总要到来,那一天来到时,又怎么办呢?一项债务已经一拖再拖,没有清偿,最后由于债主信任我,答应再等待。日子到了而我无力代偿,对我来说这是丢脸,对债主是不公平的。这样的事,我是绝对不会干的。因此,我力所能及的唯一帮助只能是暂不催还你欠我的债款。虽然我正缺钱，但只要我尚能应付，可以尽量放宽期限。至于谁愿意以这种抵押方式出借这么多的钱，我也无以相告。但我相信，很少人会在黑人、牲畜、奴隶这类有风险的容易死亡的抵押品上拿钱来冒险，因为遇上一场疫疠或意外的灾祸就会化为乌有。

就总的情况而言，如果你在三四年内无望维持家业，不能等待这一负债地区的复苏，为避免债户的催逼与现款的短缺，你最好立即出售产业，清偿债务。我的劝告希望你不会见怪。如果我的兄弟处于你的情况，我也会给他同样的忠告。要出售产业，还要赶快（至迟不要过今秋），以免届时银根紧张，售价当然也会下降。出售产业时可先售不必要的，然后才是黑人，必要时土地也可出卖。即使全部产业都需要卖掉，在你面前还有一个广阔的天地。边远地区为冒险家提供了辽阔的前景，许多人都到那里去，一些有事业心的人在莫依加希拉的新居民地以很少的钱为自己和后代创建了可观的产业。清偿债务以后余下的钱，如用于购买土地，二十年以后，其价值会五倍于你现有的产业。弗雷德里克的情况便是例证。海特家及最先在那里购买土地的人所集聚的大量财富，是又一个例证。其实，殖民地上一切巨大产业的创建过程都是例证。我们现有的价值最高的产业，当年还不是认为一文不值以很低价钱买进的吗？这是毫无疑义的。因此，如果我的兄弟处在你的境地，我会给他同样忠告。不过，对你，我只是作为一种提示，供你认真思考；我不希望你在未经仔细思索反复衡量并与朋友周详计议以前，就采纳我的劝告。你现在有两种选择：一种是债务累累，无限愁烦，时时惧怕债主登门，并须廉价出卖劳动成果（这是境遇竭蹶时无法避免的)，还有种种不言而喻的不快，会使你情绪低沉，灰心丧气；另一种是下定决心，摆脱困境，如能保全土地就在那里住下来，着眼于将来的利益，并尽到道义上的责任，为自己的子女建基立业。究竟哪一种选择好，这就是我想问你的，也希望你有暇时加以思考。我可以保证，我提出这一想法，完全是出于真心，毫无隐讳。你如看看公报就会知道，出卖产业的比比皆是，处境不幸的并非仅你一人，许多良好的家庭为着子女的利益，都向内地迁徙。有些声望很高的上等人也在谈到采取这种计划，但非迫于需要，而是出于图利。无论你如何决定，我都希望你成功。

二十五、定制马车

致罗伯特·卡里公司

1768年6月6日于芒特弗农

先生：我的旧马车奔驰道驿，历有年所，现已不堪再用。特寄此函，希望你们为我定制一辆新车，随约翰斯顿船长所载各货(以后将函及)一同运来或交其他船运来。

这类物品，如小心经管，能使用多年，所以我甚愿你们定车时式样务求合乎最新格调，轻便美观，高雅大方；不要粗制滥造，结果无法使用。要用最干的木头，并由有名的工匠来制作。最近，所见进口车中，除通常的钢簧外，还有黄铜管做托，这可使马车较稳，也可作为装饰，我愿意选择这一种。绿色虽较悦目，恐易褪色，如无其他较时兴或更耐久的颜色，仍以绿色为宜。嵌绿(即镶板四周)要用浅金色，或用其他装饰，但要避免粗俗(其他装饰要与纹章及送来的印图相配）。衬里可用颜色明快的上等皮革，我喜欢绿色、蓝色，好与车子外面的颜色相称。车座下的箱子尽量做大一些（旅行时可多装东西），辕马用辕杆（不是用辕）拉车，还要定制一套供四匹中型马用的漂亮的马具，既可用于两个御者（不带箱），也可用于一个御者（带箱）。车盖是活动的，有时要取下，可做一个与车子内部颜色相配的帆布篷。马具上要刻上我的纹章。

上述这种马车如果可以买到未经磨损的旧车，而且价钱较之新制便宜很多（这种情况当然很少，有时也有可能），我宁愿买一辆旧车。但是价钱如果与新制相去无几，则我宁愿新制，并希望由于你们的指导、良好的鉴赏能力与经营方式会使我获得一辆漂亮的新车——但不要铜制的，铜经受不了此间的烈日。

二十六、资助一位有为青年的教育费用

致威廉·拉姆齐

1769 年 1 月 29 日于芒特弗农

亲爱的先生：最近一再听到你称赞泽西学院，好像你有意将你的儿子威廉（听说他年青好学，愿意终身从事学术工作，这一志向不仅可促进他本人的幸福，而且还可为别人造福）送往该院学习。如果你不反对，我将乐于负担他的教育费用。假如你能尽快在你认为方便的时刻送他上学，我可每年资助二十五镑现行货币，直到他完成学业。如果我能活着看到他学业的完成，规定的数目将按年付给。如果我在此期间去世，此信将使我的继承人或遗嘱执行

人承担义务，按照本信的意旨行事。此项资助不指望也不愿意得到偿还，唯一的希望是接受者和资助者一样，都是出自好意，无拘无束。你也不要从施恩的观点来看待或提及此事。请你相信，我是绝对不会张扬的。

二十七、谈对大不列颠的消极抵抗[13]

致乔治·梅森

1769 年 4 月 5 日于芒特弗农

亲爱的先生：随函附上布拉登斯堡的罗斯医生前两天寄给我的信和各种报纸。我怀着更大的兴趣转寄给您，因我渴望知道您对此重大事件的看法，罗斯先生亦有此意。

当不可一世的大不列颠老爷们必欲将我们的自由剥夺净尽而后快的时候，采取某些措施以防毒手，而保卫我们得自祖先的自由，似属势在必行。但以何种方式行事始能有效，尚有争议。

为了保卫与我们生命的一切息息相关的无限宝贵的天赋自由，我们每一个人都应义无反顾地拿起武器……，这就是我直截了当的意见。但我想补充一点，即武器……应该是最后手段，就是最后一件法宝。向国王请愿，向议会陈诉，据说都已无济于事。抵制他们的商品，断绝他们的贸易，能在何种程度上使他们回心转意，重视我们的权利，尚待一试。

北部各殖民地，看来力图采用上述措施。我也认为这是良策，如普遍执行，必有成效。至于能执行到何种程度，我不能预料。毫无疑问，由于利害的冲突，由于那些奸诈自私的小人（他们唯利是图，抓住一切机会营谋私利，置其他考虑于不顾），执行时必有困难。就种烟各州而言，商务分散，而且在某种形式上都操纵在代理商手里，为英国主子服务，困难肯定还要增多。如这里几个县的乡绅们不厌其烦地向人民说清问题，劝使他们欣然同意在一定时间以后不向任何商店购买规定以外的商品，而且自己既不进口也不订购，我看这些困难也并非不可克服。这样一来，即使不能有效地制止代理商进口英国货，至少也将使他们谨慎从事，因为禁购的货品只有不愿抵制英货或毫不考虑我们宗旨的人，才会购买；这种人就应该孤立起来，成为群起攻之的对象。

这类计划我考虑愈多，就愈加热切地希望成功，因为对个人对社会都会有好处——不论对社会的好处如何变幻难测，对个人的好处却是肯定无疑的。就对社会的好处而言，我所考虑的是：他们为达到征集税款这一明确的目的，至少会凭借其课税权（他们权威的唯一来源），对我们的制造业，特别是公用性质的制造业，施加限制。在他们看来，这同样是公平合理的，而且限制我们制造并不比命令我们购买那些加了重税的商品更为困难。但是这种措施无非是又一次独断专行，即使付诸实施，我想我们的处境也不会更加恶化。

另一方面，各殖民地对大不列颠已负债累累，这是人所共知的事实。许多家庭由于家业凋零，已经或接近陷入困窘之中，捉襟见肘，日食维艰，许多产业为了清偿债务而被迫卖出。此种可悲的事例，报纸上比比皆是，所以，我坚决相信这类计划的广泛实行，可使国人度过这一艰苦难熬的时刻，较之其他措施会更为有效。据我估计，只有一种人（商人除外）会对此种计划缺乏好感，就是那些凭借产业养尊处优而又无债务烦恼的人。如果他们不以这一有价值的目标为念,也不考虑别人的利益,则可能认为如此做法有损于他们的舒适和享受而拒绝执行。至于那些手头拮据的人,既省了钱,又保全了面子,对此计划会双手欢迎。因为在此以前,这都是他们瞻前顾后,想做而不敢做的。对那些生活奢侈、开销很大的人则提供了同样有力的理由,节约开支。他们会欣然接受,并以此为借口,从此量入为出。其实,假如他们谨慎度日,早应节约,但因决心不大,无法从俭。他们总认为多年以来,一直如此生活,岂能改变?他们以改变为耻,并深恐生活方式的任何改变会引起世人的怀疑,怀疑他们的家业已趋衰败,而这种怀疑是他们所不能忍受的。因此,他们宁愿一如既往,坚持不改,直到最后无法继续,不得不出卖产业。就是这种只顾目前的思想,使得许多家庭积重难返,直至破产。至于贫寒之家的处境,则会较原来为优,因为他们的情况与较富裕的家庭相比,差距会比以前缩小。

总而言之,我认为此计甚妙,应在此间试行,并可根据我们的情况作必要的更改。但是如何开始,值得考虑;在5月以前,当政府和议会在威廉斯堡开会时订出统一计划,分发各县,以同样方式同时执行。这种做法是否妥当,并能行之有效(不会流于相互之间感情的交流),我尚不无怀疑,并愿听取你的意见。

二十八、谈旅行的好处

致鲍彻博士[14]

1770年5月13日于芒特弗农

先生:9日来函昨夜收到。来函所提卡斯蒂斯需外出旅行以充实其教育的问题，我因毫无准备，难以作圆满的回答。

这件事关系重大，需作极周详的考虑，我尤其应当如此，因为我和他系姻亲关系。如系生身父亲，主要只需考虑两点：儿子的进步，所需的费用。儿子没有取得进步（如非本人过错），则父亲因其不幸而痛心，如果费用超支，父亲则责其滥用而加以弥补，不向任何人负责，也不管世人的议论，世人也只会相信他的动机是为了儿子的上进而不是为了其他。他只要自己满意就万事大吉。监护人的情况就与此不同。他不仅要和父亲一样，为同样的动机所驱策，而且还要考虑按照宪法有权监督的那些人的看法。因此，少有失误，往往招致严厉的责难，甚至判罪，即使用意善良，也有可能。

从上所述，你可能认为我反对他外出旅行以完成其学业。请你放心，我并无此意。你所安排的计划，可使一位善于观察的青年培养风度，增长知识，我是最乐于促其实现的。而且，请你相信，委托你来照料卡斯蒂斯（在他已掌握足够的古典知识以后），我和华盛顿夫人都认为是最为适当的。因此，为满足他的这种爱好，肯定地说，在我这一方面是不会加以阻挠的。他的母亲要我补充的是：如果他本人愿意接受你的明智为他指出的这一计划，而且旅行中你愿意陪伴他并加以指导，她也同意。

二十九、皮尔的画像[15]

致鲍彻博士

1772年5月21日于芒特弗农

爱好终于敌不过强求，我现正出人意料地在让皮尔先生为我画像。我的神色如此严肃、阴沉，在某些关键时刻，我还受着睡梦之神的影响，我想这位先生的妙笔都会画入，不知会把我画成何种形相。皮尔先生的威廉斯堡之行收获不小，这是毫无疑问的，因为我曾向政府中某些官员提及，他们似都希望在他到达之后请他画像。

我们宴请伊登州长和他的夫人时，你未能惠临作陪，你的理由虽然是圣经所不赞许的，却是完全可以接受的。我衷心祝贺你幸福在望。由于你明智的选择，我也相信在你眼前一定展现着一片美丽的天地——不论华盛顿夫人是否会远赴安纳波利斯，我们一定要尽早安排和你们的会见。

三十、关于卡斯蒂斯的订婚[16]

致本尼迪克特·卡尔弗特

1773年4月3日于芒特弗农

亲爱的先生：写这封信是想告诉你一件重要事情，对我来说，又是一件颇感为难的事。我妻子的儿子，我的被保护人卡斯蒂斯，据说曾向你的二小姐求爱，在博得她的青睐以后，现已向她求婚。这段姻缘，你是否称心，只有留待你自己去说。至于我这一方面，由于内莉小姐品格和善，人所共知，我必须承认，能与尊府联姻，实为我家之幸。

我既已作出承诺，请允许我再做点补充。卡斯蒂斯年事尚轻，经验短缺，所受教育也欠完备，如在此时或在将来一个短时间内完婚，在我看来，这些都是不可逾越的障碍。作为他的保护人，我认为让他完成正规学业(他有几门学科的知识尚待补充),并在他年事稍长、举办终身大事以前监护他度过青年时期,是我不容推卸的责任。我并非怀疑他热烈的感情,也不是担心他会改变态度,而是就目前而言他还缺乏考虑婚姻大事重大后果的能力。只有年龄接近,才有这种能力,我当然不主张他过早地做此种考虑。如果他们互相爱慕之情是建筑在牢固的基础上,两三年内决不会衰减。在此期间,他可以进修学业,从而使令爱更为称心,对社会也更为有用。万一不幸,因为他们都很年轻,一方或双方的感情有所减退,这样的事最好发生在婚前,而不要发生在婚后。

我在此毫无拘束地表露心情,希望你不要以为我想拆散这段姻缘。我唯一的想法是把此事推迟。我将向卡斯蒂斯提出,要他信守诺言(尽管他事前并未向他的母亲和我征求意见),把自己和令爱的订婚看成是已成事实的不解之缘,并把专心向学看做完成这一良缘的必要步骤(我认为你也会同意这一忠告)。这样,他就会多方避免和其他女郎接触,既免分心,也免分散他的感情。

预料有可能谈到他的产业。如过为详细,目前时机似乎尚未成熟。大致说来,卡斯蒂斯的地产包括一千五百英亩土地,大多毗连威廉斯堡市区,最远也不超过四十英里;此外,在该市还有几块地皮,黑奴数目在二百与三百之间,约有八千至一万镑公债,由其代理商经管。他的产业和他母亲的产业是分开的。他母亲死后,他的产业将会有所增加。就整体而言,你不难看出,这么多的产业应使他有权和妻子共享相当大的部分。但是作为他的监护人,我不应要求他牺牲自己的利益,所以我也不认为我有义务提出这种建议。

不论何时，如果你、你的夫人及令爱们在方便的时候，惠临寒舍，我们将愉快地与你们会见。华盛顿夫人与卡斯蒂斯小姐附笔致候。你最恭顺的仆人。

三十一、唁　函

致巴西特上校[17]

1773年4月25日于芒特弗农

亲爱的先生：由于邮政耽误达数星期之久，迟至前几天才收到你失去亲人的沉痛的通知。你的不幸，我们深表同情。你失去了一位如此孝顺的女儿，人世间失去了一位如此有为的少女，如此天意，曷深惋惜。但天意既不可测，其公正与否也非人类浮浅的眼光所能审查，更非人类最高的智慧与力量所能抗衡。我们所能达到的只能是逆来顺受，尽可能在理智与宗教的指引下欣然默许上天的意旨。我相信你的明智会为你带来刚强，以承受这沉重的打击，并转而安慰巴西特夫人，她的损失与心情尤其需要同情。

三十二、谈帕齐·卡斯蒂斯的死

致巴西特上校

1773年6月20日于芒特弗农

亲爱的先生：昨天我们已将亲爱的帕齐·卡斯蒂斯送入另一居所，那里比她前此所走过的多灾多难的道路要安静、幸福得多。当我以此相告时，这一家的悲伤，尤其是这天真无邪的可爱少女的不幸父母的悲伤,是可以想象的,但要描述则实非易事。

她四点钟离开餐桌时,健康状况良好,精神亦佳,较之最近一个时期,看来更好一些。但不久就像往常一样发了病,并在两分钟内死去,既没有说一句话,也没有发出任何呻吟或叹息。这一出乎意外的突然打击使我可怜的妻子陷入极端悲痛之中。她的儿子不在身边(本月 8 日我从纽约回来前,把他安置在该地学院学习),又缺乏亲戚的好言抚慰,这更增加了她的悲痛。我真希望她能见到他们,也希望我有三寸不烂之舌能说服丹德里奇夫人,把此地作为她自己的家。既然她过着寂寞的生活(因贝特西已结婚),这对她也许更适合,也合她和我妻子的心意。对我来说,肯定也将如此。

三十三、为殖民地的反抗辩护[18]

致布赖恩·费尔法克斯

1774 年 7 月 20 日于芒特弗农

亲爱的先生:关于以何种方式击败(废除)这一遭到激烈抨击而且应该遭到抨击的法案,你我的意见有很大分歧,这一点我将毫不犹疑地承认。认为这种分歧起源于我们对政府的行为与意图有不同的解释,这也可能是对的。但是,一方面因为我看不出议会有任何迹象将会抓住有利时机废除这些法案,事实是他们为了推行暴政,正迅速通过这些法案;另一方面,因为我看到,或者我认为我看到政府为了剥夺我们的宪法权利与自由,正以牺牲法律与公正为代价,推行一条既定的政策。在此情况下,我怎能期望一种试而无效的方法会产生结果呢?先生,我们所反对的究竟是什么呢?

难道是因为课税过重而反对缴纳每磅三便士的茶税吗？不，不是这样，我们所一直反对的并不是别的，而是英国对我们的课税权。为达到此目的，我们曾以一般臣民所能做到的卑顺恭敬的方式向英皇陛下请愿。不仅如此，我们还曾按两院不同的法律职能向上、下议院申诉，说明作为英国人，我们宪法权利的最根本及最宝贵的部分不应被剥夺。既然我们现在所反对的就是这种课税权，事实上也确是如此。那么，他们为什么设想，现在行使这种权力不会像以前那样令人憎恨呢？而且，如果他们过去在可能的情况下没有强制施行这种权力，当每个美国人的心中依然充满同样情绪时，我们有什么理由相信他们会作第二次尝试？

波士顿人民的行为并不能说明政府的严厉措施是合理的，除非曾经要求付税并遭到拒绝。就是这一措施也未要求制定法令剥夺马萨诸塞湾政府的特许自治权，或在丝毫没有，也不可能有，任何必要的情况下，豁免犯罪者在犯罪地点受审。难道所有这些不是显而易见的证据，证明向我们课税是既定的一贯方针么？如果需要进一步证明，在下院进行的所有辩论不是足以作为佐证么？而且盖奇将军就任以来(制止议会讲话，发表一项声明，其口气俨如土耳其巴夏，而不像英国的总督，宣布凡以任何方式与妨害大不列颠商业行为有联系的均属叛国)，他那种在任何自由政府中罕见的表现，难道不是实行极端专断蛮横的暴政的最好例证么？总之，他们自己的行为，一贯地、明确地朝向这同样的目标，如果我没误会的话，是公开地宣称要固定对我们的课税权。在此情况下，又需要什么更多的证据来满足大臣们的险恶用心呢？当他们告诉我们现在是解决问题的最后时机，否则，机不再来，似此口吻，请愿又有什么希望？在我们徒劳无功的尝试以后，难道要我们哀哀乞怜，或者因循苟且，坐以待毙，看着一地接着一地成为专制主义的俎上之肉。如果我对大不列颠国会是否有权不经我们同意就向我们课税一事还有所怀疑不敢肯定的话，我将欣然同意你的意见，即请愿，而且只有请愿，才是唯一可行的获得救助的道路。因为，这样一来，我们只是乞求恩惠，而不是要求权利。这种权利，按我的看法，是自然法和宪法赋予我们的毋庸置疑的权利。照你的想法，我还会把超过请愿的任何步骤看做犯罪；但你这种想法，我一点也没有。我认为，不经我同意，大不列颠议会就没有权力把手伸进我的衣袋里随便掏钱，正如不经你同意，我没有权力把手伸进你的衣袋里去随便掏钱一样。殖民地各州已经用一种坚定而庄重的方式向他们阐述过这个道理，我们还有什么理由对他们的“正义”有所期待呢？

至于向英皇申诉的决议，先生，我承认我的想法是最好把它一笔勾销。如果目的是阻止进口法的施行，我看不出这种措施会带来任何结果，也不愿随在一起呼唤。在我活着之时，我深信除了自己吃点苦以外，没有其他解脱之道。我认为，至少我希望我们当中还有足够的公德心，除了生活必需品以外，其他均可舍弃。我们有权这样做，天下也没有任何力量可以强迫我们不这样做，直到他们把我们贬低到人类前所未有的最卑贱的奴隶地位的那一天为止。毫无疑问，制止我们出口，与其他办法相比，是达到这一目的的更为捷便的途径。但是我们如果欠了大不列颠的钱，除非确有必要，别的理由是不能说明不付钱是正当的，因而我对此办法大有怀疑，而希望看到首先采用其他合法的并可促使归还欠款的办法。

对此重大而有普遍意义的事件，我们的意见居然如此大相径庭，停笔之时，不胜惋惜。要不是我一想到那些足以破坏我所珍视的一切的屈辱措施，立即有一种天然的反感；要不是我发现人类的呼声与我一致，我本会怀疑我自己对情势所作的判断是否正确。

信笔涂鸦，字迹潦草，深以为歉。写得过长，加以时间仓猝，竟未及誊正。

三十四、为正义而战，并非为独立而战[19]

致罗伯特·麦肯齐上尉

1774 年 10 月 9 日于费城

亲爱的先生：写此函时我无意暗示，当一位军官因机会，而非自愿置身于不称心的境地时，可以不执行其职责。但我认为，当你责备马萨诸塞州人民的行为时，你的根据是结果，而不是原因，否则，你对他们每天受到的新的指责会不以为怪。这些妄加的指责断言他们专横武断，处心积虑地要毁灭他们国家的法律与宪章，破坏人类最基本与最宝贵的权利；由于恼羞成怒，难以控制自己的最蛮横的暴力行为，并且毫无节制。就我而言，我愿坦白承认，我看问题的角度与你所考虑的迥然不同。那些见利忘义的小人——对那些标新立异的顾问们，我只好冒昧地以此相称——及其他追名逐利之徒，为了个人利益，要为推翻宪法助一臂之力，并鼓吹专制政体。他们钻到你的周围，教导你，我是说通过和这类人的谈话，使你相信马萨诸塞人叛逆成性，在闹独立等等。我的好友，请允许我告诉你，你上了当，上了大当。我说这些是满怀信心，而且毫不犹疑，你完全可以相信，因我比你有更好的机会从与你相处的人中，从他们的领导人，在反对政府现行措施时，了解到他们真正的思想。你却只能从那些为了向世人证明自己的行为有理而不惜弄虚作假、混淆黑白的人去了解真相。我还要补充一点，并可作为事实公开宣布，该州政府或本大陆的任何其他政府，不论是分开来看或总起来看，它们的愿望和兴趣都不是为了独立而成立的；而且，它们当中没有一个会愿意丧失对每一个自由州的幸福必不可少的那些宝贵权利。这你也可以相信，因为失去这些权利，生命、自由和财产便会完全失去保障。

先生，这些只是结果，它们是国会近来发布的有关整个美洲，特别是马萨诸塞湾政府的法令带来的必然产物。我再一次说，这又有什么可怪的呢？难道人们意图避免面临的打击时，不应该在打击来临时进行抗拒吗？当打击无法避免时，难道不应该为保卫自己而做好准备吗？回答当然是肯定的。我还想作为我的意见补充一点，如果大臣们决心把事情推向北美史上尚无前例的极端，将会流洒更多的鲜血，对这一伟大国家的和平所留下的巨大伤痕，将不能为时间所治愈，也不易从记忆中抹掉。

这就是我所要说的。因你对波士顿人民那些行为的评论及对他们希望独立的看法，我不得不略抒所见。我深感满意的是：在整个美洲，任何有头脑的人并不企求独立；恰恰相反，他们所馨香祷祝的是获得自由，以恢复在宪法基础上的和平与安定，避免内部纷争所引起的一切恐怖。

三十五、谈康科德之战

致英国乔治·威廉·费尔法克斯

1775 年 5 月 31 日于费城

亲爱的先生:此信到达时,想必早已获悉内阁军队(我们还不愿也不习于称之为国王的军队)与地方居民之间在马萨诸塞湾交锋的消息。但这一事件的原委,你可能尚未听说,现附上证词数件,皆为战争发生后所得。

盖奇将军承认史密斯中校所统率的分队系受命破坏私人财产,或者换句话说,去破坏居民为自卫而被迫建立的军火库。他也承认,至少在实际上承认,他的部队虽然得到珀西爵士的增援,仍不得不从康科德匆忙撤退。这一事实可使桑德威克爵士以及和他具有同样情绪的人相信,尽管在爵士眼中美利坚人在其他方面可能是胆小怕事,但是为了保卫自由与财产,他们是不惜一战的。

根据我从众人口中得到的最可靠的情报,如不添枝加叶,简单事实可略述如下。如果内阁军队不仓皇撤退,其他好结果是不会有的,只有投降,或被切断归路。因为他们(在船舰的掩护下)到达查尔斯顿还不到半小时,一支从马布尔赫德及塞勒姆派来的劲旅已跟踪而至。假如这支部队早到一小时,至查尔斯顿的退路必然已被截断。同室相煎,彼此以兵戎相见,一度和平幸福的美洲大陆,如不为鲜血所覆盖,则必为奴隶的栖身之地,这是何等不幸的抉择!面临这样的抉择,正直的人能犹疑不决吗?

三十六、接受任命[20]

1775 年 6 月 16 日

议长先生：虽然我深知此项任命所给予我的崇高荣誉，但我仍感到很不安，因为我的能力和我的军事经验恐怕难以胜任这一要职。鉴于议会的要求，我将承担达一重任，并愿竭尽所能为这一神圣的事业效力。对于他们批准任命时杰出的证词，谨表示最诚挚的谢意。为了避免误解，损及我的名誉，我请求在座的诸位先生记住，今天我在此诚心诚意地表明我认为自己不配享有给予我的荣誉。

至于待遇，先生，请允许我向议会表明，对金钱的考虑是不能促使我牺牲家庭的舒适与幸福来接受这一艰巨的任务的，我也不想从中牟利，我将把一切开支如数入账。我相信他们会给予报销，这就是我的希望。

三十七、向华盛顿夫人告别

致马撒·华盛顿夫人

1775 年 6 月 18 日于费城

我最亲爱的：此际我正写信给你，要谈的事使我满怀难以言喻的忧虑。当我想到你将为此感到不安时，愈感忧心如焚。大陆会议已决定，为保卫美利坚事业所征集的全部军队，将由我指挥，而且我必须立即前往波士顿接受这一使命。

亲爱的帕齐，请你相信，这一职位并不是我自己去谋求的。我曾竭尽全力摆脱，不仅是由于我不愿离开你和我们全家，而且由于我也自知，就我的能力而言，的确难以胜任。我在家中同你在一起度过的一月，那种真正的幸福要远远胜过我在异地他乡若干年后始能盼到的遥远的希望。但从事军役似已为命中注定，我希望，承担这一任务是天意要我达到某种良好的目的。从我的信中你想必已经看出我所担心的是无法摆脱这一职务，故未率然通知何日归来。原因即在于此。不接受这一任命，又要我的人格不受非议，那是绝对办不到的；拒绝就会使我蒙受羞辱，给我的朋友带来痛苦。我相信这不可能，也不应该合乎你的意愿，而且必然会大大降低我对自己的评价。因此，我只有寄望于天命。我一直得到上天的慷慨仁慈的保佑，毫无疑问，我会在秋天平安地回到你的身边。战争的辛劳或危险不会给我带来痛苦，但一想到你一个人留在家中忧虑不安，我就感到难过。请求你务必要拿出你的全部毅力，尽可能过得愉快些。再没有什么比得知这一切，而且从你的亲笔信中得知这一切，能更使我感到欣慰了。我最真挚而热切的愿望就是你能妥善地安排生活，使自己心平气和，尽可能保持宁静，要是我得知你对我确实无法推卸的一切感到不满或有所抱怨，那只能使我更加不安。

生命总是无常的。趁着头脑清醒，心情平静，在力所能及时料理一下眼前的事务，每个谨慎的人都会认为是有必要的。我一到这里（因我离家前没有时间）就请彭德尔顿上校按我的口授为我起草了一份遗嘱，我现随信寄去。我如战死沙场，我希望我为你做的一切准备将使你感到满意。

就此搁笔，我还有几封信要写，盼代我向你的朋友们问好，并请你放心，亲爱的帕齐，最真诚的问候。

三十八、谈接受任命的理由

致巴西特上校

1775 年 6 月 19 日于费城

亲爱的先生:我正航行在波涛汹涌的大海上,从此以后一路上可能再找不到友善的港湾。殖民地的同胞们一致要求我担任大陆军的指挥。接受这种荣誉并非我所向往,摆脱这种荣誉才是我的心愿。这固然因为我不愿离开我那平静的家庭之乐,也由于我深知自己既无能力又无经验,很难担当如此重大的职责。但是议会的偏爱,加上某些政治动机使我毫无选择的余地。愿上帝保佑,我接受这一职责会有利于我们的共同事业,不会由于我的无知而有损于我的名誉。我可以在这三点上作出保证:坚信我们的事业是正义的;忠于职守;廉洁奉公。如果这些都不能弥补能力和经验的不足,我们的事业就会有失败之虞,我个人的名誉也会扫地以尽。因为荣誉孕育于胜利之中。但我希望人们不要忘记,我现在的地位决不是出于我个人的愿望和手腕。因此,倘若根据我的判断,我已竭尽所能,即使是在最恶劣的情况下,我也会泰然自若,心安理得。

三十九、谈对事业的无限忠心

致托马斯将军[21]

1775 年 7 月 23 日

先生:在这样千钧一发之际,一位深受国家、军队信任的将领提出辞职，在我看来无论对国家的事业，还是对自己的名誉都会产生严重的后果。在这还未成为事实之前，我认为我有责任尽我最后的努力加以阻止。您的德性和您的理智则必须作出决定。一般说来，在个人抱负与帝国的命运之间，一个军人的良心无足轻重。他可以理直气壮地要求他认为适当的军衔，甚至在细节上斤斤计较——但是，在我们这个事业中，我们为之奋斗的目标，既非耀武扬威，亦非开疆拓土，而是为了保卫个人与国家利益中最高尚、珍贵的一切。毫无疑问，每一个岗位——每一个人可以为国效忠的岗位，都应被看做是无上的光荣。如果不出一个月，我们军队最高将领之间就龃龉不和，而为了解决不和必须全体离职，这对我们的敌人又将意味着什么样的胜利呢？如果在这样的时刻，面对这样的事业，那些微不足道的争议，不能服从整体的大利益，那我们还有什么理由夸耀美国人的团结精神和爱国主义？这些话在你身上所产生的影响不仅是因为你是一个伟大美国的公民，而且你还是马萨诸塞海湾的一个居民。你本人的出生地和其他地区的美国人民，对于你的留任有一种特殊的、坚定的希望。依我看来，你如果不在某种程度上放弃你至今为止仍然依奉的公德和荣誉的原则，那你是不能拒绝这个要求的。如果我们的事业是正义的，那它就应该得到支持。假如我们那些德高望重、经历非凡的先生们都不能克服竞争中的偏见，在危急关头贸然引退，那我们的事业怎么能得到支持呢？先生，我承认，你的正当要求和所作的贡献没有得到应有的尊重——这决不是绝无仅有的事——在任何民族、任何国家里，高尚的人都有理由作出同样的抱怨，但他们并没有为此而放弃公众的事业。他们以宽宏大量的精神压制心头的怒火，使得他们的敌人为自己的不公正的行为而感到羞愧。难道美国举不出这样宽宏大量的例子吗？为了你那正在流血的国家——你为之献身的土地——你们要求的宪章权力——想想那些已经为国捐躯的勇士们，我恳求你从头脑中忘掉那些可导致怨恨和失望的情绪。你的祖国会对你的功绩作出公正的裁决的。他们现在发出的懊悔和叹息就说明他们已为此作出了努力。要你作出的牺牲，在评价每一个善良和爱国的公民时，一定会带给你比最辉煌的胜利更有价值的荣誉。这个地区的士兵特别信任你，爱戴你——他们中间许多人不能理解你这一行动出于什么动机。如果他们认为他们自己也有权仿效你而弃甲归田，后果将会是不堪设想的，而且是无可弥补的。根据军官、士兵间的个人关系，以及随着这种关系所产生的义务，我们有理由为此担心。

然而，其他殖民地也同样向你——不仅是一个美利坚公民，而且是这个州的居民——提出了他们的要求。他们已为了共同的事业联合起来，为维护马萨诸塞的自主权，他们牺牲了自己的行业，肩负着沉重的税捐，而且已准备好为国流血。尽管他们获得了允诺，可享受中立的安全与利益，但是，任何法令和引诱都不能使得他们脱离您的一方听任残暴无信的政府对你们任意宰割。对于您这样一个宽宏大量、谨慎周到的人来讲，这些考虑当然会有一定分量的。如果您的这一行动导致部队的分裂，如果美利坚的失败、毁灭归咎于您的明智和行为本可以阻止的那些措施，那您将怎样向您的国家和您自己的良心解释呢？先生，为时还不晚，我恳求您好好掂量一下这重大的利害关系，权衡一下帝国命运所依恃的形式是何等渺小！关于自己的声誉和名望，您是最好的也是唯一的裁判者。但是,恕我直言,为争取生存和自由而奋斗的人们不会用称许的眼光看待那些人和行为,如果他们的感情、利益和行为的后果要与我们那些珍贵的目标背道而驰。就我来说,先生,请您放心,我十分乐意在我的权力范围内尽一切可能使您的处境顺利并且获得荣誉。我在此所谈的观点是出自这样一个明确的态度,您对祖国、对后代、对您自己应尽的义务清楚地表明需要您继续留任,委令和军衔正在大陆会议的考虑之中,其结果指日可待。如果不等待决定则可能被解释为对那个神圣的团体缺乏应有的重视。但是,无论如何,我自信这些理由以及那些凭您明智的判断就会认识的理由,将坚定您的信念,抵制那些人类习有的、并且在某种程度上受到称赞的偏见。我也确信,在这风雨飘摇的时刻,您会下定决心帮助您的国家与朋友。我的最诚挚的愿望就是您的高尚行为一定会使您备受荣誉的奖赏,博得公众的尊重。

四十、拒绝继续通信[22]

致盖奇中将

1775 年 8 月 20 日于坎布里奇总部

先生:在本月 11 日写给你的信中,我的措辞尽量立足于人道与礼貌,因为我估计在你的性格中这些是有分量的。我劝告你不要对那些由于战争、机会或错误的信任落入你们手中的美利坚军官和公民给以不适当的待遇。

究竟是谁表现出更多的仁慈、坚毅与忍耐,是不列颠还是美利坚,究竟是谁应戴上叛逆的罪名,受你那种假装宽厚、不忍执行的绞刑的惩罚；是我们那些在暴君压迫下揭竿而起保卫自己妻室儿女、身家性命的正派的公民，还是那些目无法纪、贪婪自私、残酷无道的统治者的帮凶；究竟我们政府的权力来之于篡夺，还是根据真正民主的原则；所有这些都与我要谈的问题无关。我故意避开政治方面的争论，我也不愿利用我胜过你的优势。这种优势是我的国家为自由、为人性的神圣事业所决定的；我更不会妄自菲薄，以恶言相向，作报复性的抨击。来信说你们接到来自我军的情报，要求答复，我要谈的就是这件事。我费去不少时间，做了彻底的调查，发现该项情报毫无事实根据。不仅你的军官与士兵受到像对待同胞与兄弟一样的良好待遇，甚至那些作恶多端的叛国者，他们出谋划策，助纣为虐，陷国家于血泊，这样的人也受到保护，免遭义愤填膺的群众的惩罚。无数群众，出于正义与爱国的纯洁动机，拥至军营，我深感难以应付，根本没有强迫或允许他们帮助的情事。你劝告我要让真相大白，严禁颠倒是非，弄虚作假。如果忠告的价值系由经验来判定，你的忠告一定是极有分量，无人能比。给我们国家带来严重破坏，并从根本上动摇了大不列颠帝国的这场灾祸，如果追根索源，在多大程度上要归咎于这种恶毒的谎言，你自己最清楚。

你表示瞧不起授予来源与你的不同的一切职衔。我倒认为一切权力如系来自英勇自由人民的公正选择，应视为最光荣、尊贵，并为一切权力最纯洁的来源。一个真正心襟开阔，见多识广的人会理解并尊重这种权力之源，绝不会以此作为自己的残酷的借口。

那些促成目前危机的大臣们，他们是何看法，列克星顿、康科德和查尔斯顿最有发言权。当时你就曾经诉诸上帝，但愿上帝在你和美利坚之间作出裁决。那些能影响大陆会议和殖民地各州居民的人,承受天命,不惜牺牲自己的生命,决心要把得自祖先的正义和宝贵的特权传给子孙后代。我写给你的信到此结束,或者说,我们之间的通信从此结束。如果你们的军官被我方俘获所受到的待遇与我的本意相违,他们和你应记住出现此种情况的原因。你恭顺的仆人。

四十一、要争取加拿大人[23]

致本尼迪克特·阿诺德上校

1775 年 9 月 14 日于坎布里奇军营

先生:现将一项对美利坚的自由与利益具有重大意义的任务托付给您。您和这次一起出征的将士们的行动、勇气,不仅对这一计划的成败及您本人的荣誉起着决定作用,而且与整个大陆的安全与幸福密切相关。您既珍视自己的安全和荣誉,也重视国家的尊敬与信托,因此,我告诫你及你的部下,不要把行军经过的地方看成是敌国,而要看做是一个朋友加兄弟的友好邻邦。关于这一点,加拿大居民和印第安部族已经在大不列颠和美国的这场不幸的厮杀中用他们的行动加以证实。你必须唤起自觉并结合严厉的惩罚来制止任何掠夺和侮辱加拿大居民的行为。如果哪一个美国士兵竟敢如此卑鄙无耻,伤害加拿大人和印第安人的生命财产,那我就要正式地责成你按照罪大恶极给他以最严厉的惩罚,以儆效尤。即使处以死刑,在目前的形势下,在我们这次行动中也是罪有应得。

但是，我希望而且相信那些自愿参加这次行动的勇士们会被不同的想法所支配。军纪、命令和行动准则将与他们的英勇并行不悖。另外，还要告诫部下，避免一切对当地宗教信仰及礼节的任何不尊重的行为。审慎、政策和一个真正的基督徒的灵魂能使我们带着怜悯的心情看待他们的过错，而不侮辱他们。当我们为自由而斗争的时候，我们应该警惕不去触犯他们信仰的权利。即使我们只相信上帝是我们灵魂的唯一审判者。在这种情况下，他们的一切只是对他们负责。

总之，先生，我希望您能谆谆告诫您的部下，穿越加拿大时，必须保持严格的军纪。向他们讲清楚，如果他们的举动迫使加拿大兄弟以我们为敌，那将给国家带来耻辱和毁灭。另一方面，如果他们以他们的良好行为与审慎使加拿大和印第安人的感情与我们美国的伟大利益相一致，并把这些人民现在所显示的那些有利因素转变为永久的团结和爱戴，等待他们的将是荣誉和奖励。为此，祝您，您的将士取得荣誉、安全和胜利。您的最恭顺的仆人。

四十二、谈各州的猜忌

致费城约瑟夫·里德[24]

1775年11月8日于坎布里奇

亲爱的先生：我愿意忘却这一沉重地压在我心头之事——军官们的重新安排。虽然我们的士兵不够成立新的部队，但是从上星期四以来，又任用一些将级军官，本人亦在其列，情况几乎和开始时一样。

康涅狄格的部队中不愿有马萨诸塞人，马萨诸塞人则认为不需要在他们当中安插罗得岛人。新罕布什尔州说，因为它新成立的军队位置有限，因此要辞退一些能干而又有经验的军官（他们很愿意服役）。一句话，经过四天的努力，估计那些已报名服役的军官将为马萨诸塞弃置不用（那里团队很多，但士兵甚少），康涅狄格亦将拒不接受它的政府新近征募的一批军官，这不仅将违背公正的原则，而且违背了我们在此地一致通过的决议。但是，目前我已束手无策。今天就这件事再次举行会议，会上必须找出解决的方法，因为时间已悄然消逝，不能久待。里德夫人和所有其他朋友均请代为问好。你诚挚而恭顺的仆人。

又及，我刚写完信，常犯错误的科伊特上尉手下的一位常犯错误的中尉来见我，报告他发现从新斯科舍驶来两艘船。就在说话时，他拿起蜡烛将蜡油溅满信纸。我来不及抢救，也不知他意欲何为。但此等错误决无人在意。船上装有干草、牲口、家禽等。现安然泊于普利茅斯港。

四十三、关于军纪的意见

致威廉·伍德福德上校

1775 年 11 月 10 日于坎布里奇

亲爱的先生：对您的任命，我认为选得其人。我这样说，决不是为了恭维您。您抱怨自己缺乏经验，这是共同性的问题，只有通过实践和专心致志才能弥补。我所能给您的忠告是最一般的，就是要严明您的军纪。这一点我想您也很清楚，无须多谈。不要对部下提出任何无理要求，但提出的要求必须严格遵守。对任何人的奖惩都要根据他们的功过，不要有所偏颇。听听他们的抱怨，如果言之有理，就要加以改正，无理就要加以劝阻，以杜绝浮言妄语。要防止各种形式的恶习。要使每一个人——从官长到一士兵，都牢记事业的重要性和为何而战。必须时刻警惕，防备突然袭击。在每次行军途中，甚至在无危险的情况下，也要在前后和两翼加强警戒，并使此种做法形成习惯。营寨要处于常备状态，指派必要的人放哨，以策安全。总之，不论有无敌情，这些都必须做到。否则，在需要时，一切努力均将陷于混乱和难以应付的境地。下命令要清楚、准确，复写几份以备查阅，这样就不易出错。在军官面前，行动要谦逊自如，但不要太亲近，免得他们对您不尊重，这对得心应手的指挥是必不可少的。先生，上述一切并非我认为您需要指点，而是因为您如此谦虚地问及，故不揣冒昧，略陈所见，作为您行动的参考。

四十四、慈善行为应该继续

致伦德·华盛顿[25]

1775年11月26日于坎布里奇

“殷勤待客，礼遇穷人，要作为家风，永远保存。不要让人饿着肚子离开。如果这些人缺少吃的，就给他们食物，满足他们的需要，只要这样不会养成他们游手好闲的恶习。你一年中从我的款内拿出四五十镑用于慈善事业，如果你认为花得值得，我是不反对的。我说不反对，就是说应该这样办。你要看到无论是我，或是我的妻子都不会阻止你做这种好事。在其他方面，我劝你，而且相信你会勤俭节约。我在这里工作，除自己的开销外，分文不取，想必你是知道的，因此，必须要求家里省吃俭用”。

以上所说存有底稿，不只是为了使我自己记住我的诺言和要求，而且万一乔治·华盛顿遇到不幸，可让其他人也不会忘记。

四十五、谈雇佣思想的滋长

致约瑟夫·里德

1775年11月28日于坎布里奇

亲爱的先生：受命签订大陆法案的诸公竟不能、也不愿如人所望地尽快完成任务，实在令人惊讶。如果他们不戮力以赴，将毁灭整个部队。在这样军事调整的大变动中，这样缺乏公益精神，毫无道德修养，公开讨价还价，并不惜用一切手段以谋私利的做法是我从未见过的。愿上帝保佑，我今后也永远不会再见这些。这些手段的最终结果实非我所能逆料，但瞻念前途，使人不寒而栗。迄今，我们已征募了三千五百人。为了征募这些新兵，我不得不允许一个团有五十人休假，军官还让我同意允许更多的人休假。康涅狄格的部队不愿在服役期满以后继续留队（除开那些为下次战役征募的以外，而他们之中大多数都在度假），我也无法说服他们。这种肮脏的雇佣思想浸透了整个部队，如果发生灾难，我将丝毫不以为怪。总之，下个月我们的防线将被大大地削弱，我们必须召集民兵和后备队来保卫自己。他们都处于无人管理的状态，必将毁掉我长期以来苦心经营起来的这点服从命令的风纪，这将使我在避免一害时，又遇到一害，但两害相权，只好取其轻。如果我能预料到我将遇到的和我所必须经历的这一切，人世间的任何考虑都不足以诱使我接受这一职务。指挥一个军团，或主持任何下属机构，将使我得到十倍于此的满足或者荣誉。

如能为您信中提到的两位先生效力，深感欣慰。但是，请相信我，那些人的荒谬偏见以及我在这次的军官调整中所遇到的麻烦及苦恼，均非一般人所能想象。五次不同的将官会议之后，我觉着从某种程度上来说，我不得不对人们的翻云覆雨、喜好无常作出让步，否则一兵一卒也得不到。一政府的军官不愿在另一政府的军队中服役(尽管在那里能够得到新的晋升)。一个上尉必须在这个团，一个中尉必须在那个连。总之，此时此刻，我实在无法相告，他们是怎样被确定的。因此，有时也可能塞进一些新手。但就目前而言，只有在某些偶尔出现的风险不大的时刻，除此之外是办不到的。

四十六、谈本尼迪克特·阿诺德的功绩——忍耐

致斯凯勒少将[28]

1775 年 12 月 5 日于坎布里奇

亲爱的先生：上月 22 日来信，附有阿诺德上校的信，致蒙哥马利将军函的副本以及一封他给您的信，均于昨晨收到。听说阿诺德上校在波因特勒维，经过长期艰苦的行军，历尽几乎是难以克服的困难，部队只剩下三分之一；形势如此令人沮丧，而士气仍然高

涨，并继续远征。这位先生的功绩无疑是伟大的，我衷心祝愿他得到命运之神的垂青，化险为夷。我相信，他会以审慎、无畏的精神为我们的部队再立战功，完成征服魁北克的任务，如果他不能用自己的力量完成这项如此光荣的任务，我相信当蒙哥马利将军与他会合时，这一目的也将会达到，从而完成对加拿大的征服。

由于您对军队中的无视军纪、漫无秩序、凌乱不堪的状态感到为难与烦恼，致使您有向议会提出辞职的意图，阅悉之余，深感遗憾。您的抱怨，当然是有足够理由的，但是我真诚地希望，无论如何您不要离开军界。下级服从上级的良好制度终将取代目前的混乱状态，指挥也将更为得心应手。我也遇到同样的困难，诚非最初所料，但必须忍耐，我们所从事的事业是光明的、正义的。因此，我们必须全力战胜一切障碍，支持这一事业，我请求您不要再想辞职的事，除非您递交议会的辞呈表示坚决，已无法撤回。

四十七、华盛顿的嫉妒——对战役的展望

致约瑟夫·里德

1775年12月15日于坎布里奇

亲爱的先生：前函发出后又收到您上月28日和本月2日来函，甚以为慰。华盛顿夫人在费城承蒙关照，谨再次表示谢意。虽然对其旅游行程略有耽搁，但那只能是令人高兴的。我十分感谢您在来信中对我的暗示，所谓嫉妒一词已众口纷传。在公之于众的信件中，即致议会的信中，我有意避免那些会引起痛苦和不安的

字眼，今天在私人函件中除对阐明事实有绝对必要时，我也将恪守同样原则。对本殖民地的绅士们，我不能承认有任何违礼之举或在我看来系讲究形式或拘泥礼仪的。如我确曾有此表现，我将尽全力改正。为此，我可以向您保证，亲爱的里德，因我深愿按照一种最为人们无可指摘的方式立身行事。您知道，我最初的愿望是每天请此间的几位绅士来一起进餐，但无意之中也可能遗漏了一些人，如果因此引起了妒忌的指责，那我深感抱歉。同时，我还要说，这主要是由于注意不够，或更恰当地说，过分注意其他事情，以致对此有所忽视。经常刊登在宾夕法尼亚州的报纸上的来自军营的信件的节录，非但我不知道是谁写的，也未曾得到我的批准。我一直的想法是：这些文章迟早是要惹麻烦的；但不能因此不让人讲话或写文章，即使迹近浮夸。关于步兵的报道，或者毋宁说步兵自己写的报道，即属此类情况。

来函所述人们对我行为的反映，实属过奖。但愿上帝保佑，在我目前所处这种错综复杂的境况中，仍能获此美评。我们的征募工作进展缓慢，据上星期一报道，只有五千九百十七人参加紧接而来的战役，然而我们得知所需人员将如数得到补充。应征者只不过是有所等待，要看看有何好处；如果应征，能否从公家或者私人得到一笔津贴。只有时间可以作证。我是极端怀疑这一措施的。侥幸缴获的军需船给我们提供了火石和我们所需的其他物资，但是我们的需要还很多。我们正使通往莱奇摩尔据点的道路更趋安全。他们的沉默，按任何原则都无法解释。唯一的可能是想使我们获得虚假的安全感，以利于他们早已筹划好的，预计在月底的大变动时刻进行的行动。倘若这是他们的意向，那只能欺骗他们自己。假如那是可能的话，只会促使我们加强警惕，并加固所有通往营寨的道路，同时加强防守冰上的通道。

如果弗吉尼亚人是聪明的，如果他们整个殖民地的人联合起来，邓莫尔爵士这个人权的大叛徒就会立即被打倒；否则，就会像雪球一样愈滚愈大。他的部队的人数将会增加，加入的人有的是由于畏惧，有的是由于诺言，还有一部分是卖身投靠。但是，使得这项措施无比重要的却是黑人。因为如果他的部队势不可当，将有更多的人被诱引过去，他们是不敢置身事外的。

四十八、对批评的答复

致约瑟夫·里德

1776 年 1 月 14 日于坎布里奇

亲爱的先生：您反复给我的暗示不仅值得而且确已赢得我最诚挚的感激之情。当您将有关我本人和行动的反映以开诚布公、直言无讳的方式告诉我时，那是您对我的最大帮助，也是您对我的友谊的最有力的证明。在听取不论是枉加的或我实有的过错时，我都能忍受。要在别人心目中赢得好感就必须这样做。因为只有这样才可以改正自己的错误，消除那些对自己不利的偏见。由于这个原因，我对您能把公众对我的看法都告诉我，真是不胜感激。正如您所知，我对这些是很注意的，因为我目前心中只有一个主要目的，就是始终不懈地使自己的行动与人们的愿望相一致，即不偏离职责规定的界限。虽然由于某些特殊情况，这种界限有时为云雾遮没，然而应该可以经得起检验。我对那些重大的、错综复杂的、不断出现在我眼前的事情,无不给予足够的重视,这就使我忽视了一些次要的事。要不是一个委员会提及,我还想不起来在这个殖民地上还存在着(两州)州议会这样一个机构。而且怎么回忆,我也想不起来是在什么情况下疏忽或轻视了他们(我真希望他们明白指出)。他们当然不会认为向他们泄露部队机密是妥当的,也不会认为有必要征求他们有关修筑堡垒、建立军营等问题的意见。这就必然是我以前向您暗示过的那回事,如何来弥补,我不知道。因为我不认识他们,我从不逾越自己的营房,而营房内又从来不见他们的足迹。

我不知道怎样为我们的军队获得装备。我已为此向本殖民地和附近的殖民地提出请求,但结果如何,只有时间知道。想到我本人和部队的处境,在周围万籁俱静的时刻总会给我带来种种不安。很少有人了解我们所处的困境,如果我们的防线遭致什么不幸,更不会有人相信造成不幸的原因。我经常想如果我没有在那样形势下担任指挥,而是扛起枪参加部队,或是如果我能在无愧于后代、无愧于自己良心的情况下隐退到后方,过着简陋的生活,那我又将会感到何等快乐。如果我能战胜这些和其他许许多多的困难,我将虔诚地相信冥冥之中必有天意在蒙蔽敌人的眼睛。因为可以肯定地说,如果我们能平安地度过这个月,一定是由于他们不知道那些苦恼我们的不利条件。

要是我能事先看出我们现在所遇到的困难,要是我知道老兵们都这样畏缩,那么世上所有的将军们都不能使我相信把进攻波士顿的行动推迟到现在的必要性。何时能作此尝试,我还不敢说。我能答复的是:在我有此愿望以前,机会是不会自行来到的。

四十九、谈民兵的不利条件[27]

致大陆会议议长

1776年2月9日于坎布里奇

先生:这封信将只谈一个问题。我希望通过您将此问题提交议会,获得会议的密切注意。会议并未征求我的意见,冒昧进言,且所言与会议决议颇不一致,并希见谅。

对目击者来说,如部队服役期有限,随之而来的缺点如此明显,加以指责,实有必要;但对会议诸公而言,则距离遥远,而且需要注意的重大问题千头万绪,情况当然又有所不同。

我毫不怀疑这就是造成至堪轸念的蒙哥马利将军英勇阵亡的原因,并带来接踵而至的失败。他要不是担心部队会在紧急关头离开,他本可继续封锁魁北克;而且从我所收集到的最可靠的情报来看,魁北克的攻陷,指日可待。当时有一个时期,没有责成我们在不利情况下争取这些防线(根据同样理由,即民兵来援以前,军队即已遣散),对我来说,实以为异。这也证明豪将军不了解我们的情况,或系受到上级命令的限制,在他的援军来到以前,不得采取任何冒险行动。

我本可举述其他许多事例,我仅提及蒙哥马利将军一例,因为它最为突出,足以证明指挥官并不能因利乘便,利用形势;反之,在一定程度上,不论正确与否,不得不让形势服从于次要的考虑。自从12月1日以来,我一直尽力之所及,多方策划加固这些营地,而且我也认识到,从那一时期以来,我军即从未采取攻势,有时还处于无法防守的境地。但把一批部队遣回,换来另一批部队,前者造成极大的混乱与浪费,后者则必须整顿,加上各种各样附带的开支与不便,名目繁多,不胜枚举,所费不赀,与维持一支随时可供调遣以应付紧急情况的部队的代价,已相差无几。

除此以外,即不可能获得纪律良好的部队。

要使一般人熟悉士兵职责,需要时间。使他们遵守纪律,服从调度,不仅需要时间,而且是极为艰巨的任务,尤其是在我们部队中,官兵之间,区别甚微,更需非同一般的训练。要求刚招募来的未经训练的新兵与老兵同样服役,这种要求是前所未有的,恐怕将来也不会有。习惯于危险的人,面临危险时毫无惧色,而不习于军中生活的士兵,常常在并无危险时害怕危险。临战之时,促使士兵正常履行职责的有三点:天性勇敢、希望得到奖赏和惧怕处分。头两点,受过训练与未经训练者并无不同;第三点,则二者之间区别甚大。如果一个懦夫经过训练,相信临阵脱逃必被处以极刑,虽然敌人在前,仍愿冒枪弹之危险;如未经训练,既无惧于纪律,又害怕敌人,按自己感情行事,将毫不考虑后果。

而且,服役期短的士兵,不向前看。根据我们的经验,遣散日期临近之时,他们对武器、弹药、营房器皿等均不知爱惜。甚至营房本身也是一片劫余残破的景象,为我们增添新的麻烦与开支。要添补新的一套,有时还不易购到,但又必不可少。甚至连调味品,新兵来营时必须准备的,也都损失殆尽。更有进者,短期服役的士兵,太易掌握他们的军官,因为,为了赢得他们的欢心,促使他们继续服役,官兵之间容易产生一种随随便便的关系,从而放松纪律,可以不假外出或从事其他放纵行为,与秩序和良好的管理大相径庭。所有这一切意味着,到了后期,士兵的所作所为与我们最初所一再强调的,无不背道而驰。

如果详细叙述军队最近一次大改革中我们所见到的弊病并列举有关的开支,将大大超过这封信的篇幅,更不用说两次征募的士兵在换防之际,我们吃过的而且无法避免的苦头了(除非大量增加民兵开支)。以上所述,仅为此一问题的大致轮廓,我愿借此机会谨提出我的一点意见,如果会议有理由相信明年还需要部队,即需要另一次招募士兵。假如战争期间愿意以每月二三十元或更多一些的津贴招募现已应召的士兵(服役期明年1月届满),不足之数,可以外招,则会议既可节省开支,又可获得远为精良的部队。我不敢说,以此条件一定能招到人,但我会因此感到满意。要是还像去年那样任其自流,到服役期满时,犹无所措施,那是不行的。首先,风险太大;其次,遣散一支部队的同时,招募另一支部队,尤其是在上次那样危急时刻,麻烦与困难太多,其为害之烈,实非言词所能表述。只要有过一次经验的,决不愿再有二次。

在此问题上,万一会议不同意我的意见,也希望相信我是出于公心,为大众的利益,别无他意,虽然照我的办法,在一开始时,要花费一大笔钱。

五十、谈处境的困难[28]

致约瑟夫·里德

1776年2月10日于坎布里奇

亲爱的先生:如果你认为我对你前此各函有任何误解,那你的确是错了。我的意思仅仅是想使你相信，对我来说，了解公众对我的看法，无论好坏，所给我的快慰是无可比拟的。我的理由是：要想躲开礁石，必须知道礁石在何处。我知道我自己为人正直，这当然是对朋友说，要是对别人说，就成了自吹自擂。我知道我目前所处的不快的困境；我知道对我的要求太多；我知道没有人，没有武器，没有弹药，连士兵住的地方都没有，什么也干不成；我知道要想世人明了我的处境，就必然要暴露我自己的弱点，有损于我们的事业，如果没有绝对的必要，我是决心不这样做的；这一切都使我苦恼。

在这种不利的情况下，如果我能在世人的心目中保持（像过去那样）地位，我将不胜快慰；但因我的处境有许多不可知的特殊因素，如果遭到世人的非难，而你没有把那些对我行为的反映告诉我，我也不会认为你对不起朋友。我这种处境有时使我心烦意乱，要是我只求自己的心安，而不考虑公众的利益，我早已将一切孤注一掷。我根本就没有两千名良好武装的士兵，我现在所有的连一半也不到，还包括生病的、请假的及指挥人员，而且这些士兵既无武器，又无衣着。总之，我的情况就是这样，我不得不要些花招瞒过我的军官。

就我而言，自从我听到英国因邦克希尔之战而采取的措施后，我就没有抱和解的想法。英王的演说更证实我听到消息后的念头。如果大家的想法都和我一样，大不列颠的大臣们就应该知道用简单明了的几句话来说明问题的症结所在。不论是花言巧语的声明或假仁假义的许诺，都骗不了我，我也不会对那些毫无意义的建议发生兴趣。我要用明白无误、斩钉截铁的语言宣布我们所受到的委屈，以及我们要求纠正的决心。我要告诉他们，我们已经忍无可忍，我们曾经长时间地并热心地希望在光荣的条件下和解，但我们遭到拒绝，我们为和平所作的一切努力均已失败，并且被恶意歪曲；我们已做到良好臣民所能做到的一切；告诉他们，我们的自由精神已在沸腾，不能再屈服于奴役；告诉他们，如果除了奴役就不能使暴君及其凶狠的大臣满意，我们已决心与如此不公正、不人道的国家一刀两断。我要用光明正大的语言，而不是用躲躲闪闪的语言把这一切告诉他们。

其他无可奉告，惟菲利斯·惠特利小姐（或惠特利夫人）给我的信及附诗，你可能有兴一阅。这是有一天在清理文件时发现的。最初，为了对她的诗才表示嘉许，我很想发表，又怕别人误会我的动机，认为这不是对她的赞扬，而是夸耀自己，因而搁置，直到这次重新发现。祝贺你的当选，但你从此以后，再也不能重住营房，对我的愿望，无异当头一击。失去你的良伴，我将引以为憾，因我获助良多，故惋惜之情，亦愈为深切。我的妻子和我并此问候里德夫人。你最恭顺诚挚的仆人。

五十一、必须团结起来[29]

致约翰·奥古斯丁·华盛顿

1776年3月31日于坎布里奇

亲爱的兄弟：缺乏武器弹药的并非仅只有弗吉尼亚。对这一地区有过不少夸大溢美之词，想必你也曾经听到。实际上二者更为缺乏，其严重程度远非你所能想象。我在此已经数月，每个士兵所有不足三十发子弹(说来令人难以相信),而且缺乏火药,不得不听任敌军炮火肆其威虐,而把我们所有的这一点点弹药留在手枪所及的射程内作为回击之用。除此以外,我们还面临强敌,这就使得这支部队更有理由说自己的弹药匮乏。尽管缺乏弹药,在二十二个英军精锐团的步枪射程内,我们依然守住阵地,遣散了一批士兵,又招募了一批士兵,而我们的部队竟比他们略胜一筹,最后终于击败他们,使他们从本大陆上坚固无比的、耗资巨万增强加固的据点作仓皇而羞辱的撤退。

我敢说,自有军队以来,任何指挥军队的人,其所处条件的艰苦,都不足以和我所遭遇的相比。如要详加叙述,简直可写一本书。我的困难与苦恼许多是性质奇特,为了不为敌人所知,不得不对朋友,甚至对本军隐瞒真相,因而使自己的行为获得有损于品行的解释;尤其是远离战线的人,更毫无可能理解我这样做的心机所在。从不同方面得知,我的信誉尚佳,我的行为也普遍为人满意;能得此结果,深感快慰。我已接到本殖民地议会的讲演词(估计即将发表)和波士顿行政当局关于撤离该城和我即将离开本殖民地的讲话,这些都表示了对我的行为的嘉许以及他们的敬意。还有许多其他事例也表示了同样心情。所有这些,将在我退休之日为我提供愉快的回忆。

在公开论战中,你作出的努力值得赞扬。这是我们对国家应尽的职责,也是子孙后代对我们的要求。对这一事业仅仅是消极的友善或者仅仅怀有良好愿望,那是不够的。这一事业,或同样性质的任何其他事业,在遇到如此巨大的阻力时,是注定要毁灭的。每一个人都必须在某一部门积极效力,而毫不顾及个人利益。在这场牌局中，我们下了巨大的赌注，如运筹得法，是可以稳操胜算的。有些人无所作为，有些人居心叵测，更多的人胆小怕事，这都可能有损于我们的事业。除了团结取胜，别无他策。只要我们团结一致，不可动摇，就不怕大不列颠的任何伎俩。这一点他们领导人是清楚的，所以正要弄各种花招来分化我们的队伍，团结他们自己的人。正是根据这一方针通过了限制法，派来了委员。这种手段，甚为浅薄，不难看破。但遭到反对的法令既已取消，又派出委员和我们交涉，而我们毫不理睬，这样一来就可拉拢他们自己的人。这些手法对意志薄弱的人是会产生效果的。他们希望和解，或者换句话说，他们希望和平，但对我们的条件却置之不理。

五十二、谈舆论——亲英分子[30]

致约瑟夫·里德

1776年4月1日于坎布里奇

亲爱的先生：坦普尔先生谈及内阁中对和解的有利倾向，这一情况与他们在国会中的演说颇不一致；他怎样解释他们的前后矛盾呢？如果派来与议会打交道的委员们没有全权，我衷心希望他们的足迹不要出现在美利坚的土地上。他们的到来（如果没有全权），一定是心怀叵测，要进行分化瓦解，并尽可能制造混乱，这是不言而喻的。那么，谁会拥护这种饮鸩止渴的措施？即使是强烈要求和解、最缺乏判断力的人也不会拥护的。我热诚地希望和平，谁也没有我这样强烈的愿望，但我希望的和平是有条件的和平，必须反映议会的荣誉与美利坚的智慧。就你而言，我认为美方代表有所更换是必要的；我也认为经常诉诸人民的公断，绝不会有坏影响，只可能有良好的效果。由于他们的政府的形式及对王权的旧有的感情，我知道我的同胞在接受独立的观念时，会趑趄不前。但时间及迫害会带来奇迹。从来自弗吉尼亚的一些私人函件中，我近来发现《常识》已使许多人的心中产生巨大的变化。

如果内阁支持者攻击我们多尔切斯特的工事或罗克斯伯里的防线，定于 5 日开往波士顿的四千军队，原定由老普特率领。他要做的也很简单，因为他的行动完全要受信号的制约，而那些信号是显而易见的。除非该城消耗殆尽，或有生力量严重受损，他是不需要采取行动的。

上次信中，我记得曾经提及，（在波士顿）那些接受政府人员的称号与头衔的人，也匆匆忙忙乘船离开该地，其狼狈情况，较之国王的（我认为把国王与内阁区别开已无意义）军队的遭遇，殆有过之。因无法为国王的运输雇到海员，他们不得不自己驾船，并忍受一切可能想象到的苦难。他们当中有一两个人自杀，要是他们当中有更多的人早这样做，人类会更幸福一些。根据大家所述，他们真是世上少有的可怜虫。他们听从别人的教唆，相信大不列颠的威力无坚不摧，如果英军不保，也随时可得到外援，与那些英国人相比，他们的反对，更加气势汹汹，盛气凌人。当命令下达，英军一律在波士顿上船，这一下吓得他们魂飞天外，不论是惊雷闪电，甚至最后的王牌，都不可能把他们吓得如此惊恐万状。他们已智穷计尽，也意识到自己是昧着良心，忘恩负义，于是铤而走险，选择了上述的途径。在暴风雨的季节，委身于海上风浪的摆布而不愿见他们触怒的同胞。据说，他们曾宣言，如果他们想到最卑躬屈节的顺从,能为他们带来和平,他们就会含垢忍辱,并心甘情愿地接受对他们的责罚。

不幸的可怜虫!上当的愚人!发布一项大赦令,用宽恕来争取他们,难道不是上策吗?

五十三、为副官一言[31]

致大陆会议议长

1776 年 4 月 23 日于纽约

先生:很久以前有幸接到过会议来函,问及军队中的副官应属何种军阶。从那封信中我感到会议已注意到副官职务的特殊麻烦与限制,准备给以适当的津贴。因我当时未采取行动,也未发表意见,现在虽未承询问,我愿冒昧就此向议会进言,即他们的待遇和他们遇到的麻烦和受到的限制毫不相称。写此信时,我的副官是不知道的。

再没有人比我更愿意为公众节省开支了,再也没有人比我更愿为此目的而努力了。但在某些情况下,过度节省可能并不适当,我认为副官的待遇便是一例。副官必须是完全可以信赖的人,要精明强干,处理事务时妥当、迅速。在我们这样一支军队中,总司令的身边总是有大量事务等待处理。这些先生们和我生活在一起,担任副官职务,我深信完全是出于热心,为了伟大的美利坚的事业,以及和我个人的关系,别的什么是不能使他们经受就任以来他们所经历的这一切麻烦与限制的。

我自己不喜欢任何形式的娱乐,结果,在我周围的人也只好放弃。从早到晚，在司令部内听取各方的请求，答复各种函件，其数目将日益增多，因北方部和东方部的事务，我估计也必须经过我手（如我继续留任）。如果这些先生们能像军官一样在日常工作之余，有休息的闲暇，则副官工作并不太累。但是，心情老是处于紧张状态，难得略有松弛，而且又没有娱乐的时间，这就形成明显的差别。因我了解这一点，同时也知道他们待遇太低，所以不能随心所欲地把他们职务内必须完成的工作都交给他们。除此以外，还有一点也是我要说的，于我固然关系匪轻，于公最后也要受到影响。由于工作繁重，待遇微薄，他们当中有的难免要另觅高就。我从他们考虑，只好促成其愿，这样我就在他们最能对我帮助之时失去了他们的帮助。出于以上的考虑，我愿冒昧陈词，将此问题提交尊敬的会议，并相信会议将会耐心听取我的意见。

五十四、需要更强大的联合

致约翰·奥古斯丁·华盛顿

1776 年 5 月 31 日于费城

亲爱的兄弟：顷闻弗吉尼亚大会以接近一致的多数通过如此崇高的提案，不胜欣慰。我们目前的处境使我们相信再也不能期待大不列颠的公正；也使我们相信，使用各种最狡诈的花招是他们的拿手好戏。我感到满意的是，以前除了黑森雇佣军或其他外国人，他们从没有想起过委员，现在这个主意也不过是为了欺骗，并使我们丧失警惕。第一个目的已经有效地达到了；议会许多议员，即整个省的代表机构，依然向往着和解的美味，不过他们还没有使和解的期待影响他们的决定(指为防务而作的准备)。但是和解的想法对他们行动的每一部分终究要发生作用;而且是会议进程中的障碍,这是一清二楚的。就事务的本质而言,也不能有其他结果。希望看到由委员们迅速而公正地调停争端的人,与那些决心获胜,否则即委身待罪任绞任罚的人相比,对最坏事件的出现,其所愿承担的开支及所愿冒的风险,决不会是一样的。

建立一个新政府,需要极端谨慎与无限耐心。基础如打不好,则上层建筑必不牢固。权衡斟酌,煞费周章,但决不要怕费时费事。我们目前的宪法有些部分,无疑是可取的,有些部分则毫不足取。在存其精华、去其糟粕的取舍之间多费点时间,决不为过。我担心的是你们日久生厌,急于回家,结果是东拼西凑,所制宪法缺陷如旧。这种情况决不能令其出现。你们所孜孜从事的系制定有关千百万人苦乐的宪法。如此大事,决非一蹴而就,这是你们各位都应考虑的。

今夏在纽约和加拿大,预期将有一场血战,我估计敌军重大行动的目标就在这些地方。遗憾的是,不论我们的人力和武器方面的准备都不足。我希望,而且虔诚地相信,我们的正义事业会像过去一样获得上帝的保佑,渡过难关。

华盛顿夫人,现在本市接种疫苗,预计将顺利出痘。今天是第十三天,痘疹甚少。她本想写信给我弟妹,尽管传染的可能性极小,但为谨慎计,还是作罢。她和我一起问候你和她,并问孩子们好。你最亲爱的兄弟。

五十五、谈沙利文将军的资格[32]

致大陆会议议长

1776年6月17日于纽约

先生:兹奉上沙利文将军寄给我的一封私函。我现作为私人函件寄交会议。信中的意向(无须解释)可说明这封信与阿诺德将军来信的不同。前者的目的显然是要指挥在加拿大的部队。他是否胜任是个有待考虑的问题。为使这个问题得到适当考虑,我认为我有责任就个人所知略述所见。我认为他积极肯干,精神饱满,并且热爱我们的事业。他也不缺乏才干,这一点我和许多议员都可作证。但他也有缺点和一些小毛病。后者表现为轻微程度的虚荣和过分希求名望。这些毛病不时使他陷入窘境。他的缺点则为我们大家所共有——缺乏大规模作战的经验,因为我们在军事方面的知识有限,作用不大,全靠健全的判断力以及对人和书本的一点知识,尤其是强盛的事业心,作为弥补。而这些优点,平心而论,我认为沙利文将军是具有的。

五十六、关于《独立宣言》[33]

致大陆会议议长

1776年7月10日于纽约

先生:我了解到议会一直在考虑一项在性质上最鼓舞人心的措施。我们当然无法确定我们的意图会产生何种结果,但在仁慈的上帝的庇佑下，采取这一必然会促进我们幸福的步骤，是完全应该的。我深信你们最近所作的具有决定意义的努力，就是为此目的，并将为我们赢得英国政府违背上帝的意志与宪法的规定所曾拒绝给予我们的自由与特权。依照议会的要求，我已立即命令将此项宣言对全军将士宣读，并高兴地告诉他们这些措施看来会得到他们由衷的同意。官兵的反映与行动证明他们对宣言的热情支持。我已将副本转交波士顿的沃德将军，请他对该部的大陆士兵宣读。

五十七、谈账目的稽核

致大陆会议议长

1776 年 7 月 11 日于纽约

先生：我深知会议目前的时间已为各种重要问题所占据，不愿为会议添加麻烦，重提已经提过的请求，并陈述已经陈述过的意见。但因设置专人稽核账务，对于公众利益关系重大，我谨再次提请会议注意，请求会议为此目的指派适当人选。提出此项请求，动机有二。首先，我相信这一措施可产生实效；其次，万一将来发现用钱不当，或为部队采购时价格过高，我可不负罪责。

就我而言，如果要我从早到晚把时间都花在核对这样一支军队的账目上，做到准确无误，同时又要兼顾同样重要的其他事务，那是根本不实际的。事实上，我过去能够做的等于什么也没有做。我只是当兵站监督、军需官员、医院总监（大多款项都是付给他们）请求拨款时，要他们按时提出他们开支的大致项目，但这并不能达到任何有价值的目的。要查的是细账,每项开销是否合适,都要核查,每张单据都要审核;关于兵站监督,他的领粮表报与粮秣开支,应与他购进的数目核对;否则,其他部门中的任何人,如有意为非作歹,即可用公家的钱大量购进,然后将一部分出售,以肥私囊,而其账目仍可一清二楚,每笔开支都有凭单。

我提出这一问题,并非怀疑上述各部门有任何不法行为;如果对我的意图有此误解,殊感抱歉,因他们的品德素为我所推重。但即使他们顾虑周到,品德无亏,也应有某种管理的办法。如账目日积月累,将混杂不清,不如随时稽核,较易发现错误。兹闻议会已决议成立稽核处,并设立稽核官,尽管对议会的意见深怀敬意,但这样的机构就其所处地位而言,不能指望可防止我说过的种种弊端,也无力达到这一目的。

五十八、谈对自己的适当称呼[34]

致大陆会议议长

1776 年 7 月 14 日于纽约

先生:今日下午三时许获得报告:豪爵士的一艘旗舰来港,等候指令,随同等候的还有两艘我们的捕鲸船。我立即召集留下的将官会商,一致同意,我不应接受任何非公职称呼的信件;如系公职称呼,对送信的军官也必须采取保安措施。我当即命令里德上校按上述决定前往处理此事。里德上校回来后报告说:互相致礼后,该军官声称,带有豪爵士致华盛顿先生的函件,并以函相示,上书“致华盛顿先生”。我回答说:军队中并无此人,如系致将军的函件，这种称呼，不能接受。该军官表示极为关切，并说，此信系民事性质，而非军事性质。又说，豪爵士对他的不能早日来到感到遗憾，他（豪爵士）的权力很大。虽然该军官否认对信件内容有任何了解，但急于投递之意溢于言表。我因命令十分肯定，当即分手。他们走了一段距离之后，又返回询问华盛顿先生希望以何相称，对此我回答说，他的地位人人皆知，如何称呼，你们肯定不会不知道。该军官说他们知道，并表示惋惜，而且又一次提出希望接受信件。我当即告诉他：只要有适当称呼可消除一切阻碍，这并不是件新事，去年就曾充分讨论，豪爵士不会不知道。说完后即分手。

在任何情况下，我都不愿舍本逐末，过分拘泥细节；但在此事上，其他人的意见和我一致。我认为坚持获得尊敬系我对国家及职务应尽的责任。如果不是在公开的场合，这种尊敬，我完全可以放弃。从信的性质及所述来人急于投递的神情来看，我毫不怀疑他们将第二次派遣旗舰，或用其他方式转达信中意向。

五十九、关于保护妇女儿童

致纽约大会

1776 年 8 月 17 日于纽约总部

先生们：鉴于最近的将来纽约市行将成为血战的战场，我不得不注意到留在该地的大量妇女、儿童以及年老体弱的人，并表示由衷的关切。每当战舰沿河上驶时，他们拖儿带女，哭声震天，情景凄恻，令人心酸。我担心这种景况对年轻而无经验的士兵会有不良的影响。难道想不出办法把他们迁走？有些人无疑的是缺乏自己迁走的能力，但也有些人并非如此。他们迁走后的衣食问题也应有适当的考虑。如尊敬的大会能立即考虑这一问题，并为他们的迁移与救济制订一项方案，付诸实行，将会大大减少我的忧虑。对于大会的计划，我们自当全力以赴地合作，并协助执行。同时，我认为有必要向上述人等提出建议，要他们毫不迟延地携带家中细软迁往安全地区。

六十、谈民兵的弊病[35]

致大陆会议议长

1776 年 9 月 2 日于纽约

先生：近来所得消息殊为不利，不能不令人焦虑并引起关注。如我能于此时向会议报告顺人心意、令人高兴的消息，我将深以为幸。但事实并非如此，这是我的不幸，也是会议的不幸。我们的处境的确是十分困难。上月 27 日派遣军受到阻扼，使得军中大部分人情绪低落，甚至恐惧、失望。民兵则不仅不鼓起勇气奋力抗击以挽回损失，反而灰心丧气，不听命令，急不可待地后撤。大批的人离开了部队；有些地方一次离队人数以整团或半团计，有些以整连计。当我们面临强敌在人数上超过我们所能集结量的总和时，出现上述情况，对我们是极为不利的。尤其是当他们的行为影响到军队的其他部分。他们的纪律涣散，拒绝任何形式的约束与管理，导致了类似行动在全军普遍地发生，把任何健全军队所必须具备的、而且是我们所极力培育的命令与服从置之度外，上述情况的出现就更加令人震惊。关心之余，我不得不承认对统率这支军队已缺乏信心。

所有这些情况充分证实我一向持有的、并曾多次向会议陈述的意见：即不可依靠民兵，或其服役期限超过我们规定时间的其他部队。正如我相信任何业已发生的事实一样，这一事实使我确信，如果我们的自由不是用一支永久性的常备军，即战争中一直存在的军队去保卫，那么，我们的自由即使不完全丧失，也会处于危险的境地。维持这样一支能应付任何紧急情况的军队所需的开支并不太多，不会远远超过每天都需要召集援军、征募新军的开支，而且此种开支不可能带来好的结果。习于自由、不受约束的人，不能在一夜之间使他服从命令。他们要求并可享有的特权与豁免影响别人的行为。从他们那里所能得到的帮助，几乎被他们所造成的无秩序、无纪律的紊乱状态所抵消。

六十一、谈作战计划

致大陆会议议长

1776年9月8日于纽约总部

先生：本月6日曾奉上一函，随即召开将官会议，对形势作全面估计，并制订立即可行的防御方案，如敌军行动计划无改变，将不再作改变。敌军在长岛登陆以前，其进攻目标不得而知，对其意图亦无法作出任何令人满意的判断。既可能为长岛、伯根，也可能是直接指向本市。这就有必要在各方作准备，因而花费了大量劳力。现在看来似均无用；所以某些事后聪明的人，深悔此举多余。但我相信有眼光的人会有不同的看法。他们会看到这些工事与准备不仅推迟了作战行动,使敌人无法及时对我军防线作重要突破,而且把敌军吸住到一点,迫使他们放弃其计划,从而使得我们的防御更有把握一些。

从各方情报及种种迹象来看,敌人的意图现已极为明显。在长岛登陆后,除留四千人在斯塔滕岛外,他们企图以战舰有效地守卫正面防线,同时在我们后方站稳脚跟,把我们包围在纽约岛上;然后,切断我们与后方的交通线,迫使我们按照他们的条件作战,或无条件投降;或以巧妙的一击把我们切成小股,然后夺取武器和储存,他们知道这些东西我们是无法在短期内添补的。敌人的意图既已昭然若揭,当前重要的是考虑如何有效地应敌。就我方而言,各个方面都有困难。每一项措施,不论如何根据经验殚精竭虑,也都难免担心我们的部队不能完成任务。在考虑这一重大问题时,要记住历史、我们自己的经验、那些最能干的法国朋友的忠告、甚至会议的宣言等等方面,所给予的昭示:即在我们这一方应该是防御战(一向称为哨位战);除非必要,在任何情况下都应避免采取大规模行动,而这种必要决不可使其出现。

我们认为,支持这种方案的论据是无可辩驳的,也是我们的经验所认可的。有鉴于此,而且我也完全相信,把我们刚刚成立的部队调到开阔地,与在数目上和纪律上都占优势的敌军对战,只能是鲁莽灭裂之举,所以我毫不吝惜铁锹与铁镐。我承认即使有坚强阵地,目前尚缺乏那种誓死保卫的决心,而这种决心是使阵地发挥作用所必不可少的。当能否守住尚不可测而落于敌手则大有可能之时,进行一场英勇防御的荣誉远非足够的鼓舞力量。但我毫不怀疑,这种决心将在战斗的过程中逐渐树立。我们目前的阵地是坚固的，但非坚不可摧，而且每一个有判断力的人都认为是难以守住的，除非敌人避而不攻，袭击交通线。从敌军的调动来看，一切迹象都表明他们有此意图。

六十二、谈必须建立正规军

致大陆会议议长

1776 年 9 月 24 日于哈莱姆高地莫里斯上校家

先生：我从分配为睡眠的时间中抽出一部分来写这封信，向会议陈述我对各种重要问题的想法。语出至诚，力求坦率，凡可作有用参考者，言无不尽，但决非意存唐突。

我们部队目前的处境似已面临又一次的瓦解。我回忆起去年当时情况下所产生的困难，以及当时的改变如果被英军利用而可能产生的后果，加上我对部队目前情绪与情况的了解，瞻念前途，实感渺茫，并使我确信，如果会议不迅速采取有效措施，我们的事业行将失败。指望会议的鼓励会招引为数可观的士兵重新服役是不切实际的。当他们看到同乡、同伴短短几个月的服役就拿到二三十元或更多的钱（事实也确系如此），除了强迫，他们是不会再服役的；而强迫他们服役又达不到任何有价值的目的。焦躁不安的士兵，如鼓动他们的热情，是可以匆匆忙忙、高高兴兴地拿起武器的。但是，一旦热情消逝，指望这样的人组成部队的中坚，决不计较个人利益，那只能是水中捞月，或者是缘木求鱼；如国会有此指望也只能是自欺。当以事业的崇高与奋斗目标的可贵晓谕士兵时，他们会耐心听取，并承认你说的完全正确。但他们会补充说，这一事业对他们固然重要，对其他人也同样重要。军官们除作出同样回答外，还会说他们的待遇不能维持生活，当社会每个成员都同样受益于他的劳动时，他不能牺牲自己和家庭而为国家服务。因此，按无私的原则行事的少数人，相比之下，不过是大海中的一滴。

事情已很明显，这场斗争决非一日之功，战争必须有系统地进行。要进行战争就得有优秀的军官。在我看来，只有把我们的军队建立在永久的基础上，并提高待遇，才能招致好的军官。除此以外，别无可能。这将吸引有教养的人和品行良好的人加入我们的行列。如果军官的中坚部分不是由这样一些为荣誉感和事业心所激励的人们所组成，要想取得成功，实为奢望。他们所得津贴应足以维持上等人的生活与品格，不致因薪饷微薄被迫采取下流卑鄙的手段，损公肥私。他们当中许多人就是这样干的，而其所得还要超过优厚的薪金。而且，对这些把生命置之度外、甘冒危及健康的风险、放弃家庭欢乐的人，是应该有所报偿的。一个上尉在大陆军中，每日所得不及五先令，而同级的军官在英军中则可得十先令，同样服役而有如此差别，殊难令人理解。何况后者所需均按优惠价格供应，而前者连此种享受也得不到。能使人自重并使之适合于指挥职务的唯一办法，是由他所服务的国家提供足够的资助，使之无须仰赖别人的资助。

至于士兵，除按永久建制发给较高津贴外，别无他法可以招致。他们服役时间应延长为整个战争持续期间。因为事实已无可辩驳地证明，征集士兵的困难与开支已与日俱增。在坎布里奇建军时，我相信没有津贴也可招到士兵作战。此后，他们看到战争不会如想象中那样迅速结束，开始感到自己的重要性。他们说去年一年中召集民军时,许多城市都不得不发给津贴。由于我预见到这种做法的弊端和随着短期服役必然产生的恶果,我曾在致会议的一封长信中建议把服役延长至战争结束。所举理由均为经验所证实,且有充分根据。那时照我的看法,二十(美)元的津贴是可以招到人的。但按过去经验办事,现在却行不通了。而且,如果错过目前机会,再过一年,我相信我们的困难会增大四倍。因此,我愿冒昧建议,立即发给优厚津贴,并赠与每人一百英亩或一百五十英亩土地,对未受军衔的军官,每人发给一套衣服、一条毯子。这种待遇不论看起来多高,当此物资缺乏、百物昂贵之时,我完全有根据地说,仅供衣着的开支,是不足以养家的。

如果士兵们获得此种鼓励,军官的薪金又足以招致品行良好、见解开明的上等人,并在任命时倍加谨慎(重德而不重招募到的兵数),短时间内我们即可拥有一支足以抗衡任何敌人的军队。因人员既然精良,就不愁没有精良的部队。如果一个军官的功绩只是他招募兵人数的多寡,而士兵则视军官为伴侣,朝夕厮混,犹如百姓相处;他们视军官身份无异帚柄,秩序纪律荡然无存。军官既不再享有必要的尊敬,其命令当然也无人服从。

依靠民兵犹如依靠朽木枯株。刚刚脱离家庭和平环境的人,不习惯枪林弹雨,军事技术也一无所知。他们面对的敌人都经过正规训练,行止听令,装备完善,知识与武器均占优势,因而缺乏自信心,往往心虚胆怯,以致风声鹤唳,草木皆兵。生活方式的突然改变(尤其是住宿),使许多人生病,更多的人焦躁不安,返回家园已成为无法抑制的愿望,这不仅造成可耻的临阵脱逃,而且使同样情绪影响其他部队。再者,习惯于自由自在、喜欢无拘无束的人,不能忍受任何约束，而约束是维持军队秩序所必不可少的。丧失约束，必无秩序可言。要使人服从某种约束，并非一日、一月，甚至一年之功。对我和我的事业均为不幸的是，在我直接指挥的军队中，我一直苦心孤诣所经营的一点点纪律现已化为乌有。原因在于受到这几个月来所征集的部队的不良影响。

我们管理军队的各种规章制度并不严格，民兵(有两种，一种服役期为六个月，另一种是临时派来增援的)认为他们无须遵守，可任意违反而不受处分，而我们的士兵如违反规章则必须受罚。这就产生妒忌，妒忌产生不满，久而久之，酿成叛变，使全军处于混乱不堪的状态，使那些愿意看到军队井然有序的人也惶惶不安。此外，如此频繁的变化使一切安排徒劳无功，计划总是赶不上变化。

请您和会议相信，上述各点仅为民兵造成的种种不便的一小部分。另外一点，值得特别注意的是开支问题。以常规的薪给维持一支五万人或十万人的队伍，我肯定要比一半有常规薪给，另一半靠民兵补充更为省钱。算上后者入营前和离营后的时间，集中和行军的时间，弹药的浪费，库存的消耗(不论会议如何决议与要求，他们总是必须获得装备，到时必须回家)，加上他们在途中及营中的其他不胜枚举的耗费，凡常备军中所能奉行的正规办法与节约措施，均被摧毁无遗。如继续坚持这一制度，我看，我们的事业必将毁灭。

对常备军的提防及所担心的种种弊害，均非眼前所应考虑之事，按我们目前情况来看，我认为不足为惧。但根据我近来的一些想法，如现在缺乏一支常备军，则毁灭的后果终将不可避免。如果要我宣誓作证，究竟民兵从总的来看有益还是有损，我将同意后者。我这样说并非意在非难会议的行动。如果我不加判断,在非难会议,我应该同样责备我自己的行为。但是进行工作的最好准则经验如此充分明确地谴责依靠民兵的做法,使任何重视秩序、纪律与经济原则的人,或重视自己的荣誉、品格或希望心安理得的人,都不会在此问题上冒任何风险。

由优秀军官组成的军队行动时周旋自如,毫无滞碍。而一支无秩序无纪律的军队,其统帅者的地位最不值得羡慕,也最为不幸。我自从服役以来,遇到的困难层出不穷;提心吊胆,心情无片刻轻松;不如意事成千上万,作为军官,感情上伤痕累累;所作所为的成果及目前事态的发展又很少令人高兴之处;在此情况下,如果我为会议所责难,我自己也不会感到奇怪。加上我认识到在此错综复杂的情况下,我实在无法管理一支组成成分如此参差的部队。凡此种种,使我不仅相信而且深信不疑,我们的军队制度如不彻底改革,不可能有所建树,使公众满意。只有使公众满意,才能达到我弥补前失的目的,也为我一向的宿愿。

停笔以前,我必须为信中措词唐突表示抱歉,因时间仓促,无法誊正,涂改之处很多,并希见谅。谨此向您及会议致敬。

六十三、谈处境困难——关于房屋的修建

致伦德·华盛顿

1776 年 9 月 30 日于哈莱姆高地莫里斯上校家

亲爱的伦德:18 日来信已收到,系唯一尚未作复的一封。你

对会议所采取的无法理解的措施似乎感到惊讶，如果我有时间将一年以来他们的全部管理方法一一告知，你的惊讶将会大为增加。其所以采取此种不幸措施，实由于对难以实现的和解普遍存在着希望。除此以外，我找不出其他解释。我说和解是难以实现的，因为我从内心深处希望它如此。实际上，我所担心的是和解孕育着太多的危险。去年此时，我曾指出短期服役的弊害和民兵的开支浩繁和他们的不可依靠。并正告会议愈是推迟建立常备军，到将来再成立时困难将愈大，费用也愈多。我曾说明，民兵不可能起任何有价值的作用，而频繁征召的巨大开支非会议所能想象。究竟是由于上述的对和解的向往，还是由于对常备军的恐惧，我不敢断定，但最后决定只是将服役期延长为一年。结果一大批不在军营的士兵可以领取薪给，大量军需将被无一日之功、无尺寸之用的部队所耗尽。以言浪费，莫此为甚。仓储消耗净尽，风纪则荡然无存，士兵数目起伏不定，永不足数——能作战的从未达到两万。目前我军实有人数（根据今天的报告）为一万四千七百五十九人，外加指挥人员三千四百二十七人。而大敌当前，距离仅一箭之遥。一支民兵的确已经派出，但他们来时无任何装备，只好立即返回。不久前，我遣散的一个团能作战的士兵仅有十四名，遣散的另外几个团则不足五十名。简言之，这就是我的处境，如果我要诅咒一个敌人遭受人世间最痛苦的厄运，我会愿意他和我易地而处，并有着同样的心情。何况如何摆脱困境，我尚一无所知。我已看到继续指挥下去，名成事就固不可能，即使为我们事业完成主要任务，也无希望。然而，别人还说如果我放弃指挥职务，部队将陷入混乱而趋于崩溃。说句心里话，我自有生以来，从未处于如此心怀抑郁、进退两难的境地。一方面我完全相信在前述那种管理体制下，要想功成名就，或获得应许的一切，均无指望，而个人的舒适与安逸则必须全部摒弃。另一方面又无法脱离军职，他们说我的离开会使前功尽弃。这种情况使得我无片刻安宁，心劳力拙。上述种种，我不准备多谈，望多加谨慎，不可透露或公开谈及。不过，知道些此间情况，万一我战死沙场，能为我伸张正义，说几句公道话，也未尝不是好事。要能获得士兵的支持（渐感难以指望），我只要一息尚存，决不放弃这一阵地；如果敌人不改变其作战计划，几天以后即为决定关头。这一迅速消逝的季节对他们来说是至为宝贵的，我确信他们不应该、也肯定不会浪费的。我原来想把我的处境、希望和心情作更详尽的叙述，但我缺乏时间。由于种种复杂情况，我整日精疲力竭，——为民兵的行为所苦恼。他们的缺乏纪律已为其他部队造成极大危害，他们的军官没有几个是胜任的。总之，除非由于公务，我是无暇写信的。为回答你上月18日的来信，谨复如下。

关于烟囱，我希望你不要因为这一小小工程而毁坏了壁炉的外观，我认为客厅中的壁炉应该原封不动。并不是因为壁板，壁板我看是要换的（因为要开一通往新楼的门），而是因为壁炉的面饰及其朝向屋子的风格。屋内烟囱的上部，如果可能，应为方形，像其他烟囱一样；但不要因此而拆掉隔墙。新屋中的烟囱应在正中——门和其他部分都要调和一致——总之，我希望整个修建要独具匠心。

新酒窖山形墙的一端应有窗子（或在三尊窗下，或在其两旁）。

告诉赫伯特先生，我甚愿尽快办成交换他兄弟的事，但我方军官成为敌方俘获的多于我方俘获的敌军军官，而且有些已经长期拘押(声称有权最先交换)。我这次究竟能有多大权力可以满足他的愿望，目前尚不可知。

请向我们的邻居和朋友们问好，特别要向梅森上校致意。如果我有时间，我将给他写封长信。既无时间，只好作罢。诚挚的问候，你亲爱的朋友。

六十四、处境危殆[36]

致伦德·华盛顿

1776年12月10日于南赛德特拉华瀑布

亲爱的伦德：我真愿上帝保佑能在此信中以佳音相告，但按我目前处境，已无此可能。我军人数因疾病、逃亡与变节(此刻或以前)减员，而且得不到民兵的支援，不足以抵抗豪将军指挥下的部队，已被迫撤退。敌军对我方的情况洞晓无遗。我来到此地后，在未与费城的民兵会合以前，实在无法判断能否立足，因我军有生力量已不足三千。现我大约有五千人可用以对抗豪将军的全军和克林顿将军指挥的留在舰上的部队。对费城的部队我是担心的。照我的看法，除了李将军的迅速来到，其他均不能挽救危局。李将军的部队约三千人，久在我们盼望之中，但现仍有一段距离。我们已将泽西河上下游离此地数英里内所能找到的船只都集中起来予以破坏。但以仅及敌军半数的兵力守卫长达六十英里的河岸，实感鞭长莫及。因敌军或以强攻，或以智取，可在许多地方打开缺口，突击渡河。目前他们已在对岸安营扎寨，在此地的上下游，连营十五英里，我们已被迫从正面迎击敌人。

12 月 17 日于瀑布上游十英里处

我已转移至此，以便指挥这一艰巨而广泛的河防任务。至目前为止，由于破坏了船只，加上对瀑布上游渡口（目前水位尚高）的严密封锁，已成功地阻止了敌人的渡河，但究能维持多久，只有上帝知道。如无其他办法，我们将等至元月 1 日。到时将只有民兵来对抗他们。而民兵之中，除前面提及的由费城派来的以外，其他均尚未来到（听说偏远地区的民兵即将到达）。当我说只有民兵进行防御时，我没有包括弗吉尼亚团与斯莫尔伍德的残余部队。这一部分士兵由于疲惫不堪、缺乏衣着等，已无实力可言——威顿的部队本是最强的，但能作战的也不过一百三四十人，其余的都在医院里。短期服役依靠民兵，这一不幸政策恐将最终招致我们事业的毁灭，而这一点我以先知般的预见早已指出。李将军的被俘又使我军受到沉重的打击。不幸的人！轻率行事，离开自己营地三四英里，离敌人营地不到二十英里，被一卑鄙无耻的亲英分子发现，报告了一队轻骑兵，经过一夜奔驰，早上将他抓住，兴高采烈地带走，对待极为无礼，甚至连帽子也不准拿，军服也不准穿。他指挥下的部队尚未来到，我估计明日可到。大部分泽西居民已经显示出他们所能显示的种种不满的迹象。宾夕法尼亚的这一部分也同样怀有敌意。总之，我的不幸处境决非你所能想象。我们唯一的寄托是赶快建立一支新军。如果这一目标无法达到，大局已定，绝无转机。由于心怀不满或缺乏斗志，居民不仅放弃抵抗，而且归顺在泽西的豪将军并接受其保护。

六十五、谈需要建立正规军

致大陆会议议长

1776 年 12 月 16 日于基思总部

先生:前函中曾冒昧建议,新建营数应多于已投票决定的营数。经过再三考虑,我愈来愈相信这一建议不仅是妥当的,而且是必要的。在下一次战役中,敌人将无所不用其极地使各州屈服于非法的暴政,这是一清二楚的;而民兵是不可依靠的。除最紧急情况以外无法指望他们的帮助,这也是不容置疑的。前者不成问题,后者则已为经验所证实。最近一次军情紧急时,他们松松垮垮,畏缩不前,足以说明他们不愿离开家园。由于他们不能及时救援,使泽西的大部分地方遭受蹂躏与劫掠。如果豪将军能以一支为数可观的部队成功地通过特拉华,我敢说宾夕法尼亚的命运也不会更好一些。出于这些考虑,我希望除必要情况外不要再依靠他们。我也不得不向会议再次提出唯一的办法是扩充军队。我相信这一建议会得到会议优先考虑。

如果有必要,我又有时间,在此问题上我有许多话要说。但我既无时间,而事情又彰明较著,所以我不想多加补充。增加营数即增加军力;各营军官均有自己的利益与影响;即使不能足数,总的来说,军力将会大大加强。从泽西目前混乱的局面以及许多军官任用不当的事例来看,很难指望他们完成指派的募集军队的任务。当然,如果能任命适当的精神饱满的军官,他们奋发有为,又能鼓励民众(许多人由于我方的失败,不惜俯首归顺),也未尝不能完成。这是我要补充说明的一点。总之,下一次战役将是一次考验。由于我们所最珍视的一切均有赖于这次战役的结局,我们必须为取得胜利不遗余力地做好一切必不可少的准备工作。让我们有一支像样的军队,并且是一支足以应付一切紧急情况的军队。我们正处于生死存亡的紧急关头,目前部队即将解散,这种形势要求我们为建立新军而尽心竭力。我认为豪将军部队目前的部分调动,其意图在于分散我们的注意力,阻挠这一事务的进行。如果严寒的季节迫使他在营地过冬,他也不会作过久的停留。短期间后,他就会开始攻势。到那时,我们的兵员必须征集就绪,以便抵抗,否则,大事恐怕会不堪设想。

军队的被服是至关紧要的事情,如能保证供应,将有良好效果。士兵的痛苦至深且巨,许多人全无衣着,大多数人衣着单薄,不宜作战。我请求会议就此问题函促经手人及承包商必须买到一切可能的物资,并以最快速度运来。我事务纷繁,无法亲自过问此事。

六十六、请求增加权力

致大陆会议议长

1776 年 12 月 20 日于特伦顿瀑布上游营地

先生:我军炮兵的待遇与英军、法军相比,相差甚远,因此,时有抱怨与不满。我又听说要按过去待遇已绝不可能招到炮兵,但他们的服务必不可少,无论如何必须招到。以上情况,加上别人的劝告,促使我答应把炮兵军官与士兵的薪给增加百分之二十五,否则，他们的雇约即视为无效。对会议来说，这一处理似属不够成熟，且未经授权。但是会议如从对军官的影响来看我们的处境，一定会相信这一措施的作用，并相信这一措施的执行决不能推迟到会议在巴尔的摩尔开会以后。总之，事态紧急，不论在会上或在战地都不容迟延，因我深信敌人目前虽蛰居营地，但为期必不会长。我宁可设想豪将军的意图是想尽可能在今冬占有费城；由于再过十天我的军队即不复存在，我确实不知如何防守。他的妙算是想尽可能使我们处于困境，以妨害兵员的招募，并阻碍为下次战役储集军用物资。这一点我是洞若观火的。在此短时间内，我们必须做好艰巨繁杂的准备工作。如果每一件就其性质而论系不言而喻的事，亦须转给远在一百三四十英里外的会议，这样，时间的耗损既多，想完成的目的必无法达到。

也许有人会说，这种权力委托给别人使用过于危险。我只能这样回答，急症要求用急药。我也愿意真诚地宣布，我毫无追逐权力的欲念。我与这片广袤大陆上的任何人一样，迫切希望化剑为犁。但作为一个军官和一个人，我自己的感受使我不得不说我需要与之搏斗的困难比任何人都要多。毋庸赘述，短期服役和错误地依靠民兵已成为我们一切不幸与大量负债的根源。先生，我发现敌人已从不满分子中不断获得补充力量。假如不能设法阻止敌人武装的进展，则这一力量如同雪球，会愈滚愈大。民兵可以在短期间内抵挡一阵。但短时间后，被频繁征召的各州民兵将会全不应征。即使应征，也是勉强而来，敷衍塞责，等于不来。新泽西、宾夕法尼亚便是例证。要不是特拉华河，谁救得了宾夕法尼亚？用十块钱，六个星期的津贴征召民兵服役。他来了，你不知怎样来的;他走了,你不知何时走的;他作战,你不知在何处浪费你的装备,消耗你的库存,而在紧急关头却脱身而去,还有什么比这些(这件事的紧急性就证明这一点)对招募兵员更有破坏性呢?

前信曾提出意见,每三团有必要设一旅长,每三旅设一少将。我认为这一安排至关紧要,希望能不失时机地作出任命。自从我从事军务以来,我从不鼓励各种各样属于地方并有地方特色的一切都冠以美利坚伟大名字的称号。但我发现要克服偏见是不可能的。在新的建制下,我看最好是激起一种竞争的情绪。为了竞争,最好由各州提出,当然不是任命,各州旅长的人选。这种办法如作为一种制度,可能防止争吵与妒忌,而且如果作为一种晋升的办法,我相信可使大家更为满意,高级军官也无话可说。

六十七、特伦顿之战

致大陆会议议长

1776 年 12 月 27 日于新城总部

先生:对盘踞于特伦顿的敌军,我曾有过进攻的计划,该计划于昨晨执行,取得成功,特此报捷,并为我军的胜利谨向你表示祝贺。25 日傍晚,我命令参加这次战役的部队在麦坎基渡口集中,等到天黑即开始渡河,预计连同必要的炮队,可于十二时以前渡完,然后可轻而易举地于五时以前到达特伦顿,因距离该地大约九英里。但当夜河面有大量冰块阻碍船只通行,俟炮队渡完已经三点,全体整队就绪已近四点钟。我知道天亮以前已不可能到达该城,也无法进行奇袭,这使我颇为失望。但我断定如果撤退,必被敌人发现，并在我军渡河时进行骚扰，因此我决定不顾一切继续前进。我将队伍分成两支，一支沿低路或河路前进，一支则沿高路或彭宁顿路前进。两支队伍的进军路程大致相同。我命令他们在夺取前哨阵地后即直接向该城推进，并立即开始进攻，使敌人来不及集合队伍。

沿高路前进的一支，整八点到达敌人前沿阵地。三分钟以后，根据低路发出的枪声，我知道另一支也已到达。敌人前哨仅小有抵抗，但因人数不少，并未慌乱，撤退时仍从屋后不断射击。当时我看到敌人的主力正在集结，从其调动来看，似乎尚未决定如何应战。敌人的大炮已被我军夺取，处处受逼，他们意图排成纵队，循右方通往普林斯顿的道路撤退。发现他们的意图后，我立即派遣一队士兵堵截去路。他们发现我们的部署后，知道已经被围，如继续抵抗，必被切成小股，于是同意放下武器。他们当时投降的有军官二十三名，士兵八百八十五名。后来发现指挥官拉尔上校及其他七名军官在城中负伤。究竟击毙多少敌人，我不知道准确数字；我估计不会超过二三十人，因为敌人并未正式进行阻击。我方的损失极为轻微，只有两名军官和一两名士兵负伤。

在这一场战斗中，官兵们的表现为他们赢得了最高的荣誉，这就是我对他们的公正评价。寒夜渡河的困难，暴风雪中的夜行军，丝毫不能动摇他们的斗志，而在冲锋时，无不争先恐后，奋勇向前。他们都同样英勇，如果要我对某一支队伍作特殊表扬，必将使另一支队伍受屈。

六十八、誓将权力捍卫自由[37]

致大陆会议某委员会罗伯特·莫里斯、乔治·克莱默和乔治·沃尔顿

1777 年 1 月 1 日于特伦顿总部

先生们：上月 28 日来函谈及特伦顿胜利必将带来良好影响，我亦有同感，良以为慰。又承再三致意，颇多溢美之词，似将全功均归于我，实不敢当。其他将官协助我制订并执行计划，出力甚多，他们有充分的权利得到你对我那样的称赞。

收到上月 31 日来函及所附会议各项决议。我以军职，蒙会议以最高及近乎无限的权力相托，深以为荣。但议会对我的信任决不会使我忘记作为一个平民所应尽的义务。我将时刻牢记：是为了保卫自由我们才拿起武器；一旦获得自由，首先要弃置不用的也应该是武器。关于军队，我将立即着手最必要的改革，但因暇时不多，此项工作尚难期望迅速展开。

六十九、谈军官的品格

致乔治·贝勒上校

1777 年 1 月 9 日于莫里斯城

亲爱的贝勒：你愿意指挥一团骑兵，我欣然同意，因为这是会议的推荐，你自己的要求，也是我的希望。要组成一支劲旅，首要任务是选择一批优秀的军官，要获得优秀的军官，最好的办法莫如让他本身的

荣辱与军官的表现息息相关的这个人自己去选择。因此，我将把你这个团任命军官的权力交付给你。除校官、乔治·刘易士所属骑兵队的军官（该队将隶属你团，代替谢尔登的骑兵队）及斯塔克部的一名中尉外，其余军官均由你任命。我所谓由你任命军官，即由你提名，如果我有理由怀疑选择不当，我保留否定一部分或全部的权力。

我诚挚地希望你在选择军官时务必小心谨慎。不要接受没有身份的人；不要受地方关系的影响；不要作好好先生；应该说否时，不要说是。记住，你的选择将有利于或有损于公众的事业，而不是私人的事业。还要请你记住的是：在我们军队中任何可嘉或可恶的行为无不来源于军官。不要吸收老人，也不让年轻人占据所有军官位置，尤其不能充当一连之长。

七十、谈虚构的藐视

致沙利文少将

1777 年 3 月 15 日于莫里斯城

亲爱的沙利文将军，请不要再用虚构的藐视来折磨你自己，并使那些你感到与此有关的人惶惑不安。全军中找不出其他任何高级将领像你这样总是认为自己受到轻视、藐视或苛刻的待遇。我相信任何人比你更有理由怀有这些想法。纯粹是偶然的事，这在部队是习见不鲜的，你却看成是故意的冒犯。先生，请你说，格林将军原来担任李堡指挥，现任巴斯肯里奇的指挥，这和你担任查塔姆的指挥究竟有何区别？而普特南将军在纽约究竟享有何种独立指挥权？我从来没有听到过独立指挥权，我所知道的只是：我从波士顿去该地的前十天和我离开该地去哈莱姆高地的第二天，我不在的时间，由他以高级军官身份担任指挥。在费城的情况也是如是，他在该地的指挥权和他在普林斯顿的指挥权有何不同？他在这两地的指挥权和你在查塔姆的指挥权又有何不同？是否在此地有特殊报酬与荣誉，而在彼地就没有呢？毫无不同之处。那么，为什么要有这些毫无理由、毫无根据的猜疑？猜疑既使自己苦恼，又使别人不快，此外，别无他用。希思将军确曾受命前往皮克斯基尔，斯潘塞将军也曾受命前往普罗维登斯观察舰队活动情况，然后在海湾逗留，但纯系出于偶然（因他们都在该地）。以后他们所遇到的事也只是机会所促成，并非事先有何计划。

你、我对独立指挥权的概念，毫无共同之处。我只知道一种独立指挥权，即存在于北方部的独立指挥权；在该部长官统率下，沙利文将军、圣·克莱尔将军或任何其他在泰昆得洛伽的将军，如被派至查塔姆、巴斯肯里奇或普林斯顿，即系享有独立指挥权。但我实无暇细谈此类问题。停笔之前，愿诚恳地以此相劝，不要再以捕风捉影的猜疑或根本不存在的藐视自相烦扰；同时并请你记住，如需要在远地组织兵团，就军衔而言，还有几位名列你的前面，他们有权要求得到优先考虑。

七十一、要委曲求全[38]

致阿诺德准将

1777年4月3日于莫里斯城

亲爱的先生：上月11日来函前几天收到，今日又收到上月28

日来函。使你深感不快的事，无须我再多说。当我看到少将名单上没有你的名字时，我确实感到惊讶，并认为其中可能有误，所以我曾劝你（你可能还记得）在弄清会议意图以前，不要匆忙采取任何步骤。现在问题已很清楚，不容再有任何怀疑，但性质如此微妙，我实在不愿随便提出意见。你必须把你自己的感受当作你的向导。对你既然没有提出任何特殊指责，你请求法庭调查，我看没有什么依据。而且，公共团体对自己的行为并无服从法庭的义务。它们可以随心所好地任用或者罢免，被错待的人，只要自己知道自己戮力奉公，不该受此待遇，那就算感到满意了。你决定不辞去你现在的指挥职位，值得我的感激，也值得你的国家为此向你表示感激。

格林将军最近到过费城，问及大陆会议在处理此次将官的晋升时根据什么原则。他得到的答复是各州议员似乎都坚持各州的将官名额应与各州提供士兵的数目相称，由于康涅狄格已有两名少将，已经满额。这种晋升原则，我认为是奇特的，但可说明你这次没有获得晋升是由于你的资历，而不是因为你没有功绩。

七十二、军官要有献身精神

致格洛弗准将[39]

1777年4月26日于莫里斯城

先生：因去冬你离队前曾和我谈过一次话，本月1日来信的内容使我甚感惊异。我原毫无怀疑，以为你将接受大陆会议授予的旅长职务，所以我在旅长候选人名单上写上你的名字。我认为你是适于这个职务的，而且盼望你被选中。自谦固为军官可贵的品质,唯有自谦,始能戮力奉公,恪尽职责;但是,你如果指挥一旅,实能胜任愉快,这是我所熟知的,决非溢美之词。你勤奋有为,既已熟悉上校职务,必知如何促使别人尽其职责。

目前大陆各地委靡不振的现象几乎到处可见,每一念及,深感担忧。而此种情绪的形成,我认为主要原因由于军官的告退。这些军官首先行动,领导人民从事这一伟大事业,既已大力投入,决无退缩之理,除非使用武力也决无希望以其他条件达到目的。如果领导人抛弃人民,又怎能指望人民进行抵抗。此时此刻,敌人正把我们高级军官的引退视为我们事业已为人们所唾弃而兴高采烈。你考虑这些问题时,我相信你会毅然决然挺身而出,接受指派的任务,而将个人不便弃之不顾。对你的来到,我充满信心,你我之间在此问题上交换意见,我将不向会议提及。

七十三、建立卫队

致亚历山大·斯波茨伍德上校[40]

1777 年 4 月 30 日于莫里斯城

先生:我准备成立一支卫队。进行此事时,我希望做到极端谨慎;战争过程中,我的行李、公文以及其他重要公物很可能要由他们负责照管。在这一前提下,请你立即从你的团队中推荐四名士兵,并请慎于选择。此外,我还希望这支卫队军容整齐,士兵身材基本一致。不高于五英尺十英寸,不低于五英尺九英寸,年青活泼,发育均衡,而且绝不酗酒。我所谓慎于选择,是指所选的人必须品行良好,注意自己外表的整洁,看起来像个士兵。我固然相信这一等级的人不易绝对保证忠诚，但那些在这个地区有亲属关系的人们当中，我相信大有可能找到适当人选。要找土生土长而且略有产业的人，除此以外，不必考虑。但在选择时，你切不可说出我对本地人的偏爱，因我不愿在他们与外地人之间制造任何引起反感的差别。

七十四、谈治疗天花

致约翰·奥古斯丁·华盛顿

1777 年 6 月于米德布罗克

亲爱的兄弟：闻弟妹及你们孩子的天花均已治愈，值得庆贺，惟弟弟桑姆遭此丧故，想必悲痛异常。护理方面肯定有失误之处。就我所知，天花接种并无任何奥妙。此种轻病，我们全家肯定会安然度过，除伦德医生外，无须其他帮助。军队中一位最好的医生曾经告我说：许多行医的人号称对治疗此种疾病有非凡的本领，并称治疗此种病人必须医道十分高明；凡此种种，纯属欺人之谈。一般说来，接种天花时，任何老妇都可取得和名医一样的功效。整个诀窍在于使病人吃规定的食品，并且降低体温，发烧时尤应如此。他说所需本领不过如此。如能做到这点，通过天花接种（而非自然感染），病人即可安然脱险。他又说，有些特殊情况，如出现并发症或其他不常见的病象，可能需要医生；一般情况无须医药。少量泻药，如白胡桃树皮及乡间出产的许多其他植物，即可顶事。我完全相信他的说法，我的士兵患此病者为数不下二三百人，按照上述方法，均顺利治愈，即为明证。弗吉尼亚禁止种痘的错误法令决不可令其继续存在。如果我是议会成员,我一定要建议通过一项法案,强迫各家主人在一定时间内为所生婴儿种痘,倘若违反,即处以重罚。

七十五、谈对缓进政策的批评

致约瑟夫·里德

1777 年 6 月 23 日于米德布罗克

亲爱的先生:从来信中获悉,我为阿诺德将军在敌人处于拉里坦和米尔斯顿之间的情况下不发起进攻所陈述的理由为熟悉当时情况的人所赞许感到高兴。我们当中有一些人,甚至是将军们,只想出人头地,不惜损害别人;或者认为除了作战,别无其他途径可使事业获得进展;至于应在何种情况下作战和作战的后果,都是不值得他们注意的琐碎小事。我既以远大目标为念,当然不会计较此类(原信字迹模糊),我将一如既往,按我自己的判断,只要有利于这一目标,即坚决遵行。心怀公正的人,如果知道我的为人,必将考虑到我的缺乏经验和其他弱点而予以原谅,这一点我是深信无疑的。如果我的错误,事属故意,即使受到他们的大声呵斥,我也没有怨言。

七十六、谈大陆军的招募与供应

致大陆会议委员会

1777 年 7 月 19 日于格洛弗营地

先生们:建立大陆团队事关重大,必须不遗余力使其完成。军队的征集，如政府力所能及，当可迅速有效。如认为这一方式不妥，我愿建议把军队中军官的征募任务全部解除，而由各州在各县或镇指派熟悉情况的人（如曾在司法部门工作，表现良好的人）负责征募；不仅征募新兵，而且缉拿逃兵——每次征募，这些人都得到一笔可观的奖金。新兵和缉拿的逃兵在一定时间、一定地点，由任命的军官接收、训练，然后开往前线。负责征兵的人，其权力仅限于他所管辖的地区，离开这个地区即无任何权力。照我看来，这种方式比现行办法会使公众负担较轻，也可防止负责征募的军官染上懒散的恶习，这不仅对他们自己，而且对别人，也是有害的。这个办法也是为了缉拿逃兵使各团军力相等、执行勤务能大致相当的最有效的方法。总之，优点很多，我所能想到的唯一缺点是：在团队力量增强以前，军营中留下免于战地勤务的军官数量太多（但权衡利害，我深信这一缺点仍不足构成推翻上述办法的理由）。要以现在这种缺憾甚多的方法在某些州成立十六个额外的团队，会议（以某种方式）进行干预，实有必要。

关于食物，我国土地辽阔，物产丰饶，但军队供应之差，实非其他军队可比，甚至主要食品，也感不足。在上次战役的大部分时间里和这次战役的整个期间，我们的士兵几乎没有尝过任何种类的蔬菜，所得盐醋也是数量无几，仅可用以略代蔬菜。正常饮料更属稀罕之物，也从不供应——军营内很少见到啤酒、果酒，即使糖酒，也不多见。由于专食肉类，无蔬菜与醋调配；除水以外，也没有其他饮料；所食面包，质量也低；这种饮食使军中多次发生坏疽性疾病。此为上次战役期间我军死亡率甚高的原因。如要纠正这些缺点，开支与困难均不应构成障碍。有些蔬菜是无法供应的，如果选用的管理人熟悉业务，有些蔬菜以及酸菜、醋等是很容易买来供应的。

肥皂也是极需供应的物品。配给量太少，价格又贵。一切日用必需品都得花钱买，士兵收入甚微，使他们无力购买，结果是自身肮脏不堪，为部队增加不少疾病。

军中被服供应也落后于需求。我既无理由责备管理被服的将军办事不力，我只能假定他的物品来源不足。各州为何不能责成制造厂商提供此种装备呢？尤其是鞋、袜、衬衣及毯子这些必不可少的物品，目前供应实在太少。应该采取一切措施使部队穿戴整齐，能防寒保暖。俗话说："千重要、万重要，部队的吃穿最重要"。这是无须解释的。士兵的健康、舒适以及士气，无不与吃、穿密切相关。可悲的是在这些方面，美国军队却极为欠缺，造成许多人的不幸。缺乏衣服使人们痛心，使士兵丧气，使军官心灰意懒，使保持清洁的一切规定形同虚设，使军营内疾病丛生；从军的荣誉也因之荡然无存，而无荣誉感的士兵是不能一战的。

七十七、谈伯戈因的进军

致斯凯勒少将

1777 年 7 月 22 日于离格洛弗十一英里处

亲爱的先生：本月 17 日及 18 日来函及附件均于昨晚收到。知道你已找到两处极为有利的地点扎营，感到由衷快慰。但愿敌军进展不会太快，使你来得及建成必要的防线。虽然在过去几天内我们的情况欠佳，前景黯淡，但我仍指望幸运而有利的转机，我相信伯戈因将军的部队迟早会遇到有效的牵制。而且,如我前函所述,他所取得的成功将成为他失败的预兆。根据来函,他似乎正采取对我们最为有利的作战部署,即分兵作战。这一部署使我们有可乘之机,而置其各部于危险之地。如果我们能掌握有利时机,切断部分敌军,假定其数目不超过四五百或五六百人,则大可鼓舞人民,大大减轻他们目前的忧虑。如果出现此种情况,他们会忘记过去的不幸,而且出于对自己安全的考虑,将拿起武器,并尽力之所及为我军提供各种援助。

你力图晓谕人民,要以正确眼光观察形势,并使他们正确认识,如果误入歧途追随保王势力,对自己、对妻儿以及对国家所产生的悲惨后果。这方面的工作,做得愈多愈好。我估计伯戈因将军必将挖空心思,要弄各种花招,诱使人民离心离德,改变初衷。我们必须针锋相对,尽可能揭穿他的阴谋,使人民保持忠贞与坚定。你已经注意这个问题,我相信你一定会不遗余力地完成这一关系重大的任务。堵塞道路,移走畜群,肯定都是正确而明智的。如能彻底执行,必可陷敌于困厄之中。上次信中提及的军火,希望此信到达前你已收到。你要的行军锅,我原以为已按照我的命令运抵你处。昨经查询,才知由于事故军需处三四天前才运出。

又及:对即将建造的工事寄以过多的希望,并作为据点囤聚大量军需物资,似非上策。我已开始考虑把防线作为一种圈套,除非筑于敌人必经的关隘,无须要求工事完成有价值的目的。

七十八、一封申斥信

致伯德中尉、多尔西中尉、克雷格中尉、穆尔中尉和格雷中尉

1777 年 8 月 15 日于十字路营地

先生们:你们分别送来未注明日期的函件已于昨日收到。兹答复如下:

第一,骑兵军官的待遇是去年 12 月确定的,同样标准目前仍然存在。

第二,我从未说过任何话,做过任何事,足以使你们相信骑兵中尉在军衔上相当步兵上尉。理由很明显,因为那是不合法的,也不符合军中的惯例。

你们为何有此想法,认为自己有资格享受上尉的军衔和待遇,那不是我的事情,我也不愿过问。我要说的是:如果你们的辞呈系由于事出仓促,考虑不周,你们可以重新考虑并于明天以前收回。如果到时你们仍未改变主意,已受委任的,均收回委任;未受委任的,要开除军籍。

在这样的时刻,你们提出辞职(而且是在给予重新考虑的时间以后),充分说明你们无意服役,而不仅仅是由于对职衔和待遇的不满。因此,辞职后如再申请加入大陆军,均将按不合格论。我在任一日,即按此执行。这是我要补充的,也可能是不必要的。

七十九、谈部队的艰苦

致亚历山大·汉密尔顿中校[41]

1777年9月22日于军营

先生：由于缺乏毯子、被服等必需品，部队处境艰苦，实在令人痛心。此种情况如不能迅即扭转，必将致我军于死地。由于严寒季节即将来临，供应情况如果毫无改善，对战斗的勤务支持将成为不可能的事情。这一可悲的事实你是了若指掌的。稍有常识的人便不难作出此种结论，军中的医生与军官也有同样看法。从公家仓库里已不能获得供应品，因此，我们别无其他来源，只有取之于私人的储存。要求居民满足我们的需要，而且势在必行，因为别无其他途径可使军队免于覆灭。这种情况使我深感棘手。我下此命令，固然感到痛苦，正如你执行这一命令也将感到痛苦一样，但我仍不得不要求你立即前往费城，取得当地居民的协助，按照各自的能力，献出毯子、被服及其他我们需要的物资。执行这一命令时，你必须斟酌情况，尽可能做到细致审慎。我相信每一个关怀我们事业的公民，一定会认识到此种措施的必要性，乐于为苦难的士兵提供援助，因为士兵们是为了保卫他们所珍视的一切而吃苦受难，他们给与同情的支援是义不容辞的。

费城有大量公私马匹。如该城不幸沦陷，这批马匹必将落于敌手，增加他们的力量。为此，我命令你将该地马匹转移到远离战区而且比较安全的农村。为顺利执行此项任务，如需人协助，你有权雇用你认为合适的人选。

八十、谈康韦将军的品格[42]

致理查德·亨利·李[43]

1777年10月17日于马图肯山

亲爱的先生：我刚接到报告，说会议已任命或据别人说即将任命康韦准将为本军少将。如此事属实，实为会议最不适当的措施。我可以说（而且是实话实说），这对我军的存在将是致命的一击。在这样一个大家关心的问题上，我必须直言不讳。我对国家的职责以及为国家谋求真正利益、对每个人保持公正的热切愿望，促使我必须如此行事。康韦将军作为一个军官，他的优点和他在本军的重要性，与其说是事实，不如说是出自他的想象。因为他立身行事的准则一向是：自己的功绩不怕尽量多说，有所要求则不惜纠缠不休。

我丝毫无意贬低康韦将军的优点，只不过希望实事求是地对待这一问题。即使完全承认他那些最热情的朋友所持的论点，我不得不问为什么要把军中最年青的准将（我相信他是最年青的）置于所有年长者之前，让他居于领导地位并指挥他们？就在昨天，他们还都是他的前辈，而且，我敢说（至少可代表其中某些人这样说）这些先生们都是有勇有谋的。如果康韦将军身上有任何明显的优点，为其他资深的将领所不及，这一措施即使造成混乱，因系执行正确的政策，仍可为人理解。此时此刻既非斤斤计较之时，如出现他们不愿在其手下服役的情况，那我是不能赞许的；而这种情况，我敢肯定，是一定要出现的（虽然我尚未直接、间接地就此问题与任何一位准将交换过意见,我也不敢肯定他们是否已经得知此项任命)。如果出现此种情况,你可以想象在此紧要关头,这支军队会陷入何种状态。作为军官,这些先生们是有思想感情的,他们虽然不会阻止会议使用任命权,但是他们会知道如何采取适当的行动。

总之,服役极为艰苦,一切必需品又如此昂高,几乎我们所有的军官都感到厌倦。不要再为他们的引退提供良好的借口。我现在每天都要收到辞职的申请。在过去六天内,我收到二十份辞职书。因此,我必须请求会议审慎考虑这一问题,不可因措施不公正,迫使某些优秀军官离开部队,以致后患无穷,难以弥补。自服役以来,我一直鞠躬尽瘁,调处各种不和因素;如再增添此种无法克服的困难,要我继续工作,实感无能为力。以上所述,完全出自公心,并无任何私利,先生明智,想能相信。我对康韦将军并无偏见,对其他准将,亦无偏好。区区此心,惟愿国家受益,给我们的事业带来迅速而愉快的结局。

八十一、杰曼敦之战[44]

致约翰·奥古斯丁·华盛顿

1777 年 10 月 18 日于费拉德尔菲亚县

亲爱的兄弟:上次通信以来,不知又历多少日月。由于军务繁忙,难有暇时,惟有睡眠时间可资休息,或致书友人。你听到此间情况后,为军队担忧,此种心情,甚易理解。但愿上帝保佑,一切顺遂,而现在情势能使人有所指望。敌人渡过瀑布上流的斯库尔基尔河(你知道瀑布离城仅五英里),该河与波托马克河、阿奎亚河等大小河流一样,无论何处均易渡过,无须用何计谋。我本有力量阻止敌人渡河,但不知他们渡河的行动,因敌军兵力所向似意在里丁,即我军仓库所在地。此一计谋迫使我军驻守里丁,假如里丁失守,我军即将崩溃。敌军渡河以后,我军即利用最初出现的有利时机进行攻击。

我们的企图是通过十四英里的夜行军进行突袭,战斗计划的执行也很顺利,到达敌军哨所时,他们还不知道我们的到来。要不是由于浓雾,三十码外难分敌我,我相信那天本来可以取得决定性的辉煌胜利。但天不我佑,正当敌军已被打退一二英里,从多处混乱逃窜,而我军全胜在握之时,我们自己的部队却突然自相惊扰,仓皇逃窜。原因何在,实难断言,可能由于前述的浓雾,误将友军当做敌军的援军。我军几支部队,同时从不同地点进攻,发生慌乱之际正是两翼靠拢之时。造成我军不幸的另一重要原因是右翼缺乏弹药;战斗开始后,二小时四十分钟内即耗尽所携带的四十发子弹。战斗结束后,我们转移到离敌约二十英里处,聚集兵力,治疗伤员,补充给养,重整旗鼓,或攻或守,准备再战。现在我军又向敌方推进,离敌人已不到十二英里。

这次战役中我军损失包括死伤及失踪约为一千人。但失踪者当中,我敢说有许多是趁机开小差的。北卡罗来纳的纳什将军受伤,两三天后逝世。我军许多有才能的军官受伤,有的阵亡。敌军损失,说法不一——最少的说法也不少于一千五百人(包括死伤),更多的估计是大于此数。他们的阿格纽将军肯定已被击毙——受伤的军官中有些颇有声望。我们确知费城的医院和几所大会议厅已住满敌军伤兵，私人住宅则满是敌军受伤的马匹。总之，那天确是一场血战，如一切能较为顺利，会成为我军更可庆幸的一天。

缺乏被服为我军带来极大痛苦，如不能采取有效措施及时供应，这种苦况将更为突出。战役开始后，从弗吉尼亚新来民兵约一千二百人——从本州和泽西州来的民兵逃散的也接近此数，但别处已答应补充。本州的表现确属恶劣，我指的是本州的居民，我们几乎没有获得他们任何帮助。就某种意义而言，他们完全是无动于衷，或者是漠不关心。

敌人正以最大努力清除特拉华一带的障碍，并占领我们为抵抗他们而修筑的防御工事。我将在情况许可的前提下竭力救援。能否成功，只有天知道。

衷心祝贺你家的喜事。请转告年青的一对，我衷心祝愿他们白头偕老，永远快乐。对我妹所赠精美礼物，特附谢函，请代转交，并问全家好。

八十二、谈伯戈因的投降[45]

致普特南少将[46]

1777 年 10 月 19 日于离费城二十英里处的营地

亲爱的先生：伯戈因将军的失败确为一重大事件，一定使心向我军的每个美洲殖民地人民为之欢欣鼓舞。如果战斗过程中蒙上帝保佑能再获一次幸运的胜利，不论英方有何巧计，我们大可不必担忧。我深信短期间内一切均将好转。

普特南夫人与世长辞,深感悲痛,在此之际对你深表同情。惟人皆有死,且普特南夫人已享高年,盼善自宽解,节哀顺变。

八十三、战斗号令

致亨特顿、伯林顿、格洛斯特、塞勒姆、坎柏兰等县民兵官兵

1777 年 11 月 20 日

朋友们、战士们:敌军大量兵力已进入你们的州境,意在据守红岸的阵地,并且在扫清特拉华的障碍后,入侵你们地区。我已派出一支大陆军阻止其实现上述目标。我深信在民兵有力的配合下,完全可以粉碎他们的阴谋,迫使他们退回费城市区及近郊。这是他们在宾夕法尼亚海岸唯一可以退守的据点。一旦他们退至该地,就因丰饶的新泽西州的供应被切断而难以生存。我号召你们为你们所珍惜的一切同心协力,奋起御敌,驱除残暴的侵略者。只要一切自由人拿起武器,齐心抵抗,就足以使英军丧胆。去年 6 月意图通过你们州北部的英军,即因获悉你们同仇敌忾,准备迎敌而改变计划。纽约州与新英格兰的同胞们团结一致,英勇配合大陆军,曾迫使一支战功赫赫的英军放下武器,俯首乞降。这一事实,也可证明民军所能发挥的辉煌作用。

准上所述,我相信一切能执戈御敌的人们均将拿起武器,不考虑时间与地点,在战场上从事几个星期或仅仅几天的军役。

八十四、谈难以满足世人的期望

致格林少将[47]

1777年11月26日

昨夜一函(从斯库尔基尔一方观察敌阵后所写)想已收悉。我们处境的不幸,系由于各种各样无可救药的原因所造成,这一点,你的看法完全正确。尤为不幸的是,如不违背军事原则,甘冒孤注一掷的风险,实难以满足世人的期望。所有措施,如以健全的理性与政策为依据,即使受到非难,取舍之间必须持之以耐心与坚忍不拔的毅力,这才是应持的态度。为达到这一目标,虽然在方式上我可能有错,但不论过去与现在,甚至将来,我均以此作为我的首要愿望。你的见解与我相同,而且力图达到同样目标,甚感欣慰。惟你似乎仍有所怀疑,而我却绝无疑意。

八十五、谈军队在瓦利福奇的情况[48]

致大陆会议议长

1777年12月23日于瓦利福奇

先生:昨日对军粮处的工作虽已畅抒所见,但新而有力的论据使我感到意犹未尽,并使我相信:如无重大而且及时的改变,我军的出路不外下列三种:饿死、解散或分散兵力各行其是,自己去寻找食物。先生,这绝非过甚其词,我有足够的理由支持我的论点。

昨天下午获得情报,敌人大部队已离开市区,开赴德比,其目的显然在于搜寻该地粮秣。当我命令我军做好准备，待命出击时，我得到答复竟是缺乏给养，无法行动，并称前夜发生一次危险的兵变，幸为某些当机立断的军官所镇压，并言如给养继续缺乏，仍有兵变可能。我相信所述均系事实，为此深感苦恼。此次兵变曾找来军营中负责采购的唯一粮秣官，据称他手中已无任何牲口可供屠宰，面粉也不超过二十五桶。实在令人震惊！而且他还不知何时可以得到补充，由此即可想见我们的处境。

在此情况下，我所能做的只能是派遣轻装小队监视并骚扰敌军。其他士兵则立即分成小队，按不同道路尽可能地征集粮秣以应急需。但能否解决问题呢？不能；三四个坏天气就可把我们毁灭。长此以往，我军今冬会出现何等情景，可以想见。如果我们现在就常感供应不足，明年春季部队集中，还可能调集民兵，趁敌增援以前进攻，先发制人，到那时又会是什么情况呢？

这都是事关重大的问题，值得密切注意。此种情况，既与我自己的名誉息息相关，也足以证实我的说法，即目前粮秣供应部门毫不称职，人民的漠不关心也已达到难以置信的程度。造成此种不幸局面，两方面原因都有。在此以前，关于供应部门的改变与我的见解不一致，其后果也在意料之中，但我在提出意见和申诉时，总是谨慎从事。而现在我却发现，凡部队的无所作为情况，不论是由于缺乏粮秣、被服或其他主要军需品，都说成是我的责任。不仅普通人有此说法，掌权者也不例外。直截了当地陈述事实为自己开脱罪责，现在是时候了。照我看来，我所提出的措施在军队各部中往往行不通，我所受到的阻挠无人可比，这是我要据实声明的。

自从 6 月以来，我们就从未获得军需处长的协助，粮秣处长也把他失职的原因大部分归咎于军需处不予协助。士兵应有两天的备用口粮,以便随时可以出发,应付任何紧急行动,这是早已宣布并曾一再重复的命令。但是每当出现战机可以趁敌不备发动进攻时,作战计划总是因缺乏口粮,从而全部作废或部分受阻。这是急待纠正的严重弊端,但远非全部。凡议会允许供应的各种物品,如肥皂和醋等,我们一点也看不到。自布兰德温战役以后,我们就未见过这些东西。以肥皂而言,目前确无用处,因衬衣超过一件的寥寥无几,许多人只有一件破烂不全的衬衣,有的连一件也没有。此外,根据今天的统计报告,营中现有二千八百九十八人,由于赤脚或其他部分裸露,不宜担任勤务(因缺鞋住在医院或农家的尚未计算在内)。这就可以证明被服供应何其短缺。也可进一步说明,在此情况下我军为何无法完成士兵的普通职责。根据同一报告,大陆军目前的全部军力,包括东线各旅(自伯戈因将军投降后,即与我们会合,马里兰州士兵则已派至威尔明顿),适合值勤的总数不超过八千二百人。而自本月 4 日以来,由于风餐露宿,备尝艰苦,特别是由于缺乏军毯(许多人被迫整夜围坐火旁,不能舒舒服服躺下安眠,至今仍然如此),使适于值勤的数字又减少约两千人。

有些先生并不知道我军是否真已进入冬令营地(我的决定绝不能作为根据),他们指责这一措施,似乎认为我们的士兵都是木石之躯,对霜雪的侵袭毫无感觉。更有甚者,他们似乎认为像我已经描述的处于劣势的我军(我上面的描述绝非过甚之词),能轻而易举地把一支居于优势、在各方面训练有素并拥有适于冬令作战装备的军队围在费城市区,以保护宾夕法尼亚和泽西两州免受其劫掠与骚扰。尤使人困惑不解的是:这些先生亲眼目睹我军衣不蔽体的情况，认为自己的军队不如其他军队衣履周全。但是一个月以前，当我遵照会议征集被服的决议准备执行一项计划时，他们竟劝说我推迟执行，并保证十天以内会议将发布一项命令，被服供应会源源而来（附带要说明的是至目前为止，一件也未见到），而他们居然认为发动冬季攻势，防止敌军侵入各州，并非难事，完全可行。我可以正告这些先生们，坐在舒服的火炉边，听听别人的责备，要比占领一个荒凉阴冷的山头，无衣无被地睡在冰天雪地之中，要容易得多，也轻松得多。对于这些衣不蔽体、受苦受难的士兵，那些先生们似乎毫无感情，但我却深深地同情他们。对他们的不幸，我深感痛心，可惜我无力减轻或防止他们的痛苦。

我所喋喋不休地在这一问题上一再陈词，就是由于上述原因。此外，期待我去完成的远远超过我可能做到的；而且，出于安全与政策的考虑，我必须隐瞒真相，使公众无法了解部队实况，从而招致中伤与毁谤。这些加在一起，更使我处境困难，心情苦恼。会议委员会诸公离营时，关于部队的建制、审计官的设置及军官的任命等事项，均已陈述所见，我不再赘述。唯下列两点仍需略费唇舌，敬希委员会注意。第一，必须改善军官待遇，使他们感到服役有利，从而密切与部队的关系。就目前而言，几乎无日无时不收到辞呈。（如无改变，军队能维持多久，我实感怀疑。我提出这点意见，绝非意图从会议可能通过的规定中牟取任何个人私利。我可以公开宣布，以表明我的诚意。我所希望的是：优秀的军官会带出优秀的士兵，国家受益，我作为社会的一员，也同样受益。）第二，必须不失时机地作出任命与安排。现距我们准备反击的时刻已不到三个月。如坐失良机，在以后战役中，又会像这次一样，艰难竭蹶，忙于纠正错误,恢复秩序。

军事部署和按部署的行动如同钟表的运转,缺乏任一零件,即难以完美或造成紊乱。今夏战役中,我对此体会颇深。有几个旅的旅长在战役后期才任命,有几个旅完全没有旅长。这就意味着给总司令增加额外负担,使他无法专注本职工作。委员会诸公在营地时曾谈到一项妥便的办法,进行调整工作,我完全赞成,希望能被采纳。这些办法是:由军部成员二三人或由会议派出议员数人立即来营,在营地挑选能干助手,与总司令或由他指定的委员会共同商讨最完善的方案,以纠正一切弊端,作出新的安排。各州军队中实力耗损过甚的各团,如各州自己不能补充,就地征募又无可能,应如何办理,以及其他问题,均在商讨之列。在摸透情况的基础上想出最好办法,再提请会议最后批准。

假如这一步骤已被认可,我真诚盼望能立即付诸实行。然后可命令军粮处长(我很少见到他)在营地附近争分夺秒地建立仓库,使我们能在气候变化时获得给养。军需处长也应在其岗位上忙碌起来。总之,准备一次战役,要做的事千头万绪。一切都决定于各部门的准备,下次战役的成功或失败,就看我们这个冬天是积极勤奋,还是消极怠惰。

八十六、谈与康韦将军的关系

致大陆会议议长

1778 年 1 月 2 日于瓦利福奇

先生:兹将康韦将军自纽约回营后我写给他的一封信和他写

给我的信两封随函寄上，请转交会议。对他的信，除提出一点简单看法外，不愿在此多加评论，全由会议判断。

康韦将军上月 31 日来信最后一段中所说的冷淡接待，如果是指我未以热情亲切的语言相待，我将乐于承认这一指责。我不善于弄虚作假，我的确没有、将来也永远不会在此情况下笑脸相迎。我鄙弃这种做法，我的感情也不允许我对一个我视为敌人的人佯装友好；他的立身行事使我不能这样做。同时，为了澄清事实，我必须说明，他在被接待时得到了适合于他的官职所应得到的尊敬，所谓履行职务时难望获得支持的说法是毫无根据的。

八十七、谈发现康韦的阴谋[49]

致盖茨少将[50]

1778 年 1 月 4 日于瓦利福奇

先生：去年 10 月威尔金森上校在去会议途中与斯特林爵士相遇，当时曾以并非保密的口气告诉他的副官麦克威廉斯少校说，康韦将军给你的信中曾这样写道："若非上天决定拯救你们的国家，一位无能的将军和几位拙劣的谋士早已把它断送。"斯特林爵士出于友好的动机以此相告，并在信中说"信中所谈系由威尔金森上校转告麦克威廉斯少校的话。似此居心险恶、两面三刀的行为，我一向认为我有责任加以揭发"。

接此信后曾复一函。为表示我对此人的诡诈多端，并非毫无所知，我是这样写的：

"先生——昨夜收到来函，其中有下列语句——康韦将军在致盖茨将军的信中说——若非上天决定拯救这个国家，一位无能的将军和几位拙劣的谋士早已把它断送。”

此信和信中内容，我从未直接或间接地向军中任何军官透露(传出我家庭范围之外)，惟拉法叶特男爵因康韦将军曾和他谈过此事，向我提出请求，并在保密的条件下，得见此信。一切事端，如影响所及凡足以破坏部队的安定或使敌人察觉我军内部不和的，我深愿能加以遮掩。

至此，我已经开诚布公、坦率无隐地满足了你的要求；这种态度，我希望能永远作为我的行为准则。在目前情况下，为探究事实真相，我唯一担心的是：我这样做就必须提及一位先生的名字，而这位先生的行为(我虽未与他就此问题谈过一句话)，我深信是出于仗义执言，决非背信弃义。在斯特林爵士来函以前，我的确不知康韦将军(我一向把他看做路人)曾与你通讯，更不会想到我会成为你密信中谈到的对象。

请允许我再补充一点。这类事情的发现，我并不认为能影响、更谈不上损害国家的安全。也无须要我信誓旦旦，指名道姓地说明原委。我把这一消息看做由你所提供，而你则是出于友好的动机，要我警惕，从而能够预防一个暗藏的敌人，换句话说，一个危险的煽风点火的人。康韦将军的这一本质，全国人民或迟或早是会认识的——但在这一方面，像近来发生的某些其他事情一样，我发现自己估计错误。

八十八、国家的荣誉即自己的荣誉

致威廉·豪爵士

1778 年 1 月 30 日于总部

先生:来信中有一段我不得不予以特殊的注意。我是自由人民的代表,由于他们的许可,我得以有此荣幸行使职权。如果考虑到达一点,任何对个人的礼敬之词是不可接受的。我一直遵守这一原则,并避免在这一方面有任何触犯,理应获得你同样的对待。在我们的通讯中,我从未随心所欲地抨击大不列颠现今的统治者,即使现在,我也不愿利用这一大有文章可做的题目。

八十九、谈攻击华盛顿的阴谋

致亨利·劳伦斯[51]

1778 年 1 月 31 日于瓦利福奇

先生:本月 27 日来函今晨收到,在我深为关注的问题上你所表现的友好与礼貌,使我深为感激。某些居心叵测的人形成一个与我为敌的派别,已有一段时间,对此我并非一无所知。虽然我扪心自问,已竭尽所能,希望不负人民的重托,但就我个人而言,这样的事不能不使人感到痛心。当然,我主要的顾虑是担心内部纷争对共同事业会产生危险的后果。

除促进公众的利益外,我并无其他目的,只要不是国家认可的荣誉,我也从不希求。因此,我丝毫无意阻挠对我行为的任何部分进行彻底的审查。即使这个派别自己就认为是不该审查的部分，也可审查。交给你的匿名信列举了许多严重的罪名，应该把它交给会议，这就是我的愿望。究竟有多少人参与这一机谋，还不能肯定。压制或者隐瞒都可能使你受到牵连而陷入为难的境地。想到这点，我更希望你照此办理。

我的敌人充分利用了我的不利条件。他们知道我微妙的处境，因考虑到政策，我不能和别人一样对他们的恶毒攻击进行反驳。他们知道，不论他们的含沙射影多么刺人，我如果进行反击，势必要泄露军事秘密，而现在正是紧要关头，必须保密。但我又何必期望永处高位而不受非难？德才兼备的人尚且不能幸免，何况我的德才远逊于他们。在环境允许的情况下，我的坚持不懈的目的就是尽力为之。但是在方法的抉择上，我可能经常判断错误，许多事情处理不当，我也难辞其咎。此事承蒙关照，衷心感谢，谨再表谢忱，并致敬意。

九十、谈康韦将军的品格

致盖茨少将

1778 年 2 月 9 日于瓦利福奇总部

先生：如此精通兵法之人，竟不能在战斗进行时施展才能，出谋献策，使我们赢得理应赢得的胜利，我深为惋惜。这种过于谦虚，使他在军事会议上失去许多机会展示他在你面前曾充分表露的渊博知识与丰富经验，而使合众国蒙受不小的损失。在这些场合中，他的沉默寡言，无所建白，如归于过分谦虚，恐怕失之公道。

当然，我也无意假定他除事后聪明以外别无长处，不过事后聪明的人，对已犯下的错误和已失去的机会，不难有独到的发现，比有先见之明，洞察祸福，能避开错误，利用机会，要容易得多。我虽愿意同意他的自许，也愿意相信他对某些作战计划的见解独具慧眼，对许多可能采取的措施曾发表高见；但对他的能力，我仍不得不有所怀疑，怀疑他能找到达到目的手段，或证明我们目前就拥有足够手段。这些细节，我想他是不屑一顾的，甚至根本不在他的观察范围之内。

尽管有人抱有希望，你也乐于称道康韦将军对美国的坚贞不拔的友谊，但我无法说服自己满足你一再强调的心愿，撤销上次信中我对他的预言。根据你自己所述，我有理由相信，你对他的认识不如我深刻。加上我对情况的了解，使我不得不对他的心术给以最低的评价。在这一点上，请你相信，我至少可以作为一个还算不错的裁判。如有必要，我可以从他的言行中举出许多事例，说明他如何飞短流长，纵横捭阖，极尽卑鄙恶毒之能事，以发泄由于虚荣心未得到满足时心头的无明怒火，或用以达到提高个人地位，扩大派性势力的目的。

九十一、谈军队的艰苦

致乔治·柯林顿州长[52]

1778年2月16日于瓦利福奇总部

亲爱的先生：要谈的问题按说并不在你的管辖范围之内，以此相烦，实非得已，因这一问题已使我忧心如焚。自战争开始以来，我从未感到问题如此严重并迫切需要关心我们事业成败的位高望重的人以最大努力加以解决。我指的是军队因缺乏给养,现已陷入可悲的处境,将来能否获得供应,希望又极渺茫。如果身临其境,亲眼看看,其触目惊心之状,绝非你所能想象。过去几天,军营中几乎等于遇到一次饥荒。有的已经一周不见肉食,有的已有三四天。虽然他们衣不蔽体,食不充饥,但能忍耐、刻苦,继续作战,没有因艰苦的刺激而哗变或逃散。他们的坚持精神,实令人钦佩。惟不满的迹象,在个别事例中已有强烈的显示,如全国各地不采取最积极的措施,恐难以避免一场骇人听闻的浩劫。

九十二、谈大不列颠的所作所为[53]

致布赖恩·费尔法克斯

1778 年 3 月 1 日于瓦利福奇

亲爱的先生:12 月 8 日来函,几经耽搁始安抵我手。信中颇多溢美之词,甚感高谊。你为人一向诚挚坦率,我所深知,必不会有口无心,言不由衷。我们的政治见解虽然不同,但我对你的友谊未曾因此减少。我知道我自己的主张并无错误,也相信你的用意出于至诚。你虽然否定我选择的信念,我只能表示惋惜,不想加以责备。只要你没有反对人民利益及其事业的行为,我认为任何人或任何权力机构都无法责备你。因为行为是靠我们自己来控制的。至于思想,则起源于更高的因素,常不能随自己的愿望符合一定的模式。

上帝的决定总是英明周到的,往往不可思议;有时天意所向,看来是要我们受苦受难，实际上是出于善意。对你近来的失望，我也不禁要用这种观点来看待。如果你获准赴英，出国时规定要宣誓，即使你不受誓言的约束，但与家人子女长期或永久的阻隔，作为父亲与丈夫，在感情上必已大受折磨。要是誓言使你的遗嘱无效，他们又会陷入何等处境？你希望在恢复和平中起作用其不实际，犹如中午阳光下的云雾，迅即消散；因为，先生，请相信我，在这场纷争中，大不列颠对自己虽完全了解，对北美殖民地却毫不理解。正如卡姆登勋爵最近在议会发言时明确指出的，英国存心要迫使北美殖民地造反，以便充分达到自己的目的；英国确信北美洲殖民地不会也不能进行有效的反抗。它从这种信念出发，根据错误的情报制订了这个计划。他们做梦也未想到事情会闹到这步田地；他们算盘打错了，感到大失所望。

难道英国当局的每一项法令——从茶叶税法到本届议会的法案，不是都赤裸裸地自我暴露出这点吗？派来的委员们还有什么权力与北美殖民地进行磋商呢？如果他们要和平，豪勋爵会在法案通过后在英国逗留五个月吗？难道那些委员们的权力仅仅限于在我们绝对屈服的条件下对我们施舍恩典吗？不，那肯定是不会的。他们的意图就是要把我们逼到他们所说的“叛乱”的地步，他们就可以得到平叛的借口，把我们解除武装，然后把我们作为英国人和美洲公民的权利剥夺得一干二净。

如果他们的动机是出于正义的原则，为什么在战争开始以前，当这个国家尚未浴血抵抗时，他们要愤怒地拒绝接受我们委屈求全所乞求的条件，而现在却要他们的主要官员，甚至委员们自己，说什么这些条件是公平合理的；还说，只要我们放弃对独立的要求，就会得到比我们过去要求的更多的恩赐？对于英国的这种行径，该称它为什么呢？对于那些使千百万生灵遭受涂炭、使成千上万的人归于毁灭、使无数家庭妻离子散的人，究竟打算给以什么惩罚呢？难道现在是公平合理的东西，而在四年前却不是公平合理的吗？如果四年前就是公平合理的，那么，我要问英国当局的行为又是根据什么原则？他们一定是丧心病狂地怀着鬼胎，而且是残酷无情的，否则（这不过是同样事情的另一种说法），他们就是假貌为善，竭力进行宣传，使人相信英国愿意提出任何媾和条件，而美洲殖民地方面却什么条件也不愿接受。他们费尽心机用这种办法欺骗人民大众，希望以此毒化和离间那些希求和平的人的心灵，并且在我们当中挑起争吵和倾轧。一句话，现在他们倚靠枪炮远没有依靠奸计那样有把握，所以他们就干这种卑鄙龌龊的欺骗勾当。一切有良心、知廉耻的人，一定会对他们的卑鄙行径感到羞愧。除了这些阴谋诡计以外，他们还干着伪造信件的勾当，并且作为被他们截获了的我的信件予以公布，来证明我是现行措施的敌人，并且证明我已一步步地被迫同意那些措施，仍希望大陆会议会撤回现在的要求。

九十三、复信致意

致伯戈因中将

1778 年 3 月 11 日于总部

先生：2 月 11 日来函于两日前收到。备承谀扬，词多溢美，不胜感谢。愿借复信之便，略表拳拳之忱。公仇与私愤相混，我所不取;作为一个人与一位士兵,不论公敌的观念如何干扰,我仍将肯定其优点,尊敬其值得尊敬之处。这是个人尊敬之意,并非客套之词,聊答盛情,尚希亮察。

你作为军官,与我国为敌,由此来看,你在战场上经受的挫折,自非我所能惋惜;但是如果不考虑国家利益,你作为一个战士,处于无可挽回的困难之境,不能在战场上取胜;同时,你作为一个人,既因被俘而心忧,又受疾病的侵扰,还有你痛感最宝贵的名誉遭到贬损;这一切我不能不深表同情。

你的副官既已直陈会议,你信中所谈事情,在我收到以前已经决定。他们对你的要求,欣然默许,无须我的干预,对此我很高兴。祝你旅途平安,并早日康复。

九十四、谈反对华盛顿的阴谋

致帕特里克·亨利[54]

1778 年 3 月 27 日于瓦利福奇

亲爱的先生:上月 20 日来函,约于八天前收到。承蒙转来你所收到的匿名信,甚感高谊。传送此类文件时,你用词周到体贴,尤感关怀。

在你所尊重的人当中,我一向自认有一席之地,并以此为幸,此次转来匿名信一事,足以证明。承蒙称赞,实感惶恐。我认为美利坚的幸福与我个人利益已密不可分,如果我想象中的前者真如你善意的考虑的那样,我将不胜遗憾。我过去一直为谋求美利坚幸福埋头苦干,今后,我自信仍将一如既往,始终不懈,这是我能说到做到的。我不能希望我的所作所为尽善尽美;但扪心自问,自服役以来,我确已尽了最大的努力。

我有幸荣居高位,责重事繁。为完成任务,在职权范围内有关手段的选择可能出错,这是无可怀疑的。如果我的行为有误,我也不能希望能不受指责。人不能无过,而责备过失不论以何种公开的方式都是自由人的特权。该匿名信出自谁手,我有所估计。我对此人了解颇深,而且他一向声称对我极为爱重,因此,即使他给你的信是基于自己的信念为谋公众的利益,我也不得不认为他缺乏应有的坦白与真诚。此类意图破坏我名誉的鬼蜮伎俩,已数见不鲜。许多都是居心不良,手段卑鄙,它们的出发点可能是为了个人私利。专此奉复,并致敬意。

九十五、谈军官的支半薪

致大陆会议议长

1778 年 4 月 10 日于瓦利福奇

先生:可能有人认为我对军官待遇的改善一事操心过多,而且走得太远。如果有人问及是否必要为军官待遇制定新的规定,我将毫不犹豫地回答说,我竭诚相信挽救我们的事业有赖此举。如果没有新的规定,军官队伍即将瓦解,或将由品行低劣、未受教育的人所组成,不足以当大事。几乎每天都有两三位军官提出辞职。据来自东部或南部的情报,休假回籍的军官都无意返回部队,而在营谋有利可图的工作。凡此一切,均属无可置疑的事实,足以证明事态的严重。这种精神状态会造成何种后果,会议自可决断。

作为一个军官，就我个人而言，此类规定并不为我带来任何利益。因我已经宣布，现在我愿再次声明，我放弃享受半薪制的任何好处。但我作为一个战士，如果事业失败，我的财产可能视为敌产而被没收；而且作为一个公民，我希望国家的自由立于不败之地，我财产的保全也有赖于军事上的胜利。为此，我对此规定深感休戚相关。撇开这点不谈，也不论是否公平合理，专就经济与节约公款而言，我也主张此项措施。因为假如所有军官认为自己的职务既不体面，又无利益，必将玩忽职守，疏懒怠惰，即使有去职之虞，也不为惧；对士兵与公共财物也将无照管、爱护与保障可言。军事法庭现经常开庭，审问军官。而过去三个月内，由于渎职而去职的军官数目有所增加，即为明证。

九十六、谈大陆会议的对策

致议员约翰·班尼斯特

1778 年 4 月 21 日于瓦利福奇

亲爱的先生：获接清晖，畅谈种切，备承雅爱，毋任感幸。今后如得暇时，凡我所认为事关重大的问题，当欣然命笔，与你通信作为面谈。你预期军队建制的提案虽需大费周章，以其重要性与必要性而言，尤恐困难重重费时费事，但终将通过；对此预测，深感愉悦。在此紧急关头，这一措施实为生死攸关之大计，应该尽快决定，这一点务请勿再怀疑。长期以来，军官辞职之风与日俱增，实在令人震惊。每时每刻都有军官请求休假。波士顿的希思将军、北河的麦克杜霍尔将军以及弗吉尼亚的梅森将军均来函请示应如何处理此类申请。

弗吉尼亚防线已因此而遭受严重的震动。向我提出辞职的已不少于九十人。从其他各州派来的军官中也存在同样情况,虽然数目没有这样多。如尽快采取措施,则将动摇军队本身的存在,此种忧虑并非毫无根据。而我提出的措施,依我看来,实最切实可行。如获采用,我相信将使军官满意,同时也不会增加现在的开支。除非国家一方表现慷慨,为军官将来的福利作出妥当的安排,否则,实难劝说他们牺牲目前的利益在战场出生入死,保卫国家。我并不断言,如不改变待遇我军即将化为乌有;但是,我们所有的军队,将会毫无纪律,毫无战斗力,将缺乏必要的骨干把士兵团结起来,以保证胜利,或经受挫折。我的建议如遭拒绝,或耽误过久,其后患如何,实在难说。但就目前而论,欲期军官心平气和,并阻止可能使我们无可挽回的这种串通一气的脱离军役的现象,我深感任务艰巨。

在我军服役与在敌军服役,二者待遇的差别极为悬殊。就我们而言,出于这种奇特而不幸的情况,军官中除少数例外,大多须以私产接济目前的费用,将来也无望得到补偿。在敌方部队,甚至连队也视为尊贵和重要的位置。所以,一个连长的位置,转让时的价值可达一千五百到二千二百英镑。根据可靠消息,一个龙骑兵队长的价值达四千几尼①。这一差别起何作用,有何影响,你不难判断。人们可以随心所欲地想象,可以大谈特谈爱国主义,可以引证古代故事中的一些先例,可以举述在这些先例影响下所完成的

① 以前的英国金币名,等于21先令。——译者

伟大业绩，但是不论是谁，如果把进行一场长期浴血的战争单纯建立在这些原则的基础上，结果只能是自欺欺人。我们必须把人的感情视为自然所赋予的，而将这些原则视为向导，也就是行为的规范。我并不完全排除爱国主义这种观念。我承认爱国主义的存在，也了解在这场战争中它已发挥了极大作用。但我敢说，一场伟大而持久的战争决不能单靠这一原则，必须有可以指望的利益或奖赏作为辅助。在一个时期内，爱国主义本身可能激励人心，使人们行动起来，忍受艰辛痛苦；但是，如不以利益相辅，则不能持久。

把我军建成一支在数量上和质量上均差强人意的部队，现在比过去任何时候都更有必要。敌人现在开始要弄的花招，要比使用武力具有更大的危险性（军事方面当然不会放松努力），将对美利坚的独立与自由构成致命的威胁。他们正在口是心非地侈谈和平，引诱人民上钩。他们已有足够的理由厌倦战争，提出的和平条件，虽然远不符我们的要求，但可能出于诚意；这对那些缺乏政治远见的人实有极大魅力。但是，不论有无诚意，都同样会起破坏作用。明跟人一看便知，时至今日，发生了这一切以后，建立在依附原则上的和平，即使这种依附是有限的，也只能意味着羞辱与失败。这种和平思想会对人民产生巨大影响，如不大张挞伐，至少也会使精神涣散，团结破裂，这是大可担忧的。人自然是喜欢和平的，从某些迹象来看也使人相信，美利坚人民相当普遍地厌倦战争。我的许多朋友究竟倾向于就根据已提条件谈判和平，还是为独立而坚持斗争，尚难断言。如果情况确是如此，则加强军队，使它具有实力，更属势在必行。这将有利于振奋人心，使谋国者获得坚强后盾，以维护公众的荣誉与利益，使背信弃义之徒和一心一意只愿和解的动摇分子无所施其伎。如果签订和约被认为是有利之举，也可使他们有力量讨价还价，坚持更好的条件。这在没有实力的情况下是办不到的。

除在国内积极努力加强军队实力外，似有必要立即充分利用国外关系，把我们同欧洲的谈判提上日程。法国一旦发现和解条款已正式提出，我认为它必将承认我们的独立，并立即宣战。但是，假如由于错误的决策，或由于根据他们使节的意见过高估计我们的力量，它也有可能犹疑不决。为防止他们举棋不定，最好立即派遣适当人选，或命令已在当地的我国使节敦促他们迅速作出决定。如果以适当方式使他们了解迟延的后果将导致英美两国的重新结合，可以估计，在宣战问题上法国是不会迟疑不决的。一场欧洲战争或一个欧洲盟国将圆满地解决我们的问题。如认为我提出的措施是可行的，应立即以各种传送方式发出命令，以防意外。依我看来，这样的措施必将产生有益的成果。如果可能，我也认为有必要从英国收集情报，以了解其内阁各种花招的真正动机，了解他们军力准备情况、募集兵员的前景与数量，以及何时可能集结等。

通观全局，我们似将很快面临一个意义重大的关键时刻。届时，我们征求的意见和我们扮演的角色将决定我们是走向自由，还是走向奴役。因为我有此想法，在我们公共事务中，我对不幸而遇到的那种无所事事、因循苟且、委靡不振的作风，不能不深感遗憾。我希望各州派到会议的代表能各抒所见，畅所欲言，并且是我们当中第一流的人物。不论我们继续战争或开始谈判，各委员会的人才多多益善。我们的处境将十分微妙。过急地开始谈判或干脆拒绝，均将带来不幸的后果。人民的愿望大多基于目前的感受，不是基于政治远见或深思熟虑，与我们采取的政策和真正利益不一定完全相符。如果他们的想法不同，要遵循一条适当的行动路线，既能落实政策，又不致引起人民的反感，将是一项十分艰巨的工作。

据我看来，除独立以外，其他一切都不可能算是达到目的。其他条件的和平，如果按我的说法，只能是暂时停止战争。英国政府加予我们的祸害，并非我们挑起，如此痛深创巨，我们永远也不会忘记。除旧怨以外，结成联邦还将有新仇与嫉恨；自由商业的重要与利益固然需要考虑，但作为一个民族，我们的坚贞以及作为个人的感情与品行，除非万不得已，都反对联合，使自己沦为臣民。如果我们轻易同意从属的条件，将来不论不列颠的压迫如何凶狠猖獗，也不会有任何国家出面相助，解救我们的危难；即使愿意相助，也将踟蹰再三，或者所提条件，纵非丧权辱国，也属难以忍受。迄今为止，法国已解救我们的困厄，如果我们善于并敢于坚持，我相信我们会赢得完全的自由。

我已将诺斯勋爵的讲演词和他向国会提出的两个提案送往会议。他的演话与提案很快传遍国内，不久即将众所周知。因此，我认为最好在我们报纸上将它发表，使有时间并有能力的人加以批驳，以抵消其影响。

在我搁笔之前，还有一两点，我想谈谈我的看法。第一，是会议对提交的问题优柔寡断，拖延不决。这就必然产生各种不便。在许多情况下，及时的决定，即使是对原案的否决，也比无所决定的有害影响要少一些。否决原案还可以再提新的方案，拖延不决则无法可想。第二，是会议对军队的嫉妒。如果传说不错，有的议员还不惜卖力地进行挑拨。你可以肯定，没有什么比这更为有害或更无必要了。这种嫉妒来源于一种普通承认的说法，认为一切常备军对于国家都是有威胁的。在一定条件下，这当然是正确的。如果不论组成成分，不论性质上如何迥然不同，可得出同样结论，那当然是错误的。在其他国家，对军队的偏见产生于和平时期，而且一般而论，由于军队除从军役所得外，没有一般公民与国家之间存在的那些联系、关心与利益；简言之，军队是国家的雇佣，是为金钱而服役的。我们歧视军队的政策却系发生于战时，军队成员又都是公民，和公民有同样的感情与利益，而且在多数情况下，他们的财产与军职毫无联系。

据我看来，如果我们要执行正确政策，不应有此种差别。会议与军队应视为一体，从事同一事业，有共同的利益，按同样的原则办事，以达到同一目的。随嫉妒而来的差别，也许是无意中露出的，也一无是处，毫不策略。个人之间，如视某人为敌，肯定将互相敌视。公共团体之间何尝不然。有些人政治眼光狭窄，对军队怀嫉妒之心，原意是想置军队于最高国家政权的统辖下。但这种嫉妒可能产生相反的效果，促使军队另辟蹊径，这正是他们希望避免的。这是不公道的，因为十三州的任何等级的人，也没有比军队对各州的行动更殷切地关怀了。可以问一问，是否还有其他任何军队对各州的行动是如此坚持到底的。如果既不夸大事实，也不歪曲事实，我们可以说在现存的历史书籍中就找不出一支军队像我们这支军队这样经历着如此闻所未闻的艰苦处境，而且始终一贯地以耐心与刚毅承受这种艰苦。士兵衣不蔽体，夜无毡毯，脚上无鞋，赤脚行军，根据他们留下的血迹就可以找到他们的行迹。他们几乎经常没有粮食，在严霜积雪中行军。圣诞节时，他们在离敌人约一天路程的地方进行冬季宿营，没有房舍，甚至连栖身的茅屋也没有。在房屋建成以前，他们对这种艰苦遭遇都能忍受，毫无怨言。这就是他们忍耐和服从的确证，我认为这是举世无双的。

部队可能曾以抱怨方式向会议提出过劝告与请求，但都有其特定情况，如果此项权力也不予承认，那我们就真正成为奴隶了。而且，不能因此就产生嫉妒，把这些劝告与请求视为意在获得不合理的权力或危及与颠覆文官统治的严重步骤，并认为这种嫉妒心合情合理，无可厚非。不应以此种眼光观察事物，当会议已通过法令解除部队所抱怨的某些疾苦时，更不应如此。关于重召弗吉尼亚旧部所需开支一事，请参阅我写给你及李上校的信。

关于志愿兵计划，现在我实在不知提何意见。它的必要性须视战争进行情况始能确定。假如不是局势紧急或某项重大行动的需要，不宜征集此类士兵。他们不能坚持长期服役，各类士兵当中，他们对各种束缚与必要的管理也最无耐性。

诺思勋爵的建议与演词一定是基于难以取胜的绝望心情，或者由于欧洲已经或行将发生战争，或要弄精心策划的政治花招，或上述各种原因俱备。我看，后者的可能更大。在保王党人动摇不定、处境困难之时，如果我们利用这一机会，由几州发出赦令，使一切逃亡者在一定时间内返回时可得到赦免。难道这不是善策？他们胆战心惊，正是对他们施加影响的时候。这一措施，可使保王党脱离敌人，使事态迅速结束，并不失为一种挽救大量公共财富的办法。

就此搁笔，写得过于冗长，且函中多处信口直言，想能见谅。我唯一的希望是：我认为重要并深感兴趣的问题，你也有同感。

九十七、关于某些消息[55]

致伦敦·卡特

1778年5月30日于瓦利辐奇

我亲爱的先生：承蒙忆及，至感高谊。殷殷照拂之情，充塞字里行间，更感关怀。忘恩负义，我所深恶，种种厚爱，谨当永矢不忘。这场斗争产生许多困难而复杂的场面，幸有上帝的护持与指引，得以履险如夷；当乌云滚滚，大难临头之际，更有赖上帝的福佑，每一念及，实感殊恩。我对朋友相助的感激之情，他们可以相信，也同样出于至诚。

我军去冬缺乏被服、粮食以及一切对士兵福利(可以说生存)必不可少的各种物品，其危险情况实非我一时所尽能描述。现在形势已出现奇迹，大为好转，我更不愿详谈，甚至回忆。缅怀往事时，惟有感激上帝的慈爱，使我们得以摆脱困境。

你听到的关于接纳加拿大为联邦成员一事，目前尚属过早。这一步骤，我们皆企足以待，我相信该地人民也将乐于赞许。但卡尔顿尚在该地，有三四千正规军，如果没有强大后盾，(如果他们真正赞成)恐不敢直言无讳，表露真情。你认为这一政治上的结合意义重大，与我的看法不谋而合。该地既与我东部各州接壤，又与西部印第安人许多部族借舟楫之利与各种方便交往频繁，无论如何，应在利益上与政治上与各州保持一致，否则即使不构成对我们的威胁，至少会有麻烦。

你所说的得自萨拜因霍尔一位先生关于北线军官部署的消

息，即G—s将军已取代我的指挥权，我可以肯定地说，此项消息毫无根据。我有足够的理由相信，所有军官中最爱戴我的，无过于北线的军官；而北线军官中，最爱戴我的又无过于上次战役中由G—s将军直接统率的军官。去年秋季，确曾酝酿一项阴谋，那是无可置疑的。但是此事发生于另一地区。有三个人想扩大个人权力，但是得不到支持，当查问其言行时，恐怕遭到严责，立即看风转舵，矢口否认，并自称是我最热诚的拥护者。情况就是如此。是否有议会成员参与其间，给以支持或者怂恿，我不能说；惟据可靠消息，此类谣传，议会中尚无所闻。

你所提及的草案现已由英国议会通过成为正式法令，其愚蠢与恶劣实已登峰造极，但究竟哪一种起支配作用，或者对英国大臣的任何行动感到如何惊讶，实在难说。诺思老爷最后这场拙劣的表演是不折不扣的对常识的侮辱。由此可见，一个心术不正的人，多行不义，什么蠢事也干得出来。这位企图迫使我们屈膝的凶神知道，或有充分理由相信，美法政府之间已经签订一项条约。真不理解他根据什么常识指望如此露骨的奸谋会为我方所接受。感谢上帝，现在的形势已对我们有利，我希望我们获得完全的独立，无须向这位煞星卑躬屈节；他和他的军队，我相信会找到别的地方去大逞威风。为这一光辉的未来，谨向你和美国自由之友致以衷心的祝贺。

你所要的那种（还另有几封）称我为独立之敌、有意制造不信任和嫉妒的信，我无权提供，甚以为歉。我仅有一封，但已送交华盛顿夫人一阅，让她知道世界上还有此种与人为善的人。兹随函附上另外一封信，作为一例。此信是写给卡斯蒂斯的，也是以同样的腔调谈我的事，凑巧还留在我手边。究竟这些信是极端卑劣或极端狡诈，很难断定。写信的人对我家庭成员似有所知，但对情况与事实均欠了解，所以错误百出。

此信已嫌过长，字迹也过于潦草，又无时间誊正，只好如此发出。聊以自慰的是，比不写回信略胜一筹。信中增改涂抹，确系时间匆促所致，统希见谅。

九十八、反对放逐政策

致大陆会议议长

1778 年 6 月 2 日于瓦利福奇

先生：我诚恳希望各州已经通过法律，采用大陆会议 4 月 23 日决议所提出的宽大政策。如无此项法令，据无可置疑的权威人士估计，成千上万本愿留居的人，其中包括许多有用的工匠，将携带大量财物被迫离开费城。据报，如果出现此种情况，他们的困难与不幸将至深且巨。有少数人按其行为表现，即使保证安全，也将难以留住。他们的离去好像甘心情愿，将会达到儆戒的目的，如果随后没收财产，更可罚一儆百。放逐的办法或法令具有同样效果，但如范围过大，我看不够策略。而且，制定法令的理由不存在时，应即停止执行。罚一儆百是必要的，但放逐许多居民，对任何国家而言都不可能带来利益。

九十九、蒙默思之战[56]

致约翰·奥古斯丁·华盛顿

1778 年 7 月 4 日于新泽西州布伦斯威克

亲爱的兄弟:此信到达时,弗吉尼亚也许已收到关于蒙默思之战的报道。此次战役开始颇为不利,但能以胜利告终。李将军指挥的先头部队,共有五千精选士兵,受命于次日早晨敌人进攻时即开始攻击,由我殿后。但说来奇怪,刚与敌人接触他就开始撤退。究是由于他的命令,还是有其他原因,现在调查中。他已被拘押,接受军事法庭审判,不宜由我作何评论。无论如何,撤退确是事实,不论原因如何,所造成的混乱足以置全军于死地。所幸上帝保佑,使我能在大敌当前、枪林弹雨之中(从后撤军队中)收集一两团人,稳住阵脚,进行反击(因敌军追击时系沿小道,故收集散兵后能占据有利地形)。此后形势好转,反退为进,把失去的阵地全部夺回,敌人仓皇后撤,战死者的尸首也来不及运走。他们撤退到一片沼泽之后,不易通过,其两翼所在地又是茂密的森林。而我军则因激战终日,疲惫不堪,加上天气炎热,缺乏饮水,当夜无法采取任何行动。原来打算次日早晨开始进攻,不料敌军已于夜间运走伤员以后,暗中撤离。他们既已先我一夜行军,离开一个坚强据点又仅十英里路程,所以当时判断,如跟踪追击,并非得计,于是移军北河,以防敌军偷袭该处我军阵地。

一〇〇、谈两年来的战果

致弗吉尼亚纳尔逊准将[57]

1778年8月20日于怀特普莱恩斯营地

亲爱的先生：经过两年的纵横捭阖，接仗行军，其艰难曲折，实为有史以来任何战争所仅见。现在两军都回到开战时的地点，而开战时进攻的一方则已被迫使用镐和锹筑壕自卫。形势如此，殊足喜人，也足以令人深感惊异。凡此一切，莫非上帝福佑；如果对上帝的安排尚缺乏信心，对上帝的恩惠不知感激，则与蠢牛木马又有何不同。现因军务在身，尚非我宣扬天道之时，暂不多加申述，惟祈代向尊夫人、秘书及其他朋友代致敬意，并接受我对你最亲切的问候。

一〇一、表示感激

致拉法叶特侯爵

1778年9月25日于弗雷德里克斯堡

亲爱的侯爵：您写给我的所有信中，殷殷挚爱之情溢于言表，既以为喜，又以为荣。您对自由的热爱与重视，在争取自由的事业中您高尚无私的努力，加上您善良的心地，使我对您的为人倍增敬爱。能与您结识并建立牢固的友谊，实在是我的幸福。

向东部进军的整个过程中，您表现出高度的热情；在联军军官之间树立起和谐一致的风气；许多思想糊涂的人（由于失利，而这种失利就是最有远见也难以避免)，开始产生许多不正确的想法，您都竭力加以消除。凡此种种，都值得我特别提出，并向您表示我由衷的感谢。杜沙先生在罗德岛战役中失去一臂，深感惋惜。对他那日的英勇行为，请代我向他表示感激。

如果早知道您一直希望得到我的画像，当皮尔先生来瓦利福奇营地时，我一定会托他把我最好的画像送给您。但我自揣鄙陋，一无是处，如以画像相赠，恐非礼敬之道，反而招人物议，说我妄自尊大。故当您嘱朗芳先生为我画像时，我还以为仅画一轮廓，求其形似，以便识别而已。

一〇二、谈国家财政

致莫里斯州长[58]

1778 年 10 月 4 日于菲什克尔

亲爱的先生：从我致议长的公函中你一看便知什么风把我吹至此地。因此，我将不再多谈这方面的问题。上月 8 日来函中提出的三个问题和答案是：敌军能否继续进行战争？他们是否准备继续驻在大陆？在他们撤离的道路上设置障碍，对我是否有利？对第一个问题，你的回答是否定的。对第二个问题，你的意见是明确的，他们不会留驻。对第三个问题，你说得很清楚，对我不利。

对你以上的回答，可以举出许多理由加以支持，但对前两项回答也可举出某些理由加以反对。为了对第一个问题少加申述，我想提出另一个问题及其回答。我们能否把战争继续进行下去？肯定不能，除非能想出某种办法并迅速付诸实施以恢复货币的信用，限制税捐的征收,并防止物资的囤积。如上述措施不能有效执行,军队开支如何维持?当一切必需品的价格如此昂贵之时,哪个军官能负担得起?要买一匹瘦骨嶙峋的马,至少亦需两百镑;一副马鞍不少于三四十镑,——靴子及其他物品的情况大致是这个比例——军官待遇如不增加,谁能忍受?当面粉每百镑售价为五至十五镑(在不同的地方),干草每车为十至三十镑,牛肉及其他主要产品的价格也大致是这个比例,在此情况下,有什么可能提高他们的待遇?

所以在考虑这一问题时,我们的着眼点不应单纯是英国能否继续战争,而应该是谁的财政(他们的还是我们的)能继续支撑下去。这一方面的考虑使我不得不对你的第二点答复,即关于英军撤离大陆的预测是否正确,深感怀疑。只要他们还存在着希望,只要我们本身的不幸将为他们提供迫使我们放弃独立、接受他们条件的机会,我认为他们是不会撤离的。当然,你可能会说他们已不可能有这种希望。我承认这种说法并非全无根据,但从比较的观点来看,仍有大量事实使人惶惑,难以作出判断。对你的第三点答复,我完全同意。现在出路通畅,而且天意就是要他们抓住机会永离我们幸福的国土。要是西班牙的舰队与法国舰队联合一致,向他们宣战,我的怀疑会全部消除。假如情况并非如此,恐怕英国海军将有足够力量对付法国的算计。

一切必需品价格昂贵。会议的服装条例用意虽好,但军官得不到实惠。军队建制改革,他们当中许多人要被解职;此事又久延不决,他们长期提心吊胆,心情不佳,军衔迟迟不定,调整方式互相矛盾;加上不胜枚举的其他原因,使部队情绪低沉。据说,他们已为此向会议呈送某种文件。酝酿时我一无所知，发出后数日始有所闻。他们对我保密，恐蹈今春覆辙，因为今春出现同样情况时，我知道后曾加以阻拦，得防祸于未然。有何重要消息，盼望立即告知，请勿守口如瓶。

一〇三、谈法国占领加拿大的害处

致亨利·劳伦斯

1778年11月14日于弗雷登堡

亲爱的先生：加拿大远征问题就其目前情况而言，举国上下，议论纷纷，引起的关切，似为前所未有。我还有一点反对的理由，公函中未曾谈及。我估计这点理由是无法驳倒的，而且从国家长远利益出发，也是使我深为担忧的地方。将大量法军派赴加拿大，并让他们占有该省首府，而这一地区因血缘、习惯、生活方式、宗教等纽带以及政府以前的联系与法军情亲意近；引诱力如此之大，恐怕任何国家在国家利益这一普遍原则的驱使下，都将难以抗拒。法国如果占有加拿大，其明显好处略如下述：得到大片领土，物产丰饶，可供所属各岛需要；开辟广阔的途径与印第安各部族进行利润丰厚的贸易，并可能完全垄断；在本大陆获得自己的港口，而无须仰赖一个盟国变化莫测的善意；可随心所欲地独占纽芬兰的整个贸易，而该地培养出全世界最优秀的海员；其所属各岛的安全获得保证；最后，易于威慑和控制这几州，并将成为欧洲任何海上强国的天然劲敌。在所有这些方面，加拿大将为法国带来实利。加上该地众多的居民均倾向于法国，如有其他国家试图入侵，他们将协助法军进行抵抗。

法国，过去一个时期一直被认为欧洲最强大的陆上王国，现在就可以与海上霸主不列颠一决雌雄；如果与西班牙联合，肯定要占优势。在我们的右方，占有奥尔良，在左方占有加拿大；在我们后方，横贯东西，有印第安的无数部族作为后盾，而这些部族对他们一向友好，他们也善于安抚。深为令人担忧的是，在它的权力范围内将对这些州发号施令。

假定派五千法军进入魁北克城（按该项建议此数可达一万），如果他们声称要以加拿大为质，在美国清偿所欠法国债务以前决不退出，或以其他佯装友好的借口拖延不走，直到挑起事故，发生争端；与此同时，并鼓励加拿大人支持他们的借口与主张；我们仅有四千或五千军队，届时将何以争锋？可能有人会说法国不会采取这一步骤，断绝我们的友好关系，因其后果将迫使我们按某种条件或方式与英国重新联合，这样一来，他们将无可挽救地失去所得到的一切，以及与我们结盟的一切好处。依我看来，以此为反对理由，实非万全之策，不足为据。因为这一立场的正确与否，须决定于海上形势的发展。假如法国与西班牙联盟，并取得海上的绝对优势，即使我们与英国言归于好，也无济于事，他们可置之不理。法国兵多将广，可按其需要，派遣任何数量的地面部队以贯彻其主张。而英国则无兵无钱，海上优势又已变成劣势，将难以提供有效援助与他们抗衡。我们除愤怒、谴责或屈从外，将别无他策。人往往易走极端。对不列颠的仇恨可能促成对法兰西的过度信任。心怀感恩之情时，更易如此。有这种心情的人当然不愿设想法兰西会背信弃义，出此下策。我也乐于以最友好的眼光看待新的盟国。

但人类的普遍经验告诉我们:对任何国家的信任,不可超过其本身利益所能约束的范围。这也是谨慎的政治家处理政务时不敢背离的原则。就我们所处情况而言,更应百倍小心,因我们目前羽毛未丰,力量有限,如少不经意,则失著之误,将难以挽回。

法国投身于此一计划,即使开始时的动机极为纯正,随着事态的演变,由于环境的诱引或加拿大人的请求与敦促,他们会改变原有的观点,这种危险性是大有可能的。

侯爵和我谈及此项建议时,听来像是完全出自他一人之手;但也很有可能是法国内阁的决定,经过乔装打扮作为他个人的建议,以便容易获得通过。在此事上,我察言观色,某些人的面部表情似已超过盟国之间无私的热忱。我希望我的判断是出于误会,也希望我推敲过甚及迹近嫉妒的种种担忧并无充分的根据。

但总的看来,即使其他考虑都置之不顾,我也不希望国家所负的义务有所增加。我希望尽可能避免让外国为美国效力,使他们再立新的功勋;除非万不得已,不要争取外援。

一〇四、谈大陆会议的弱点

致弗吉尼亚议会议长本杰明·哈里森[59]

1778 年 12 月 30 日于费城

亲爱的先生:自上月 22 日抵达此间,所见所闻尚不能改变我对人和事的看法,但有足够理由使我相信我们的政务已陷于江河日下、可叹可悲的境地。其情况之糟,为战争开始以来所仅见。作为我们事业忠实的追随者,作为一个无日无时不损耗自己的私产、在纠纷一旦胜利结束连不同一般的微小的实利都得不到的人，作为真心诚意希望美利坚繁荣昌盛而看到或认为他看到它已濒临毁灭的热心人，我诚挚地希望你，我亲爱的上校，竭尽全力拯救你的国家，把最贤能的人派到大陆会议来。在此危急存亡之秋，他们决不应在家里饱食终日，无所用心。当我们的共同利益受到侵害，(如无急救之策)我们的国家将陷于万劫不复之地时，他们也决不会心甘情愿在追名逐利之场寻欢作乐，坐视国家的沦亡，累及自身的毁灭。如果要我就所见所闻和了解的部分内情为当前情势与人物描容画像，我可以用一句话概括，即懒惰、放纵与奢侈似乎已成为大多数人的习尚。投机取巧、损公肥私、贪求财富似乎已超过任何其他考虑，而为各阶层人们唯一追逐的目标。党派纠纷、个人争执是当前的大事，而整个国家的头等大事——债台高筑、财政崩溃、货币贬值、信用扫地(其后果是一切匮乏)，则视为次要，一再拖延不决，似乎国家前景美妙，不用操心。这一描述，我认为是符合实际的；我也为此情状，深感焦灼不安，并希望看到我国同胞重新振奋。我并无愤懑之心，也不愿指名道姓，我深信大陆会议对我个人已经给予一切可能期待的关心。我也有理由相信，对我的评价也相当不错。但在目前形势下，我不得不问：梅森、威思、杰斐逊、尼古拉斯、彭德尔顿、纳尔逊等人现在何处？如果你对面临的危机有足够的认识，你为何不派遣一两名额外人选(如纽约州派出杰伊那种做法)至少在一定时间内留驻此间，直到国家大事步入正轨。我们的货币在这个城市每天贬值百分之五；如果再过几个月，全部停止流通，我是不会感到奇怪的。但是我们的大陆会议却沉浸于音乐会、宴会与晚宴之中(每次动辄花费三四百镑)，使得议员们对如此大事无所作为，甚至连想也不想；而部队中的军官，正沦于贫困与乞讨的境地，大部分已感到唯一的选择是脱离军职，只有少数有德之士才无此打算。我愿再一次重复，以上所述绝非过甚其词。其足以触目惊心，亦无可否认。自战争开始以来，我实未见过比今日的一切更令人心焦的景象。就此搁笔。我们一筹莫展之时，往往得到上帝的保佑，但愿此次危机亦能化险为夷。

一〇五、谈需要更强有力的政府

致乔治·梅森

1779 年 3 月 27 日于米德尔布鲁克

亲爱的先生：虽因公函纷繁无更多时间作私人间的笔谈。如果在公余之暇，趁有适当人士传递信件之便，能与你纵谈共同关心并直接关系你州的大事，就我而言，实在是最大乐事。此时此刻我尤感有此必要，因为我对形势的看法与众不同。从目前一般迹象来看，人们似乎已认为战争的结束指日可待，剩下的工作惟有攫取钱财和谋取官职。战争开始以来，我见过美利坚度过的阴暗时刻，从无灰心丧气之感，然而今日所见，却使我感到美国的自由实处于极端危险之中。

就目前情况而论，敌人与朋友似在通力合作，企图葬送我们流血流汗、千辛万苦、艰难缔造的美好事业。如果各级政府不奋发图强，扭转局势，伸张正气，打击歪风，并处罚内部敌人，则崩溃的命运必不可避免。最近三月以来，无时不感到我们似已濒临毁灭。此种感觉，过去是从未有过的。

我们的敌人看到我们为他们的利益效尽犬马之劳，不禁欢欣鼓舞。他们本已处于绝望的境地，行将退出美洲，现在又在企足以待，有所希冀。按照我的判断，要想救亡图存，惟有彻底转变作风，或者欧洲事务有决定性的突破，除此以外，别无他径。可叹的是，前者比后者似乎更无实现的可能，与那些投机家的愿望大相径庭。我指的是各式各样的孜孜求利的人以及形形色色的股票商人。他们为个人的居积致富正进行一场战争，根本不考虑他们的贪得无厌会断送一切——包括他们自己在内。

如果我畅抒所见，而且你我之间的友谊又容许我无所不谈，在此问题上我本来还有许多话要说。

但信件可能失落；敌人又正千方百计搜集我方官员的看法；一切有用的情报（如落入敌手）将为他们确定政策的依据。虽然此信是经私人之手直达芒特弗农，为谨慎计，仍以少有保留为宜。但对大多数的州，在国家重大事务尚未安排妥当以前，将最贤能的人留在本州享受高官厚禄一事，不得不深为痛惜。整个大陆可比时钟的运转，各州只是较小的零件，如殚精竭虑仅求较小零件的完好无缺，而对重要部件如摆轮、发条则置之不问，欲求整个时钟的正常运转，势必徒劳无功。我认为这一比喻并无不当之处。我不想、也不应该举述州名，因为这样可说成指责其代表。但 C—（意指大陆会议——译者）因党派纷争已四分五裂。在此危急存亡之秋，许多私人小事竟可使他们忽视国家大事。似此行径，尽人皆知，已无法掩饰。当放纵与怠惰已取代周到与勤恳之时，希望看到国家顺利获得自由、独立的人，不禁要大声疾呼：我们的贤能之士现在何处？为什么他们不挺身而出拯救国家？这就是对你以及杰斐逊等人的呼声——不要误会,以为我们将退居林下,坐视我们光荣的斗争以耻辱而告终——请你相信我所说现在有危险的话——我有足够理由认为:不久以前,敌人已决心放弃,不惜以任何条件与我们媾和,但由于我们自己的不和及其他情况,如果我的估计不错,他们现在准备一拼到底——除非西班牙的介入或俄罗斯方面他们毫无指望,否则,他们肯定不会就此罢休的。

一〇六、谈军官的厄运[60]

致马克斯威尔少将

1779 年 5 月 7 日于米德尔布鲁克总部

先生:昨日两函均已收到——对其中之一极感关注。战争过程中所发生的一切,使我最感痛苦的莫过于听到函中所述泽西团的责备。这一举动,我不能不视为过于匆遽,迹近鲁莽。如冷静考虑,他们或将自责。我军军官在不利的条件下辛勤工作,我深表同情,也曾不断努力,为他们争取补助。希望他们以公道待我,相信我所说的一切。但要使他们满意却更加困难,而且超出他们的想象。我们的资源极为有限。我们的货币处境维艰,虽有急救之策,目前尚未见功。政府并非不知军官的功绩与所作的牺牲,也并非不愿有所补偿。对形势稍加观察,就可知道实际情况就是财力严重不足。如有延宕和拖欠情事,应充分考虑这方面的原因。在此关头,有的州在其力量范围内解决得较为慷慨,如果有的州不够及时,则应视为有特殊原因,少假时日,以其他州的实际行动相助,即可排除阻碍。在一切不利的条件下,我军所表现的耐心与毅力已为他们在国内外赢得最高的荣誉。他们的品德也曾激起我无限的信心，在艰难险阻之中成为我最大的安慰，而这些艰难险阻是我们这种性质的斗争所必然要遇到的。现在，我们已取得巨大进展，实现目标指日可待。如不半途而废，可望功底于成。而行为上的任何改弦更张，不仅意味着对原则的背离，而且是玩忽对自己和对国家应尽的职责。如一个团队有此表现，我也将为之痛心疾首；如全军如此，我将视为荣誉扫地。当然，这种事是不可能发生的。因为任一个部队想在这一方面首开先例，必然要考虑后果。一般明白事理的军官也不会贸然行事。如果处境孤立，无人响应，且不论其他后果，即以舆论而言，在世人眼中他们将劣于其他部队，他们将何以为情？如果他们所开先例有人效尤，并传遍全军，则他们无异先开恶例，置国家于毁灭与屈辱之地，他们将何以自慰？他们将会记住国家的沉沦与不幸，军官所应分担的部分要一倍于一般人，而那时军官的遭人唾弃程度正如今日的他们受人尊敬的情况。

从目前事态的表面现象来看，实在令人不快。但我相信他们的所作所为，其中似有较多的寓意。不论作为公民或作为战士，泽西州军官的品质向来不逊于其他各州。我深信他们当中不会有人蓄意闹事，以玷污他们的名誉——他们的行动不可能是真心诚意的；只是在取得良好结果的方法上推断错误。经过反复思考，我希望而且相信他们会翻然悔悟，否定以此不适当的行为。当此战役开始之际，既已接到行进命令担任重要任务，他们自己的荣誉、对公众和对自己应尽的职责以及对军规的考虑都不能容许他们坚持自己的要求，而置上述一切于不顾。这种鲁莽的做法无异于对国家发号施令，而且近乎乘机要挟，冷静考虑之余，也会感到于心不安。

当此紧急关头,他们向州提出声明,除非在短短三日内得到补助,就可认为他们已经退役,即具有上述性质。所谓继续在职等到州政府有足够时间配备新的军官,作为缓和办法,只能视为掩盖实质的烟幕。

请将我的意见转告有关军官,并盼极力劝说,使他们认识自己的错误。他们团所负使命不容迟延,无论如何,必须在星期一早晨出发,先到总部营地,进一步的指示等到达后再行下达。我肯定他们会立即愉快地服从命令。

一〇七、谈李将军的指控[61]

致约瑟夫·李德

1779 年 7 月 29 日于西点

亲爱的先生:接读本月 15 日来函,获悉《政治与军事质询》一文的作者不受公众的欢迎并无理由自鸣得意,甚感愉快。即使毫无线索,我也不难猜出居心叵测的作者。惟处理颠末,我亲眼所见,详加叙述,固为快事,也感痛苦。受到国人的尊重确是一种幸福,只要是少有理性的人,决不会毫不在乎。先是在友谊的幌子下进行攻击,当伪装已不适用时,则继之以公开的诽谤,而且颠倒黑白,自欺欺人,这种责难谁能听之任之而无动于衷。

这位先生如此做法的动机,他自己比我更加清楚。如果他能举出任何事实,说明他受审以后在我力所能及之时未曾避免提到他的名字,或在我无能为力之时曾以任何刻薄、无礼的方式提过他的名字,我甘愿如他所希望的那样受到世人的指责而声名狼藉。他为何不择场合，动辄大肆诬蔑，恶语伤人？或者因我执行职务，应他的请求使他受审，他因此失望而大动肝火；或者由于如此做法可以损毁我的名声，借以提高自己；究竟出于何种动机，还是有更隐秘的原因，我不能断定，目前也无时间作进一步的追究。

如果我曾以军事天才或经验丰富的军官自命，如果我曾经打出这样的招牌以取得我所荣获的司令职务，如果我就任以后专横独断自以为是，我们遇到的挫折并非客观的必然，而是由于我的固执与失误，我不仅理所当然地应接受他的鞭笞或其他作家的谴责，也应遭到世人的唾弃。但众所周知，司令职务是以某种方式强加于我。我接受任命，纯属勉强。因我深知由于种种原因，面临的局势错综复杂，进退维谷，以我的才能与经验指挥如此庞大的军事机器，实感力所不胜。我并未作过多的承诺，而我所作的承诺都已一一履行。如果噤若寒蝉，听任指责，实感悒悒于怀，不能自已。因此等指责，过于无耻，少识人性尊严即不屑为，也不应为。熟悉内情的人当然不会受到欺骗，知道这些指责纯属无理取闹，歪曲真相，略举事实即可把他驳得体无完肤。惟不识内情的人也难免不为他所动。

这位先生如果嫉妒我的位置，认为我是他高升的障碍，我可郑重相告，我衷心向往的首先是解甲归田，重享家庭的闲逸与幸福。我一切努力均为达到这一目的。而且，为此目的役力劳心，已四年有余。惟既已从事军役，但求有利于国家，虽历经颠沛，往往非常人所能忍受，因此无日不以此自勉。

一〇八、谈餐桌上的食品

致军医局局长约翰·科克伦博士

1779 年 8 月 16 日于西点

亲爱的博士：我已邀请科克伦夫人和利文斯通夫人明日来我处赴宴。但用何食品，我并无义务预先告知。我深恶弄虚作假，即使只牵涉想象中的事，也不愿为之；此次也不例外。我的餐桌甚大，足以容纳诸位夫人，她们昨日已亲眼看到，无须赘述。餐桌上一般用什么食品，这才是颇为重要的一点，也是我写此信的目的。

自从我来此幸福之地，餐桌上一直有火腿，有时为（一肩）咸肉，置于餐桌之首，以增光彩。并有一块烤牛肉置于餐桌尾部，使餐桌生辉。餐桌中部有一碟青豆或蔬菜（几乎难以察觉）作为装饰。如厨师有心大显身手（估计明天有此可能），则有两份牛排馅饼或蟹肉羹放在主菜两侧填补空当，使菜与菜的距离减为六英尺，否则将为十二英尺。最近他忽然大开心窍，发现苹果也可制馅饼。如果他力不从心，仍然是两份牛排馅饼，而不是一份苹果馅饼，一份牛排馅饼。如果夫人们能忍受此种款待，并屈尊使用一度是锡而现在为铁（并非由于过分刮擦的结果）的容器，我将高兴地接待她们。

一〇九、谈不公道的货币法案

致伦德·华盛顿

1779年8月17日于西点

我曾就我判断所及，从各方面考虑此事，现已决定不再接受按现在货币的票面值清偿旧债（我指的是战前所借并应于战前偿还的），除非强迫我接受或别人均已照此办理。正义、理智或政策，均无此要求。法律的出发点无疑是好的。其用意在确定信用券的价值，使它能顺利流通，而决不是，也决不可能是，意在使完全有能力清偿的人用一先令或六便士来清偿一镑正当债务，从而使自己破产。货币贬值以后的借款，不论何种借款，我现在和过去一样，都欣然用纸币来清偿各种债务，至于前述旧债，除非如上所述系由于被迫，我将不愿接受此种有名无实的清偿办法。

如果我试图区别纸币的实际价值与票面价值，则担心由于我的榜样而伤害纸币的信誉。此种担心已使我损失一大笔钱；如果所有旧债均按此清偿，损失更大。因此而得到好处的，如果是恪守信用、循规蹈矩的人，也会感到于心不安；并非由于尊重我，我只是就此类交往的一般情况而言。由于你提及罗伯茨的工资情况，所以引起我谈到这些。你说他的工资（根据他的要求）将达两千多镑，等于一个普通磨坊主一年的收入，或者等于我在最佳年景以弗吉尼亚地价最高地区的土地六百英亩售与默塞尔时的所得。他的工资自应按未贬值以前的——战争开始前许多年的货币——支付。用现在货币偿还既不合理，又不公平，常识上或道义上均难以自圆其说。我希望你向有道德、有信誉并忠于我们事业的人请教，并按他们的忠告行事，或由你自己决定，而不要求助于我。对此类事情，我既无从探询，对现行惯例与法律规定，我也不了解。如果别人均照此办理，一镑旧币只收一先令或六便士；如果个人照此办理，虽自己破产别人获益，但有利于我们所从事的伟大事业；如果法律要求如此办理，我们也认为应遵守法律，我将不再说任何反对的话。在为公众服务方面，没有人曾经或将会比我走得更远。如果牺牲我的全部产业可以取得有价值的目的，我将毫不犹豫地作出牺牲。但是，假如只有我一人如此办理，别人并不这样，我所作的牺牲不过是沧海一粟，无济于事。事实上，这种牺牲并不能有利于公众，而仅有利于某些个人，使他们致富，并鼓励不守信义。我可以肯定，恪守信用的人决不会企图用二十便士或半镑偿还一镑债务。总之，我宁愿买公债，也不愿接受这种不公正的还债方式。

一一〇、函叙友情

致巴黎拉法叶特侯爵

1779 年 9 月 30 日于西点

亲爱的侯爵：兹闻阁下甚得国君优遇，您安全抵法消息亦为友人周知，深感欣慰。此为意料中事，我从未怀疑，您又亲自告知，更使我增加喜悦。您奉派在德·沃伯爵军中担任荣誉而可喜的职务，请允许我谨致祝贺，并请相信我祝贺时的无比热情与真诚。您对自由事业的无限热心，您对这新生世界的深情厚意，您在美国及返法后为合众国所作的不懈的努力，您对美国人民无微不至的关心，以及您对我要求严格而又始终如一的友谊，已经把我最初见到您时的感觉——尊敬与喜欢，转变成为完完全全的热爱与感激，而不会由于时间与距离而有所减损。不论您以何种身份——以英勇无比的法军统帅的身份（如果情况有此需要），或作为美军的少将师长，或干戈平息解甲归田后作为私人朋友与伴侣——我都将以热情的友谊欢迎您到哥伦布的土地上来，并欢迎您光临寒舍。但无山珍海味和豪华的享受，只有家常便饭与亲切的款待。根据过去的经验，我知道您是不会嫌弃的。如果尊夫人也愿赏光，一尝田园风味，我代表内子保证，她将竭尽所能，使弗吉尼亚获得侯爵夫人的赞赏。请不要怀疑我的保证，因为一切爱您的人也是我所爱的人。闻她将有育麟之喜，这是你们爱情的又一次结晶，愿借此机会，谨申贺意。

来函殷殷致意，表示愿在法国与我相见，并谓尊夫人亦同有此意，深感荣幸。请您相信，当我们的光荣事业大功告成以后，能在任何地方见到您，我都将引以为幸。如能在贵国见到您，我将更感快慰。可惜的是我不谙贵国语言，而且年事已高，难以学习。如果普通谈话，尤其与女士们在一起时，均须通过翻译，不仅处境尴尬，而且枯燥乏味，实非我所能忍受。因此这一建议只好暂时不谈，俟在弗吉尼亚见面时再作商量，确定计划。

您曾盼我写封长信给您，我也曾写过一封。我听您说过一切事情均有其原因，这封已经太长的信，我想也不无原因。您可能已不耐烦，对下面要说的更感多余。但必须请您稍加忍耐，听我吐露对侯爵夫人最崇高的敬意。请告诉她（如果您没有弄错，传达给我的确是她的，而不是您自己的爱），我这易于感受爱情的心已充满对她的爱慕之情。如果用爱情的火炬去接近它，必须小心。您煽动爱情之火，也必须谨慎。当然，我听您说过，您无所惧，您夫人年轻，而我已老迈，并且还有大西洋的阻隔。事实诚然如此，但您必须知道，我的好朋友，距离不能阻隔相思的恋人，过去时代的奇迹也可能在今朝重现。难道您没有见过《圣经》上记载的年轻妇女宁择老翁的事？我不能和您争夺锦标，不胜遗憾！但在您的鼓励下，我愿为此无价的明珠列名竞争者的行列。

现在回过头来谈谈华盛顿夫人（当我们于6月出征时，她启程赴弗吉尼亚），她在信中经常问我是否得到您的信息，并说您的平安与幸福将使她感到快慰。我以她的名义（因她不在此地），感谢您对她的关怀。承蒙侯爵夫人垂询，并此志谢。此信已过长，我自己亦感骇惧。拟仔细重读，予以修改，但已失去勇气。您收到此信时可能发现不少讹误，但我可以保证，我对您和侯爵夫人的友谊，决无缺陷可寻。

一一一、局势严重

致特朗布尔州长[62]

1780年1月8日于莫里斯城总部

亲爱的先生：兹奉上刚收到的前任军需处长给我来函的副本。据该函所述，可知我军供应，尤其是肉类供应的前景如何黯淡。这与各地报告的情况和我们实际的感受大致相符。部队的面包供应不足已近三月；半月以来，接近断粮：有时无面包，有时无肉类，二者从未均有，通常是二者均无。士兵们以最大毅力，忍受煎熬（军官也与他们同艰共苦)；但情况继续恶化，终于使他们忍无可忍；无论军官的权威与影响或他们自身的美德与耐心，均不足以使他们约束自己，承受苦难的折磨。他们曾多次抢劫邻近居民，甚至抢走生活必需品。如不速谋对策，此风将不可遏。不幸的是，通过正常渠道，我们已无望获得物资。我们面临的抉择是：或将军队解散，或请求本州的几个县提供部分肉类与谷物，以应急需。如地方政府拒绝供应，只有诉诸武力。当然，这只是临时救济的权宜之计，因为与我们的宗旨不符，而且副作用太大。一支军队不应以此种方式来维持，应该采取更为有效的长久之计。有关各州的立法机构必须出面协助。国库已空无一文；我所知的地方，仓库给养也已耗竭；政府官员既无现金也无信用可借以收购物资。我向阁下保证，就我所知，这就是我们局势的如实反映。我们的处境岌岌可危，令人震惊。我深信阁下必有同感，也相信康涅狄格州议会在目前形势下，必将采取措施，再次显示他们对我们共同事业的明智与热情。除非各州共同关心军队的给养问题，并看做救亡图存、休戚相关的大事，否则，我们将陷入无法挽救的灾难。我希望我这样说不致被人们认为是夸大其词。

一一二、谈缺少厨房

致格林少将

1780 年 1 月 22 日于莫里斯城

亲爱的先生：问题必须通过事实来说明，我也只谈事实。从 11 月 1 日定居此处以来，虽然我的卫兵已经采集不少木柴，但是没有厨房做饭。目前也无法为仆役提供一个可住的地方。我家十八口及福特太太的全家都挤在她家的厨房;即使因此伤风感冒,并无一人抱怨。

我曾将此种不便一再提请吉布斯少校注意。据称,原因是弄不到板材。我对这种解释并未提出异议;相信您也会公正地承认:我一贯的作风是想节省公家一切不必要的开支,也不愿为自己的方便使别人感到不便或为难。我们的处境特殊,必须与士兵同艰共苦,这也是我一贯奉行的基本原则。看到这一原则普遍遵行,我就感到心满意足。但事实并非如此,这就是我要提请您注意的。要不是您在来信中所提出的问题自然而然地引出我这样的回答,我是不会也不应该这样说的。

为了我的住处,您下达命令,提供材料(没有材料,命令等于乌有);除此以外,如果还需要您再为此操心,那也是与我的心愿与期待相违的。从来信所述,我十分满意地获悉一切都应责怪您委托的那位经管此事的负责人。据此我可以肯定,如果他们未曾疏忽,本可(和别人一样)早已得到足够的板材满足我的需要。我决不是责备您为自己的住处或为格林夫人的刻不容缓的需要所采取的任何措施。我一直认为只要条件许可,您有权这样做。按尊夫人目前的情况,更不应迟缓。如果这就是问题的症结,我情愿使她先获得方便。您恭顺而诚挚的仆人。

一一三、谈军官的职责

致斯特林勋爵[63]（私函）

1780年3月5日于莫里斯城

亲爱的勋爵：您为贵师所制定的条令业已拜读。条令用意良佳，惟除少数几点外其余在条例中都有明确规定，而且在既定的《士兵条例》发布以前，已经在不同时期在一般命令中一再重复，并曾在许多特殊命令中引用。凡此一切，阁下可在条令汇编中查到。上次会见时，对此问题我曾有所涉及，希望借此机会再作一次深谈。我认为发布条令以后，如不密切注意其执行，则条令毫无用处。这些条令，有些人看过，有些人只是听说过，而普遍的情况是都不能正确对待，还有少数人则根本不以为意。除非部队长官进行整顿，对内务、对其领导下官兵的行为进行周密的检查，并提倡节约，撙节开支（此对我们目前处境最有好处），要想扭转这种情况实在不可能。

榜样，无论好坏，都有巨大的影响。军官的职位越高，影响愈显著。军事上所有经验都告诉我们，各级军官必须严格检查所率部队的行为。如果做不到这一点，最高当局制定的《士兵条例》中简单易行的条款以及一般命令都不会有人遵守。当然，忽视军纪、不守秩序、自由散漫、浪费公物、滥用职权及营私舞弊等现象，也就会不知不觉地乘虚而入。在此情况下，如认为师、旅、团的命令会比会议或阁下的命令更有分量，似属荒谬。但是，假如发布命令的人，由于无可推卸的责任感所驱使，愿意拿出一部分适当的时间亲自视察所属部下；愿意经常检阅他们的团队，对照表报检查他们的实有人数、武器、账目与被服，如果数目不足，应有满意的解释并得到补充，使符合部队的建制；愿意看到可行的规章条例以及命令得到贯彻，而对不可行的则如实报告原委；查阅表报，务求及时、适当、正确地填写，加以比较，以防错填错报、滥用职权、损公肥私；同时还视察其所辖阵地及部队，对应该奖励的加以奖励，对玩忽职守的加以惩罚，如能照此行事，即可立见明效。用一个月时间对此类情事进行频繁视察，与用七年的时间经过冥思苦想、仔细推敲而后制定的卷帙浩繁的条令相比，前者所产生的效果会更多更好。

由各部队转来必须由我处理的麻烦问题多如牛毛，必须阅读的信函与文件堆积如山。其中许多由于各部队主管将领用心不专，注意不够，将本来应由自己解决的问题统统送呈总部。假如不受此种牵制，我本可以更多时间致力于军事方面的职责。不幸的是上述事务既使我分心，而别人又认识不到让我专心致志的重要性，以致我很少有时间策马军营，巡视阵地。这就难免产生注意不周、纪律松弛等等令人痛心的现象。我在旅行期间，所经之地到处可以见到士兵。尽管曾经发布过约束他们行为的明确的军令，但叛逃、抢劫甚至凶杀以及完全无视政府所订规章条令的基本原则的事情仍时有所闻。

以上所述，系出于友谊，开诚布公，直陈事实。由于您的来信引起我的一些想法，所以谈及。一旦召开将官会议时，我还将明确无误地要求他们以后的行动必须符合上述精神。假如并非如此，我势将分心，不能摆脱纷至沓来急待处理的繁杂事务。如果得不到他们的帮助，欲期我们的军事机器圆满运转是不可能的。

一一四、谈使用最高决定权

致议长里德

1780年7月4日于伯根县总部

亲爱的先生：宾夕法尼亚议会已将必要时在全州宣布戒严的权力授给您，使您能在紧急情况下采取此项措施。议会现已尽其职责，其余的事如何着手，欧洲、美洲及本州均瞩目于您。授予的权力，由您裁夺，并无限度，可以解释为维持治安所需要的一切手段。使用此项权力时，如不注意分寸，则须对后果负责。您现和会议一起掌握最高决定权；我们的盟国和我国人民都对您寄以厚望；您拥有本州充分行使权力的各种手段；一方面有强大的政党会利用一切机会使您有所偏颇，另一方面，民众中的懒散与贪婪又将对每一项损及他们眼前利益与舒适的措施产生抵触；凡此一切使您处于极为重要而又极为棘手的地位。在此情况下，无论偏向何方，似乎都存在危险；有待于选择的是，危险最少而对公众为利最大的一方。我的意见是一清二楚的：为应付紧急情况行使赋予的权力时，必须大胆泼辣。

总的来讲，要使人民的信心经久不衰，最好的办法是促进他们的真正利益。我一向奉此为准绳。当情况特殊紧急时，尤应遵行这一指针。当一伟大事业胜利在望、人心奋发图强并准备牺牲个人安逸与财产之际，如接受委托的当事者不号召他们作出牺牲，以致事业失败，此时如再责备人民未踊跃输将，为事业出力，他们必将大失所望，愤懑难平。因为当事者业已受托，享有全权，而因循坐误未能为他们的利益与荣誉有所作为，对当事者岂能没有怨言。掌握大权的人如不能在必要时用权，很少不招致自身的覆败。就您而言，立法机构与人民将乐于开脱自己而诿过于您。您将受到各方面的攻击，而您的敌人则将笑逐颜开。

政府中反对您的政党正在尽一切努力。据说为供应军队而设立的银行主要是由该党主持。毫无疑问，这将为他们赢得人民的好评。除非您运用您的影响与权力有所作为，而且这些作为与您的地位相称，别无良法可以与之抗衡。亲爱的先生，坦白地说，至此以前我并不认为您的设施尽如人意。宾夕法尼亚居举足轻重的地位，如不能充分发挥其作用，则我们必败无疑，或者将我们的目标局限于防御。我曾就充实您州部队问题与几位先生谈过，他们似乎认为在这一方面您所能做的不可能超过议会原有的措施。我的看法则全然不同。依我看来，戒严法的颁布意味着您有权征召任何一部分公民，以您认为适当的任何方式从事军役。而且我相信此项命令会得到贯彻。

忝在友好，畅抒鄙见，盼能视信中所说为出自肺腑之言。我的看法不论有无根据，既出于善意，想蒙体察，不以为唐突。请代为问候里德夫人。您们对内子的种种关怀照顾，谨申谢忱。蒙以我的名字命名令郎，尤以为荣，并此致谢。

一一五、谈州际猜忌情绪的滋长

致菲尔丁·刘易斯[64]

1780 年 7 月 6 日于泽西州伯根县

上月 7 日至 23 日，敌军从伊丽沙白城调动及这段时间内在该地设防情况，你均可在公报中见到，无须详谈。自战争开始以来，一项致命的政策支配着我们各项措施，虽教训惨痛，终不能改。此次我军士气低落，无法有效地阻击敌军的进攻，不能将敌军赶出国境，反而被迫将给养从此地转至另一地方，以避其锋，也是此项政策造成的，说来令人痛心。我们的孱弱使我们不断蒙受耻辱。他们本可取得更大的战果，未此之图，实难理解。我们的士兵由于服役满期，斗志已懈，加上有时一连五六天无肉可食，或者无面包可吃，有时则一连两三天二者全无。被服亦同样缺乏，许多士兵竟至衣不遮体。虽严冬已到，部队中仍有四分之一缺乏军毯。此种艰难情况四百英里以外的人必难以相信。在此情况下要支撑危局，以防止灾难性的后果，任务之艰巨，不难想象。

如果要问事态何以至于此极，答案是清楚的。可以归因于缺乏一种制度，也可说是远见——（对某些人来说，即使现在并非如此）对常备军（在我们的情况下）心怀猜忌。这就是说，当人民热情洋溢、爱国情绪高涨、愿意无偿或以微薄的薪饷从事军役之时，我们却忽略了为战争获得兵员。结果是延长了战争；多花了数以亿万计的本可节省的金钱，它可以用于每年一次或两次征召和训练一支新军队；由于这种原因，我们难以建功。因为我们缺乏建功的基础，每日都有士兵借口服役满期私自离开营地。另一点带根本性的错误，我预期将导致我们覆败的，就是大陆会议将权力分别让与各州——由于没有完成让与，现正企图通过由大陆会议向各州提出缺乏自信的建议。结果必然导致各州不去谋求一个在时间和方式上互相配合的团结一致的执行体系，而自行决定——

第一，他们是否接受

第二，他们将以何种方式执行

第三，什么时候执行

这就意味着任何措施都不会也不能贯彻执行，只会增加大量开销，并使积极主动的各州受累。总之，我们的措施不是受一个议会的影响与指导，而是受十三个议会的影响与指导，而各州议会受地方观念与地方政治的支配，不会考虑由于不遵守、拖延、割裂、修改代表全美人民智慧通过立法权力所体现的各项计划所造成的严重后果。我可以毫不怀疑地指出，而且可以明确地说，这就是我的看法——各州必须选出众望所归的全权代表参加大陆会议，并赋予该机构绝对权力，以处理与这场战争伟大目标有关的一切事务和共同关心的问题（即各州都受影响的问题，地方性的内部事务，如维持治安，管理政府仍由各州自理），否则，我们的事业是不可能成功的。很快（如果现在还没有）我们就会变成一个多头怪物，一种异质体，永远不会也不能步调一致。州际之间的竞争，现在不会为我们共同的事业带来最多的好处，只会带来最少的好处，因为竞争带来失望与拖延。各州都抱着等待的态度，想看看其他州如何办，惟恐做得太多。而且对大陆会议的要求，各州可以审议、修改甚至拒绝。然后大陆会议得花费成年累月的时间（尽可能地）调停冲突，以便在情况允许的范围内作出合乎平等原则的决议。

每届年末，各州和大陆会议总是充满希望与期待，认为冬季一到，和平即可降临。这是造成我们现在大多不幸与过去许多困难的另一原因。这种希望使他们斗志松懈而趋向苟且偷安，为每次战役开始阶段带来最不幸的后果。应该知道，我们如不能使敌人确信我们能进行战争，要想得到和平是不可能的。一个国家只有做好战争准备才能取得或保障和平，这在政治上并不是什么新的准则。

信就写到这里，因阐述这一问题需要一本书的篇幅，而且需要揭露我们许多措施的愚蠢。改正过去错误已不可能，但应从过去错误中取得教训。即使在这一方面，根据我得到的材料来看，情况正好相反。

一一六、供应短缺，兵员不足

致大陆会议议长

1780 年 8 月 20 日于奥林奇城

先生：当我们策划发动攻势时（这一攻势或许根本不会进行，或者虽进行而不会成功），我相信会议对军队目前的状态不会不加以注意，并且和我有相同的看法，认为半数士兵被遣散以前，即元月 1 日以前，必须对部队及时加以补充。剩下为数不多的部队，在前景无望好转的情况下，除爱国心外，别无其他支持，将有一切理由离弃军役。好转的希望现在已濒临幻灭，而且肯定等不到战役结束就会丧失殆尽，除非能有实际措施，足以鼓起他们的希望。这是实话，每一个曾经目睹部队艰苦的人都不得不承认。那些远离战地的人，可能另有看法；但是在现场而有不同看法，衡之以人情之常，未免不切实际。委员会诸公亲眼所见，亲耳所闻，可以为我作证；会议的睿智与公正也决不会对此掉以轻心。如果我们的事态以目前步调能长此维持，对我而言，实为奇迹。要是我们国家的趋向与资源均不容许有任何改变，那么我可以预料，不久以后我们就会陷于屈辱的境地，眼看这场在美国土地上进行的美国人民的事业要由外国军队来维持。盟邦的慷慨足以赢得我们的信任与感激，但把整个战争都让他们去打，既有损美国的荣誉，也不符共同事业的利益。

如果一开始我们就建立了一支常备军，士兵服役期限延长，能获得足够的训练，我们在 1776 年就绝对不会只剩下少数士兵退过特拉华河，为美利坚的前途提心吊胆，而这一前途确系靠英军的昏馈才得以保全的。我们也不会在第二年冬季全然听任敌军的摆布，有时竟派不出足够的士兵站岗放哨，只要敌人进攻，我们接战即溃。我们也不会在众寡悬殊的情况下有必要用新兵在布兰德温作战，接着坐视费城沦于敌手而无能为力。我们也不会以不及敌军半数的士兵困守瓦利福奇，弹尽援绝，处于既不能战又不能退的地位。我们也不会将纽约留给少得可怜的守军，并在两个州的主力已被调走的情况下，让这几州的部队去对抗劲敌。我们也不会在今春如此孱弱，为保护我们的辎重与仓储，遭到五千敌军的凌辱；而这些物资获得保全仅仅由于敌人的进军缓慢与缺乏胆量。我们也不会在战争期间总是处于劣势，只有在敌军不进攻时才感到安全。我们国家完全可以提供足够的兵力，而我们却经常因兵力不足坐失进攻的良机，看着我们的国家被蹂躏，城镇被焚烧，居民被抢劫、凌辱、杀戮，而不能给敌人以任何惩罚。

有一切理由使我相信这就是战争延长的原因。我们阻击的力量不强，显得敌人的战功赫赫。我军兵员数目的起伏不定，给敌人带来希望。每当遣散很大一部分士兵时，他们就会得意洋洋地自诩为具有绝对优势。如果我们保持一支常备军，敌人就无所指望，而且很可能早就愿意让步求和了。

如果军队的处境一如目前,必将鼓励敌人采取行动;如果有所整顿,将有相反的效果。我相信除此以外,没有更好的办法保证我们在来年冬季获得和平。那将是一个事关重大的冬季。许多条件将对谈判产生影响。一支不仅可以从事一次,而且可以从事多次战役的步兵将使敌人决心媾和,也可使我们以强硬的措辞坚持有利的条款。一支军队如在数目上微不足道,士气又不振,而且处于分崩离析的状态,那只会招引敌人延长他们的战争。还是那句老话:“做好战争准备才能确保和平”。

一一七、大陆会议必须更有效率

致大陆会议詹姆斯·杜安[65]

1780 年 10 月 4 日于塔潘总部

对于加强大陆会议权力所采取的措施,我和您一样引以为快。我深信,使该会议拥有足够权力为我们的安全所必需。缺乏这种权力,必将带来失败。对我们取得的每一次胜利,即使厄运已经好转,我在满意之余,总不免有所忧虑,唯恐此一胜利会使我们感到万事大吉。因循苟且、自我陶醉似乎已构成我国国民性格的一部分。当我们遭受挫折、但非一败涂地时,我们往往幻想已取得一次胜利。而当确有小小进展时,则往往幻想已取得决定性的胜利,并指望战争可以立即结束。不切实际的希望、权宜应变的措施,充塞着战争的全过程,这就是这次战争的历史。但愿今后不再如此!如果我们判断无误,今年冬季战场将向南推移,而且我们的处境与前此所经历的相比，将更为狼狈。假如我们不能获得海上优势，我敢肯定亨利·柯林顿爵士将派军南下扩充他们的占领地。我们只是准备抵抗他们的进攻，是远远不能使我满意的。

一一八、致函问候

致驻法国宫廷全权公使本杰明·富兰克林

1780 年 10 月 11 日于泽西州伯根县

亲爱的先生：来函已由我们的青年朋友、蔼然可亲的拉法叶特侯爵带到，获悉一切，至以为感。侯爵在法国时为我国所作的一切努力，进一步证明他对我们这场伟大事业的激情，也使我们加深了对他的敬爱。他热切地期待着参加一次决定性的战役，并满怀希望赢得新的桂冠；但均不能如愿以偿，大失所望。由于我们已沦于不能有所行动的地步，既与当前事态的要求不符，也与他热情奔放的气质不合。

承蒙关注，极以为感。辱承推重，更以为幸。但愿能有机会略申思慕之忱。您建议战争以后同作一次旅行，具见盛情。惟习惯家居，积渐难改。除非出于公职需要必须放弃个人爱好，否则，实不愿推迟退休计划，以作欧洲之行。

一一九、谈阿诺德的阴谋[66]

致约翰·劳伦斯中校

1780 年 10 月 13 日于帕塞伊克瀑布总部

亲爱的劳伦斯：从战争开始以来，阿诺德的叛卖未能得逞，使西点要塞获救一事，为上帝福佑我国最为明显的例证。他是否打算在该地加害于我，尚无确切证据可以肯定。我倾向于认为他的阴谋有更重要的目标，如果因小可以失大，他决不会企图一举两得而甘冒不能达到他的主要目标的危险。由于某种特殊情况，加上一位才能出众的人莫名其妙的一时糊涂以及三位民兵的美德，所有这些原因凑在一起，使得这位英军的副官长(连同阿诺德叛国的充分证据)落入我手。要不是詹姆森中校出奇的愚蠢或昏聩，在惊魂未定之际不知所措，我当已擒获阿诺德。安德烈现已一命呜呼，其毅然就死，颇有完人与勇士的气概。惟如认为"阿诺德现正遭受精神地狱的折磨"，则未免错误。阿诺德没有感情。据我近来所知，从他某些特性来看，他可谓积恶成性，寡廉鲜耻，只要他一息尚存，即将为达到其肮脏目的而努力，不会有时间进行忏悔。

一二〇、处于危机的事态[67]

致乔治·梅森

1780年10月22日于帕塞伊克瀑布总部

亲爱的先生：因会议决议对盖茨将军的行为进行调查，并命令我指派一位军官在调查期间代行他的职务，我已选定格林将军，并由他亲自送达此函。

由于格林将军能将我们目前的困境与将来的展望向您作详尽的汇报，我将止于对此间情况作一综述。前者事大而且错综复杂，欲详加描述，实非我力所能及。至于后者，除非我们的军事与政府政策有重大改变，要作长期奋斗也是白费气力。

我们资金匮乏，而且此种情况持续已久。除了强力征取以外，人畜给养均无，被服也供应不足。短期间内兵员亦将缺乏。总之，我们一直是勉强维持，眼看即将难以为继。不切实际的希望与权宜应变的措施充塞着战争的全过程，可以说这就是这次战争的历史。我们没有通过这场战争建立一套制度与管理办法。

如果我们真要战斗下去（人们也希望我们不要放弃我们的主张），我们必须按照一个全新的计划行事。我们必须有一支常备军，而不是一支动摇不定的军队。用这种军队作为基础，正如一座雕像用冰作底座一样，一遇夏日，即行瓦解。而所费不赀，任何财源也难以应付。同时，我们还必须想方设法以贷款形式资助得克萨斯，并将我们的财政置于比现在更为扎实而稳定的基础上。我们的政府必须同样进行改革。作为联邦的首脑机构，大陆会议应拥有足够的权力以适应战争的需要。这些问题如得不到解决，我们的努力均属徒劳。结果只会增大开支，加重困难，使人民不满，而无望达到我们的目标。此信写于匆忙之中，未经仔细推敲，亦无层次，未能畅抒所见，又无时间重写。虽然草率，区区愚忱，想蒙亮察。

一二一、谈美利坚目前事态[68、69]

致约翰·劳伦斯中校

1781 年 1 月 15 日于新温泽

亲爱的先生：按照你的要求，现将美国目前形势会议的结果相告。你此行使命的目的，我对你的完全信任以及形势的紧迫，都要求我直截了当地提出我的看法。在我看来，下列各点已经明确：

一、鉴于这几州人口的分散、集中物力的困难以及部分居民的组成成分与气质；鉴于国家缺乏足够财富作为税收的基础以及商务的濒临完全停顿；鉴于继续进行战争所必须付出的努力已超出这个国家的自然能力，并日益形成危机；及时而有效的外援，对我们的安全是必不可少的。

二、由于革命带来的混乱，由于我们要建立政府与各式各样的军政机构，由于国家初建对必要事务缺乏经验，使我们在财政管理上犯过一些错误。但这只是造成我们目前困难的部分原因。主要原因仍为方法上存在根本缺憾和前面谈到的财力不足。继续此种办法，单纯依靠国内的努力，要想摆脱困境、恢复政府信誉、为支援战争提供必要军费，已不可能。

三、经验已经证明，没有用于偿还的基金，要期望长期维持纸币信用是不实际的。我们通货的贬值，基本上就是缺乏这种基金的必然结果。由于同样原因，我们不可能恢复通货的信用。除此以外，人民对目前事态普遍地缺乏信心，也是难以克服的障碍。

四、由于缺钱，用估算一定面积的田间产品作为军需的做法，迄今为止是行之无效的，还经常使军队陷于严重的困难。其独出心裁与一反常例，则被人民视为苛重难忍，并已激起强烈的不满。在某些地方已有触目惊心的反抗迹象。此外，这种方式有许多特殊的不便之处，难以满足我们的需要。除作为辅助手段外，别无可取。

五、按最高数估计，这些州每年所能负担得起的税收不足以支付每年的战费，需要发行大量公债来弥补。国内提供借款的能力是微不足道的。因为，恰当地说，国内就没有几个富人，而这几个富人能在其他方面投资而获得更多利润。加上币值不稳与基金不足，这就使政府举债更为困难。

六、由于接踵而来的种种苦难，军队的耐心现在几乎消耗殆尽。他们的不满情绪也已达到顶点。此种情况近来已导致令人不安的后果。我们必须刻不容缓地减轻他们的苦难，但又为财力所限，难以着手。他们由于缺乏被服、给养和薪饷而遭受的苦难，你是了若指掌的。

七、由于人民对支援战争的方式感到不满，有理由担心执行该项办法时所引起的恶感可能削弱战争开始时的那种热情。并不是由于眼前的受苦，而是出于对将来的忧虑。害怕因丧失自由，将来要受宰割。一个经商为本、喜好自由的民族，从不习于沉重的赋税，当被迫缴纳一种不得人心的新税时，可能不会认为这是时势所必需而加以谅解。很可能认为我们是以暴易暴。这种危险性确实是存在的。

八、综上各种考虑：第一，当务之急是立即争取为数可观且可奏效的财政援助。其数目之大足以作为财政上具体安排的基础，能恢复政府信誉，并为将来的经营增添活力。第二，在本大陆的所有盟邦军队在下次战役中进行一次决战，以一劳永逸地实现联盟的目标——这些州的独立与自由——这是极为重要的。第一点如果办不到，下次战役中我们只能作出微弱的最后努力，我们的抵抗很可能就此告终。第一点如果能办到，我们即可与敌人周旋到底，无论他们想打多久。第一点是第二点的基础。二者结合起来就能使战争胜利结束。我们对盟邦的宽宏慷慨所已负的义务会因此而加深;以感恩、激情和互利为纽带的联盟也会更加牢固。只有这种纽带才可使联盟坚如磐石,不可动摇。

九、在我国海岸经常保持海军优势为仅次于借款的至关重大的问题。这将立即迫使敌人困处守势,粉碎他们扩大占领区的希望,使他们无意继续战争。事实上,如果我们控制了领海,切断了通往欧洲的固定供应线,很难想象他们还能在这个国家维持一支强大的军队。这种优势(加上财政支援)可使我们转守为攻,夺取胜利。对于我们两国间的贸易会更有利,对我们的供应也会更为便利,这是毋庸赘言的。把海战转移至美洲,就我们而言,固然是两个决定因素之一,可直接受益,对我们的盟国,看来也是有利的。为数众多的港口对他们友好而敌视英国,破损的船只有材料修复,船队可获得充足的补给,在这里的海战中,这些都是可为他们提供的明显有利的条件。

十、派遣更多的兵员很有必要。除援军数目的考虑以外,还考虑到法军的素质精良。已派来的各军团,以其严明的纪律与良好的秩序已理所当然地赢得了人民对盟国的尊敬与信任。各级军官的和衷共济、尽忠职守已成为我们团结无间的标志。这些考虑说明增派援军的巨大作用。本此意图,兹附上我与德·罗香波伯爵及德·泰尔内骑士的会议记录一份。我们认为为下次战役,扩充至一万五千人是得计的。我并获知他们将就此向法国宫廷提出请求。假如因派遣为数如此众多的援兵需减少经援,我们认为减少援兵而将省下来的钱——运输、维持这样一支军队及其装备的钱,拨给我们更为可取。这笔钱在我们手中将可用以激励我们部队中为数更多的士兵,对整个政府也将产生影响。

十一、任何国家都不会超过其偿还能力举借比这更多的债务。我们目前的债务为数不多。大片有价值的土地尚无人定居；气候多样，土壤肥沃；我们还具备各种有利条件发展商业。凡此一切都能保证我国可迅速增加人口，繁荣发展。一旦获得独立，一定能在短期内归还相对而言为数不多的债务。

尽管困难重重，举步维艰，人民普遍感到焦虑，但是，如果我们能通过改革现行制度，采取另一种符合立国精神的办法，在公共事务中能有更多的活力与朝气，以制止不满情绪的滋长，这个国家仍蕴藏着精神与物质的潜能，足可继续作巨大的努力。惟此种改革必须有大量经援作为基础。人民所不满意的并非战争本身，而是那种软弱无力及暴戾滋肆的进行战争的方式。他们并非不愿对战争有所贡献，而是不愿以危及私人财产的方式支援战争。国家货币贬值，政府无力履行常常是被迫而作的保证，必然招致此种结果。但大多数人仍然心向独立，不愿与大不列颠重新修好，热衷于与法国结盟。惟此种倾向不能代替战争中惯常需要的财力。而且，由于缺乏财力，出现惶惑、压迫与不幸时，也难望持久。

一二二、复函致谢

致萨拉·贝奇夫人[70]

1781年1月15日于新温泽

亲爱的夫人：11月26日来函奉悉。本应即时函复，因须全力处理一项异乎寻常的事（新近发生，性质丑恶，未便详述），以致迟延。当此危急存亡之秋，你和其他夫人们为部队提供如此美观而有用的赠物，请你相信，这种爱国热诚是不会为人轻易忘却的。想到此项赠品为你们亲手制作时，其价值更大为增加。

部队虽历经艰险，备受折磨，不论原因如何，对于善良公正的爱国女同胞们从无责难之词。说她们未竭尽全力支援我们从事的事业并鼓励那些在战场上保卫她们的人，对她们来说，这应可视为一种安慰。部队是知道感恩的，也知道向谁感恩。

虽然你父亲和我的友谊可能使他在观察问题时有所偏好，但他对我的溢美之词仍使我感到高兴。能获得一位才智出众、品行高尚的伟大人物的赞许，对于一位开明人士，实为人生非常满意之事。华盛顿夫人嘱我代向贝奇先生和夫人问好，并请接受我对你们的问候。

一二三、对一位青年议员的忠告

致约翰·帕克·卡斯蒂斯

1781 年 1 月 28 日于新温泽

亲爱的卡斯蒂斯：上月来函收到，现匆忙作复，将只谈一两个我感兴趣的问题。像你这样一位年轻的议员，对政治一道尚未精通，而议会人数众多，且系各方面才智之士及持各种不同政见的人所组成，很难设想你能有很大影响。但按时参加会议（这是人们的信托，要求你必须尽到的职责），平心静气、沉着冷静地听取并决定重大问题，这是你力所能及的。如果由于某些问题的决定与自己的观点不合，就表示憎恶，就退出会场或不参加讨论，怀疑他们自成党派并敌视我们的事业与人民的真正利益，这样做是错误的。

此类情事是由于观点不同而造成的。假如情况并非如此，怀疑确有根据，就应当坚定不移地加以抵制，这是每一个爱国者义不容辞的责任。据说你和某些人因对弗吉尼亚议会的活动感到不满，认为你们出席毫无裨益（因为你和少数人认为与国家利益相违背的措施总为大多数所支持），对议会漠不关心，我的忠告是为此而发的。

难道这还不足以表明有绝对必要由各州选派最能干的人，即完全了解国家宪法、政策与利益的人，参加大陆会议，并将足够的权力赋予这个会议？我们能否获得独立取决于此；我们在欧洲能否为人所尊重而且有所影响，取决于此；我们今后能否成为强国也取决于此。出于前曾述及的动机，害怕将足够权力赋予大陆会议，实属不智。大陆会议缺乏足够权力，我们就不能获得独立；根据现行宪法，各州议会即将冰消瓦解，我们将再一次回到大英帝国的统治之下，去负荆请罪，接受惩罚。目前的大陆会议是有名无实的首脑机构，这种情况不容继续下去。在听取各州意见与旨趣之后，经过各州代表的适当讨论与说明，大陆会议必须下达命令，而不仅仅是提出建议，然后听任各州各行其是。根据我的观察，在许多情况下，这种建议的做法完全无济于事。

我动笔写信时，原拟不超过一页，未料到会不由自己，难以止笔。假如你在家，替我向内利和孩子们问好，如你现在里奇蒙，请向询及我的朋友们致意。

附及，此间消息均可在公报上见到——我们现正焦急地注视着南方的局势。

一二四、谈给自己母亲养老金的建议

致本杰明·哈里森

1781年3月21日于新温泽

亲爱的先生：昨夜归来，见到您2月25日来函。信中所谈之事，甚为有趣，谨此志谢。至于给我母亲养老金一事则颇感惊讶。

关于我母的不幸处境，如情况确系如此，我实在一无所知。我离开弗吉尼亚前一两年（为使她晚年生活舒适，无忧无虑），按她的要求，由我出钱在弗雷德里克斯伯格替她买下一栋宽敞的房子，还有花园和田地（由她自己选择），以便靠近她唯一的女儿，我的姐姐刘易斯。并且还同意把她的田地和黑人折算成年租，年租数额由刘易斯上校和（她指定的）其他人一起确定，由我付给。这些年来一直如此，但她的产业的出息从未超过我所付租金的一半。我离开弗吉尼亚以前，只要她需要钱用，我总是有求必应。我离开以后就嘱咐管家同样处理。究竟她为何感到拮据，我毫无所知。我从未听到她抱怨照顾不周或受到冷遇。据我所知，我的管家曾无力付税，而使我不得不为此目的而出卖黑奴——我们的税收在当今世界上（据说）是最不平等的，同样价值的东西，有的人得多付四倍，甚至十倍的税金——这是题外话，但我不得不在此一提。假定我未尽为子之道，这可以开脱我的罪责。不过，如果她真有困难，我相信她的儿子是不会不拿出最后的六便士分给她的，我还一再向她作出这样的保证。在我们有能力赡养母亲时，却让她领养老金度日，我敢肯定，我们当中无论是谁都会感到难过。但是，事实上她自己确实已有充裕的收入。

您第一次提及此事的信未及时收到，甚以为憾，假如你们议会尚在酝酿此事，请即停止讨论；如果已经决定给予，请按我的请求立即取消，并作罢论。

一二五、谈信赖天意

致阿姆斯特朗少将

1781年3月26日于新温泽

亲爱的先生：除非为了从过去的错误中吸取有用的教训，并从来之不易的经验中获得益处，我们就不应向后看。抨击已经过去而且无可挽回之事，徒增不快。但绕过曾经出事的浅滩与暗礁倒是政治家及一般人在驾驶小舟通过生活的迷津与弥漫的大海以达到彼岸时所不可或缺的智慧。

我们的事态已面临深刻的危机。我相信上天会伸出更为明显的援救之手。在那极端艰难与黑暗的时刻，上天福佑我国，昭昭甚明。此种事实不容我对这场战争的胜利结局有任何怀疑。惟完成之期似乎遥远，年迈如我，固无日无时（闲空时）不渴望告退。在我看来，天伦团聚与农家之乐，远远胜于世俗荣华。

一二六、复函责备

致伦德·华盛顿（芒特弗农）

1781年4月30日于新温泽

亲爱的伦德：得知你蒙受损失，甚感惋惜。对于我自己的损失虽不无惋惜，但最使我不安的是你居然登上敌船，以点心资敌。如传来消息所说，你拒绝了他们的要求，以致房屋被焚、农庄被毁，我的难过还会减轻一些。你应当把自己视为我的代表，而不应当想到与敌人来往，树立不好的榜样，更不应当为了防止敌人纵火而主动向他们提供点心。

我承认你无力阻止敌人派遣旗舰靠岸。你前往会见并非错误。但在他们提出要求时，你应明确宣称不是你所能接受的。如果他们接着以武力相威胁，你只得屈服(因为你处于无以自卫的情况)。这比微弱的抵抗为佳，那只能使敌人焚毁破坏找到借口。

我完全相信你是出自一片好心，主要目的是想保护我的产业，使房屋免遭焚毁。但登上他们的船只，送给他们点心，和一伙打家劫舍的歹徒商谈，并乞求他们施惠放回我的黑奴，这是极为不智之举。其不幸后果，殊可担忧。因此例一开，别人即可效尤，且恐成为众矢之的。

我毫不怀疑敌人意图在于推行业已开始的劫掠计划。除非出现占优势的海军加以制止，我肯定他们会夺走我的全部黑奴，焚毁我的房屋。我已作好最坏的准备，但希望你能将价值最大而体积较小的寄存于远离水道的安全地带。这不失为一种对策，也是谨慎之道。那些现在必需而且经常有用的东西为数还不少，必须设法保全度过今夏严峻的考验。

华盛顿夫人和我一起向你、你的妻子和米利·波西致以最亲切的问候。我不知他们给你剩下多少黑奴。如前所述，我也不知他们将给我留下多少。但我可以肯定，我一定尽力之所及使你不虞匮乏。

一二七、虽然困难，但有希望

致约翰·马修斯

1781年6月7日于新温泽

亲爱的先生：来信畅所欲言，深感高兴。你对我们事态所描述的图景与实际情况完全相符。你认为我已在精神上对可能出现的最不幸的情况筑好工事或做好准备，也完全正确。害怕使人难过，因而隐瞒事实，决非尽朋友之谊。尤其是对我，即使有困难的重压，也决不后退，了解这些情况，至关重要。但我们决不能失望，我们仍掌握全局的支配权。只要我们全力以赴，从过去的错误中吸取教训，将来情况即可好转。我们的上空可能还有乌云，个别人可能被消灭，但全国或全州作为一个整体是不会被消灭的。经过暂时困难以后，我深信我们有力量把战争带向令人满意的结局。

一二八、去函致贺[71]

致格林少将

1781年10月6日

亲爱的先生：我终于能为你取得辉煌胜利向你致贺，不胜欣慰。我希望这次胜利将具有重大意义。如果不是命运之神终于屈服于你这样一位坚定不移的追求者，胜负之局实难预卜。现在命运之神已为你所有，我希望她能改换其杨花水性，而变为坚定不移。

来信谈及你、侯爵和我之间，相知以心，和好无间所产生的良好作用，闻悉之余，实感无比喜悦。我希望此种关系将永远保持，不会中断。我们既出自同一纯洁的动机，对国家的热爱，对事业的忠心，我敢肯定不会中断。军中我有幸与之共事的人，仅有少数与我有所分歧。与谁有分歧，属于何性质的分歧，你是知道的。为了和平与公益，我曾竭力忍受。扪心自问，在这些问题上我并无过错；一旦真相大白，世人皆知，我相信会宣告我无罪。

一二九、谈康沃利斯的投降

致国会议长

1781 年 10 月 19 日于纽约总部

先生：康沃利斯爵士所统率的英军投降手续，现已顺利完成，特此向国会报告。此次战役中联军官兵的英勇顽强，为促成这一重大胜利的主要原因。即使我最乐观的估计，也未料到胜利会出现得如此之早。

战役开始时，全军充满你追我赶、力争胜利的激情，使我不胜快慰，深感满意，也使我对行将取得的成功怀有充分的把握。

本月 17 日，康沃利斯爵士来信，提议派遣使节商谈约克及格洛斯特两阵地的投降条件。第一封信（我们之间交换的）以后即建立联系，兹附上这封信的副本。最后谈妥投降条件，于 19 日由双方同意并签字。兹将副本一并奉上，希望国会予以批准。

在此信中，我必须深怀感激之情提及德·罗香波伯爵及其统率下各级军官在此次战役中对我的大力协助，以表示我对他们的深切谢意。盟军的确是英勇无比，美军军官也勇往直前，不甘后人。

两军的工兵与炮兵，由于兵种的性质，必须担负非同一般的任务，经受巨大的劳瘁。为此，我应特别感谢这些部队的指挥与军官。

我希望我能用言词向国会表达出我对德·格拉塞伯爵和他所辖舰队的各位军官的感激之情。他们出色地协助和支援了我们。他们和陆军之间存在着和衷共济、毫无隔阂的关系。他们已尽一切可能为我们提供了最亲密无间的合作。

一三〇、谈海军优势[72]

致拉法叶特侯爵

1781年12月15日于芒特弗农

亲爱的侯爵：由于我对您的友谊和爱重，我不能让您在离开我国以前不带走我对您友情的新的印记，以及最近一次战役中我对您的军功和其他业绩的高度评价。虽然后者已尽人皆知，无须我多加赞誉；前者我敢肯定您也会相信是牢固不变的。

由于您表示想在返法以前知道我对下次战役作战方案的想法，我愿简单扼要地用一句话回答，美利坚的优势和这些州盟军的荣誉有绝对必要依靠在此间海上作业的海军。除非有海上优势的配合，地面部队不仅起不了决定作用，还可能居于劣势。英军过去之所以得心应手地转换阵地，是由于大陆两端均可取得优势，而最近一次的遭受严重损失则由于失去海上优势。回顾这一事实，即可证明我的观点。德·格拉塞伯爵如果能够等待，掩护以后进行的南下战役，我们今年还可获得更大战果。只要他的合作延长两个月，即可全部歼灭卡罗来纳和佐治亚的英军。无论过去和现在，我们认为这是毫无疑问的。

由此可见，没有一支起决定作用的海军，就不能取得关键性的战果，而有一支这样的海军就可赢得辉煌的胜利。如果经常保持海军优势，将迅速结束战争；而缺乏此种优势，则难以肯定能否光荣地结束。如果海军早日出现，则整个战役的主动权操在我手。本州以北各州，6 月至 9 月适于海战，其余各个月份则适于以南各州。在这段时间内，以此种方式可以指望取得甚多，甚至一切。

您启程时，万一我不能亲自送行，请允许我在此祝您旅途顺利。祝您获得国王的恩遇，您的功绩能膺懋赏。祝您和夫人及朋友快乐地团聚。还要祝您明春平安归来。

一三一、感谢祝贺

致国会议长

1781 年 12 月 15 日于芒特弗农

先生：上月 31 日来函及附件均已收到。获悉国会已于 29 日通过决议并发布公告，要进行一天的公开祈祷与感恩。对于国会这种隆重与热情的表示，谨向您致以最诚挚的谢意。联军在约克与格罗斯特对敌作战的胜利，因其影响合众国的幸福与独立，在我眼中是最幸运的事件。在执行任务直至取得成功的过程中，我认为我自己所做的仅仅是尽到我的职责，并为此而感到幸福。同时，由于这一胜利是我们事业的吉兆，我特别要感谢上天的福佑。在为此次战役做好准备的各项工作中，上天的援手是极为明显与奇妙的。

一三二、一封谈生意的信

致本杰明·杜拉尼

1781 年 12 月 17 日于芒特弗农

先生：从伦德·华盛顿处获悉原属曼利先生的地产又将出卖，并悉你和我可能是购买该项产业的竞争者。曼利先生生前我就和他本人谈过购买该地的事，他死后又曾与其遗嘱执行人谈过，此事你不可能一无所知。如果该地公开出售，我将参加投标，这也是事实，但我将按实际价值出价而不会超过。由于各人看法不同，估价的方式不同，对同样东西出价不同，你也可能成为该地的买主。就我而言，我过去就愿意、现在仍然愿意付出实足的代价购买该地。我不反对由审慎选定的三位精明正直的人确定价格。我愿按他们的估算照付地价。

我写此信的目的是在上述前提下向你提出一项建议，并向你解释我的动机。如蒙同意，则可顺利解决困难并对有关各方都方便有利。我的建议是：如曼利先生的地产出售，我除了购买他的土地外，同时购买这片狭地上你所有的那块土地的未来所有权。弗伦奇夫人这块土地的情况你无疑是熟悉的。因我对该地了若指掌，我有充分理由断言，从今天算起，不用十年，这一农庄即将无法自给；如不依靠我的林地就难以维持。

如问理由何在，我的回答是：就农庄本身而论，大部分既老且旧，现有栅栏已不能持久，而且目前该农庄的围栏有一半有赖于我。我当然不会不顾邻居情谊，拒绝弗伦奇夫人和你使用我的栅栏。但继我者未必能同样办理。林地可供砍伐的薪材与木材与开垦的土地不成比例。如前所述，再过几年就不能满足农庄的需要。如果由我提供的所有栅栏要加以更换（这是土地易主时常有的事），尤将加速木料的消耗。依靠别人提供栅栏，没有稳固的使用权，如此种地，风险太大，随时有可能使庄稼受到糟蹋。

这都是无可争辩的事实，理由也是难以否定的。我说这些是要证明：第一，我有意购买你这块土地的未来所有权，同时我也知道该出什么价钱。第二，（如果你不能买到我的某些林地），你迟早必须把你的土地卖给占有林地的人。当必要性愈益显著，地力愈加枯竭时，出卖条件也将愈加不利，这是显而易见的常识。

在这些不利条件下，我为何甘愿做这块土地的买主？回答是简单明了的，而且我要如实地告诉你。除了由于我有林地外，还由于我希望拥有这片狭地的所有土地。我并非希望立即占有，而是希望有未来所有权。这样，我就可以不失时机地用深沟把整个狭地围起来，并换上坚牢的栅栏。期望占有整个狭地，这就是我的动机。既不是因为我缺乏土地（我现有土地已感人手不足），也不是因为这块地的真正价值，促使我采取此项措施。由于自然规律，自知来日不多，深愿在有生之年将此事办妥。我将本此原则，按其实际价值购买曼利先生所有土地。如来日方长，且愿从事政治，我将乐于看到该地为你所有，而不参加投标。你自己既缺乏栅栏，他的土地也是如此；自己又无林地，而现在少数木桩将远不敷用，不用多久就会出现我预言的后果。

我已将该地的情况与我买地的动机坦然相告，现在再次重复，我愿意购买曼利先生的土地，价格可由审慎选定的三位能干、正直的人确定。如果你的土地愿意出卖，我也愿意按此办理。或者由你自己（按土地质量与条件）定出价格，我将照付，而不讨价还价。弗伦奇太太如果为了生活要留一部分，则可由通晓事理、熟悉业务的人确定。

提出以上建议是出自善意，出价也慷慨。所以，我不拟向你表示歉意。我的建议是经得起核实的，希望听到有关各方（杜拉尼夫人、弗伦奇太太及曼利先生的遗嘱执行人特里普赖特先生）的意见。假如此建议不错，当可获得同意；假如不是这样，就是我观察问题的方法有误。

由于我提出建议时已如实地以动机相告，出价也慷慨，我相信你难免会以为我将愿出更高价格以便买到这块土地。我愿坦率相告，这决非我的意图。我愿按实际价值购买，但不愿超过此数。迄今为止，我对此事的做法想必能说明我的本意。但是，也许足以说服巴里先生（或毋宁说雷恩先生，他的谋士）。他就是等待高价，不愿按我出的价格出售其土地。此种片面的想法实属不智。万一我拒绝按所出价格购买，他将后悔莫及。

一三三、谈弗蒙特事件[73]

致托马斯·奇坦登（弗蒙特）

1782 年 1 月 1 日于费城

先生：讨论原名新罕布什尔授地、现名弗蒙特这个地区大量居民的权力来源，不是我分内之事，而且无必要。我认为他们的权力当然是有效的。因为8月7日国会的决议就含有此意，21日的决议又充分肯定，但限于在划定的新州疆域之内。因此，就我看来，唯一存在的问题似为边界争执。如果这一问题获得解决，其他问题均可迎刃而解，对各方来说，事情即算圆满了结。

先生，你必须考虑目下争执的焦点对我国将来的团结与安定具有重大政治意义。弗蒙特州如获得承认，即成为加入邦联的第一个新州。如果允许它侵占邻州早已确定的边界，则将开创一种先例。其他州可以据此先例发起或提出同样不合理的要求。所以，我个人看来，结成邦联各州的代表应该充分公正地对待为数可观的一个地区的人民和他们加入邦联时提出要求的权利；与此同时，也应照顾他们自己选民的利益。我倾向于认为，这就是邦联国会普遍的意见，而你们最近要求扩展，按我上述原则，不是增加而是减少了你们的朋友。因为，如果坚持这一要求，势将引起公愤，大家认为这种要求不仅影响立即失去土地的这几州的权利，而且还是性质严重、大家均不可掉以轻心的问题。

就我展望所及，最可怕的不幸莫过于邦联国会必须使用强制手段，结果是一切努力竟被用于防止执行一种如此不如人意的措施。这就必然使众怒所向的那个州遭殃。

一三四、谈调停与统一行动

致斯凯勒少将

1782年2月6日于费城

亲爱的先生：一般而论，在我们内部必须保持高度一致，以便在对敌斗争中采取明快有效的集体行动，这是我一向的想法，众所周知，毋庸赘述。我热望合众国各地居民之间，不论基于何种原因的猜忌与分歧，如形成争端，最好本着和衷共济的精神进行调整以解决纷争。这一希望我也在许多场合反复强调过。我也认为温和的措施（只要恰如其分）比激烈的措施更容易取得令人满意的效果。如果我在最近一项通知中提出的公开的忠告，或我在各种场合所表示的私人意见有任何效益，我相信对一切其他问题的考虑将可置之不顾，而服从于整体的利益。惟就我而言，此类问题亦感棘手，以军人身份行事，除非直接关系军事，未便干涉国家的行政与立法。如果我随便插手，甚至规定一项调停的方式（无论本意如何良善），就是违背上述准则。尤其是一项问题正由国会讨论时，更不应插手。一切行动均按国会的指示，既是我的习惯，也是我的责任。

一三五、号召采取有力行动

致詹姆斯·麦克亨利[74]

1782 年 3 月 12 日于费城

亲爱的先生：1 月 20 日来函已由一位彬彬有礼的人安全带达。诚如来函所述，此信的价值由此而倍增。良好的法律、充实的财源与足够的权力，可使你的行政长官从设立之日起即为公众造福。从你们人民的精神状态来看，我希望这些条件会得到满足。如果缺乏这些条件，任命的长官即形同虚设。据我观察所及，从战争开始以来，任何时期的有力措施与健全的政策都不比今日更为和谐一致。英国国王的讲话与上下两院议员的讲话，明确无误地证明他们希望进行对美战争，也证明他们对战争的后果感到恐惧。因此，我对此事的意见是：大臣将为现正进行的战争获取支援，为下次战役积极地做好准备，然后视情况与事态的发展进行战争或谈判和平。我认为各州的任何松懈与怠惰是对敌人最大的帮助。关于演词的辩论即可证明我所说的都是实情。因根据他们的解释，此项辩论意在回答大臣们可能考虑的目标。如让敌人因我们的愚蠢或怠惰得以重整旗鼓，岂非鬼迷心窍？假如由于因指盼虚假的和平，对战争措施三心二意，致使战局拖延，不能早日结束，则人命的损失、财力的消耗难道不应由我们负责吗？是的，我们确应负责。可惜我们的努力并非每时每刻都和我们的愿望一致。各州都急于看到战争的结束，但在要求采取措施以达到这一目的时，却踟蹰不前，或全不执行，或敷衍塞责。要人要钱时，情况往往如此，这是我所引以为虑的。

一三六、不诚实的代理人[75]

致约翰·P. 波西

1782年8月7日于纽堡总部

先生：当我闻悉你如何对待已故卡斯蒂斯先生，并且滥用职权擅自处理他托付给你的产业时，不胜惊异，甚至感到可怕，同时也不能不引起我的关心。我深信卡斯蒂斯先生是出于对你的信任及对你个人的照顾才将产业委托你管理的。

我所听到的如果真实，或者只有一半是真实的，则不仅说明你已完全失去道德、荣誉以及普通人所应有的诚实的观念，而且说明你一定是利欲熏心，以致做出如此缺德的蠢事，使你自己成为众矢之的。先生，难道你认为一位经理可以随意挥霍雇主的产业而不受惩处？难道你认为在自由国家没有此项法律可以对你进行审判，或者卡斯蒂斯先生的继承人找不到朋友会为此目的而走遍天涯海角？如果你的想法果真如此，那你就是大错特错。而且，卡斯蒂斯先生作为你的朋友，对你毫无怀疑，你却利用了他对你的信任。即使你做事隐蔽，能逃法网（姑且作此假定），当你冷静考虑时，或当你所得的不义之财已不再有用之时，难道你不会因自己的忘恩负义欺骗一个把整个产业信托给你的朋友而受到良心的谴责？

当然，我决非把此事的立足点置于良心之上。当你不惜出卖别人的黑奴作为自己的报酬时，当你将他产业收益的大部或全部归入私囊时，你可能早已将良心抛至九霄云外。当人在体躯正健，且因获不义之财穷奢极侈洋洋自得之时，是不会想到良心的。一般是在迟暮之年才会想到的；但为时太晚，于人于己毫无裨益。我现所指望于你的是立即与卡斯蒂斯先生遗产的管理人算清账目，提出有效凭证，说明你受谁的委托出卖他的黑奴，这些钱用于何处；种些什么庄稼，饲养什么牲畜，如何处理等等。这样的清算，即使结果表明你确曾挪用其产业的大部或全部入息，也会比从来没有犯过错误要好一些。作为遗产管理人，丹德里奇先生将如何追究，我尚无所知（他来信从未谈过此事），但有一点是肯定的，即不论会遇到多少麻烦，花多少钱，我决心对此仔细清查并追根究底。为受害的家庭，也为你打算，希望你规矩一些，否则，你将自食其果。

一三七、谈军官的抱怨

致陆军部长

1782 年 10 月 2 日于总部

亲爱的先生：陈述我们事态的黑暗面，虽系令人痛心之事，惟揆诸现实，有时亦不可少。军官不满情绪，现已弥漫全军，我愿无所掩饰地以此相告。

他们抱怨最多且认为无可救药的大害就是缺钱与日复一日地缺乏生活资料。他们已债台高筑，失去信用，家庭（已婚者）陷于不幸，而展望前途仍只有穷困与苦难。当非军职人员（所须经受的艰苦远不如军人）按期获得报酬，却希望军人对微薄的配给欣然满意，岂非空想。人既受同样感情的支配，要同样顺其兴之所至，要军人满意是无法办到的。军人和非军人一样，有从事社交活动的喜好。他同样认为自己的生活应该与职务相称，而当受到条件的限制时，也同样会感到自尊心受到伤害。当他们（甚至将官）宴请法军同僚、来访的朋友或路过的故交时，只有发臭味的威士忌（并非常有）与一块不带蔬菜的牛肉作为招待，他们的懊恼心情，可以想见。

军官在其他方面，如停止晋升，也有所不满。他们认为应该而且可能立即解决。有些空缺虚悬已久，足有资格担任并已由各州行政长官发给委任状或证书的军官也得不到任命。尤其是服役补偿，处于模棱两可毫无着落的状态，没有肯定他们对政府的要求，或为将来的付还办法作出规定。

据我所闻所见，虽并无一人反对在形势需要时裁减军队的原则，但在目前情况下，我不得不对此种措施深感忧虑。我见到为数不少的军人，对过去的痛苦都有所抱怨，对将来的安排也有所不满，就是这样的人即将进入社会。他们会因自己的穷愁潦倒及他们所谓公众的忘恩负义而怨气冲天，牢骚满腹。他们出生入死，效命疆场，经历了难以忍受的艰苦，为国家赢得了独立和自由，自己的青春年华已成过去，有的还耗尽了祖业。就在此时，必须离开军队，而自己却负债累累，连回家路费也无着落，怎能没有怨言。我愿重复一次，在这种易于激怒的情况下，如无办法安抚他们的心情，使他们对将来充满希望，不能不担心一系列的弊病将接踵而来，且性质严重，难以收拾。另一方面，如果对军官的安顿，能像他们开始服役时那样妥当，我相信争执的焦点将不是谁应该留在部队任职，而是谁应该先退出军役。

我不愿违背实际，把情况说得一片光明，否则，我将大谈爱国主义与茹苦含辛的事迹，那在人类历史上是空前绝后的。但是，请你相信，部队的耐心现已消耗殆尽，不满情绪从来没有今天这样严重。在战场上还可能压抑，不致激成暴力行动，但进入冬季营地以后(除非风暴先已驱散)，后果如何，实感难安。现在谈和，正是时候。

一三八、劝告信

致布什罗德・华盛顿[76]

1783 年 1 月 15 日于纽堡

亲爱的布什罗德：收到此信时，你可能感到惊异，如果我写此信的目的能够达到，所花的时间就不算白费。对你的节俭，你父亲的评价似乎甚高，希望你当之无愧。他在信中也偶尔谈到给你寄款已使他感到为难。这究竟是由于他收入短少，还是由于你要求增多，我只能猜测。我希望不是后者，因为对于慎思的人来说，节俭及其他考虑应有足够分量，使他提出的要求不会难为他的父亲，也会想到他的父亲还有其他孩子需要抚养。但是，你父亲信中所谈还不足以使我得此结论。当我想到青年的经验不足、城市的罪恶引诱，以及弗吉尼亚的绅士们由于捐税繁多和市场萎缩，而造成的苦恼，上述二者可能都是原因。因此，作为一个朋友，我向你提出以下忠告。

要时刻牢记你去费城的目的。要记住你不仅是去研习法律，而且要在此项职业中出人头地，才可成名有利。学法律是你的志愿，成名是你的雄心，而行为放纵与二者均不相容。你交结的朋友中对你帮助最大的，你需要为他花费的钱将会最少。当然，我不是禁欲主义者，并不认为你必须时时刻刻都与参议员及哲学家为伍，但在年轻朋友中你必须慎重选择。交友容易，但是交友以后不论朋友如何烦人没有好处，要摆脱却很难。此类朋友常于不知不觉之中使人行为失检，进退两难，既添苦恼，又增羞辱。

对所有人都要有礼貌，但只对少数人表示亲近。而且在未经考验以前，切不可对他们推心置腹。真正的友谊是成熟缓慢的植物。必须经得起逆境的折磨，才能算真正的友谊。

对一切人的痛苦与不幸都要有同情心，并按照自己的收入情况给以帮助。要时刻记住雪中送炭的教导。但不是所有要求施舍的人都值得同情。要弄清情况。否则，值得同情的人就得不到帮助。

不要以为华丽的羽毛既可使飞禽美丽，华丽的衣着就可使人高贵。在有识之士的眼中，平凡而文雅的服装比花边与绣饰更值得称羡。

我要提及的最后一点，也是最重要的一点，就是不可赌博。赌博为万恶之源，不仅损害道德，而且危及健康。赌博产生于贪婪，其本身则产生罪恶，结果则带来种种不幸。它使许多有名声的家庭毁灭，使许多人丧失名誉，也造成许多自杀事件。一切参加赌博的人，无不为赌博神魂颠倒。赢了钱的赌徒，总是想凭借手运，有进无退，不输不止。输了钱的赌徒则只想扭转逆运，不肯罢休，结果是每况愈下，直至孤注一掷，全部输光。总之，在可耻的赌博中，可说是万人受害，无人获利。

你可能会说："我早已按照上述忠告行事"，或"上述种种都不符合我的情况"，对此，我将感到由衷的高兴。看到我的近亲立身端正，行止无邪，实为我莫大的快慰。这才是为我所喜欢的唯一正道，也只有如此，国家才会赠以荣誉，授以要职。贤德总是会得到褒奖的。

一三九、去函责备

致托马斯·兰斯代尔少将

1783 年 1 月 25 日于纽堡

先生：昨天见到你所率领的部队的军容，甚感痛心。如果你见到你们右边的团队并作一比较，想必你也会有同感。后者士兵的服装已穿了将近一年，而你们士兵的服装发下去仅有六个月。

形形色色的垃圾、脏物，到处可见。甚至在操场上，在营房的门前也难以避免见到污物。

先生，所谓好的团队与差的团队，一经检查，就可知差别的来源在于团队所属军官是负责管理，还是放任自流。好团队的军官经常关心自己的士兵，考虑他们的需要；务求所领公物用得其所，并登记在册，以备查核；团、连经常进行检查，核实武器、弹药、被服及其他必需品的情况，以防损失与贪污；对士兵的服装要求制作合身，保持整洁；营房也要求清除打扫，保持干净；垃圾及各种污物烧掉或掩埋；挖好沟道或修筑厕所，随便弄脏营地的要加以处分；食物均妥善保管、烹调得当并定时进餐。关心这些事情并忠于职守的军官，使士兵身体健康，生活舒适，产生一种军人的荣誉感，而且斗志昂扬，能完成伟大而崇高的使命。这样的团队就是值得赞扬的好的团队。敷衍塞责、漫不经心、疏忽大意，必然产生相反的结果，玷污全军的声誉。

我曾注意观察，你们军官中无一人携带短矛。有的甚至连佩剑也不带。而那些带佩剑的军官，有的还不识军规，连敬礼时要用佩剑也不知道。根据以上情况，有必要请你注意 8 月 9 日与 9 月 1 日的一般命令，并建议你们军官必须精通已经印好的《合众国军队勤务条令与守则》。对这些规定一无所知，不能也不应成为借口，而只会为自己的部队带来羞辱，并在检阅或演习时造成混乱。

由于这是我第一次见到你们携带武器，考虑到你们尚无经验，可以原谅。如再次如此，我将以申斥代替责备。但我希望下次检阅时，你们在内务和军容方面有很大的改变。

如果你们士兵的服装整洁一些，合身一些，士兵们看起来干净整齐一些，他们当中除少数例外，在行列中看起来会是不错的。

一四〇、谈自己作为战士与公民的地位[77]

致国会亚历山大·汉密尔顿

1783年3月4日于纽堡

亲爱的先生：部队曾因缺乏口粮代金而濒临政治上的瓦解，也曾因自行采集粮秣有过一两次令人不快的放肆行为，部队所暴露的这些问题是你亲眼所见，无须再加评论，即可知此项措施将带来何种不幸后果。从现在来看，它将产生内乱，结果是流血。这就是我个人的意见。情势何其不幸！但愿我们不受牵连。

就我的地位而言，既是公民，又是战士，处境狼狈，为难与棘手之处可以想见。对此问题，反复思维已有若干时日。一方面，部队官兵怨声载道，叫苦连天，另一方面，国会既无能为力，各州又迟迟不动。此皆不祥之兆，可能滋生事端。我们不仅要防止，而且要反对。如智虑明达之见能占上风，认为一旦出现和平更有理由担心出事，倾向于主持公道，对此，我仍怀有一线希望。当然，在这一点上，我可能有错，如你所听到的正在军中传播的看法，其传播范围甚为广泛。这些说法的来源不难探索。我虽无证据，必系所谓旧的酵素又在假貌为善与迹近亲昵的伪装下开始发挥作用。

不论情况如何，我将始终如一地继续坚持我一贯奉行的路线。我也完全相信，部队中通情达理的军官不会不熟知我曾多次为他们尽力的事实（虽我从未和他们谈过）。我很高兴你信中的建议与我过去数月所从事的并无两样(此种努力已将部队之事转入目前的渠道)。上述信念加上贯彻你的建议,我并不太担忧部队会超越理智与温和的界限,尽管目前普遍看法是:过去服役的补偿将随战争的结束而告终。

假如国会向各州立法机构指出这些部队要求的合理性,并说明在得不到各州协助的情况下就无法付诸实行,则军队的正当要求对合众国每一个明理的立法机构将会是有分量的。在讨论时以任何其他观点介绍军队问题,我认为都是不策略的,因恐引起猜忌并有其他副作用。经过国会清楚而坦白地陈述全部事实,各州绝不会如此缺乏常识,违背常情,或不顾政策以致拒绝给予协助。当各州内部有人指出拒绝协助的必然后果并施加压力时,尤将如此。

一四一、对军官待遇继续不公将引起危险[78]

致国会约瑟夫·琼斯

1783 年 3 月 18 日于纽堡

亲爱的先生:前次致书阁下时,暴风雨似即将来临,预兆不祥。而目前,阴云已经消散,重又恢复平静。但阁下切莫安于表面平静,而使阁下解决军人要求的努力有所松懈,半途而废。须知,军官要求解决目前生活困难的心情,至为迫切,加之,过去的苦难,使他们每一念及,即感心酸。因此,对于他们认为无理由继续拖延之事,已不能再继续忍耐。如果他们忍无可忍,掀起新的风波,继续运用我的影响加以平息,亦毫无把握。

从我写给国会的正式公函及其附件中,阁下可全面了解我对军队所提出的保证和对他们的期望。我确信,对国会和军队以及我国心怀好意者,将竭尽全力消除不信任因素,凡事均力求做到公允。而国会所拥有的手段,将能使他们如愿以偿。

我在以往某信中,曾向阁下提及,清理账目、查明收付差额,是军队的主要目的。此项要求也极为合理。在目前,如在短时期内付清差额,虽最为理想,但他们了解,此事目前无法办到,因此,他们并不存此奢望。尽管在差额付清之前,他们还须在艰难条件下继续苦熬,但他们对此种困难将比过去更能理解。

军官的处境,应引起一切善于思考与心地善良人士的关注。他们身为军官,衣着及仪表不能不符合其身份。为此,他们不得不预支薪给或变卖自己财产。前一种情况,即须负债;后一种情况,其祖产必遭损失。因此,在目前情况下,即在军队的账目尚未清理、差额未定之时,遣散军人,无异得鱼忘筌,在我们的目标已经达到以后,把他们为时七年的忠诚而痛苦的服役置之脑后。就此事的性质而言,无论在何种情况下,军人都将严重受害。无论所得多少,现实将迫使他们放弃凭单,以避免发生上述恶果。这样一来,他们将落入冷酷、贪婪的投机者之手。其严重后果,只须回顾以往的经历,即完全可以预料。

对军官的服役不想给予任何补偿的人,可能提出军官们(不考虑其他方法)过于依仗他们自己的武力。我完全同意这些先生的意见,即这样做将不会有好结果。但我同样希望这些先生坦率承认,这样做虽将产生严重不幸,但如人们认为他人对自己忘恩负义,认为自己受到不公正的对待时,要求不这样做,实为奢望。当他们认为煽风点火，制造分歧的不乏其人时，尤将如此。至于其余一切，时间将会揭示。

军官们之所以如此，足以说明存在不公正。这将给我国名誉留下无法除掉的污点，因为全世界将从敌人（他们并不想为我们讲话）和我们自己的出版物中了解我军在战争的几乎每个阶段中所遭受的冻饿之苦，及衣着褴褛之状而留下深刻的印象。

一四二、再谈对军人待遇不公将引起危险

致伦德·华盛顿

1783 年 3 月 19 日于纽堡

亲爱的伦德：我未能经由邮班给你寄信，因我当时正忙于和扰乱军心并在本大陆上制造军政不和的极端阴险的图谋进行周旋，因而无暇顾及琐事。阴谋的策划者，尚隐于幕后，未知何人。由于臆测可能有误，因此，目前我将保持沉默。在此问题上，军队的理智、美德和忍耐又一次获得胜利，正如以往任何困难时刻需要他们投入行动时一样，且比以往任何一次都更加辉煌。但如各州不能提供国会所要求的物资，使财政部门无法向军队提供食物、衣着和支付薪饷；如果他们认为，不费一文也能继续作战；或者认为无须固定资金偿付利息即可贷款；如果他们因虑及花费，而不主持公道；如果他们从水深火热之中被拯救出来，登上独立与和平的天堂，但危险一旦解除，对恩人感激之情即烟消云散；美国军队所遭受之苦难和所表现之克制，已超过美国任何阶级。他们在战场上

坚持不懈，服役将近八年，备受缺衣少食之苦，健康受到损害，许多人完全丧失健康。他们所受的这些苦难，将被人们遗忘；如果认为，军队可以无限地忍耐；如果一旦和平恢复，他们索取应得薪给和应领奖赏之权，即随退役而化为乌有；如果各州竟持此想法，而这些州，或其中某些州的所作所为，恰能证实这一推断，我认为，极可能有另一隐名之士出来向军人说："你们手中持有武器，应争取公正待遇，不达目的决不罢休"，其效果较前一人更大。在苦难长期煎熬下的人们，当他们确信自己已被完全忽视，受到忘恩负义及不公正的对待而心怀不满时，如被阴谋家利用，他们会走多远，值得认真加以考虑。但公正、智慧，乃至常识，会使每个人认识：如果不发薪饷，本大陆的债主们将无法索还债务。而且，如果问题继续不予重视，则将在世界上了解此情的国家中，给美国的声誉带来无法消除的污点。

一四三、关于各州间的猜忌与加强团结

致国会亚历山大·汉密尔顿

1783 年 3 月 31 日于纽堡

亲爱的先生：战争终于结束，我感到极为欣慰。广阔大地，展现在我们面前。如果使用聪明才智指导培育，我们将成为伟大、受人尊敬和幸福的民族。但是，为使我国前进，必须抛弃一州之见和毫无根据的妒忌与偏见。否则（一眼即可看出），我们即会变为我们的敌人和欧洲列强手中的工具。他们出于对我国伟大团结的妒忌，将利用我们自己拆散邦联。然而，欲达此目的，看来极为简单，

实非易事。

我极希望看到，各州能根据相互忍让和永久性的原则团结起来。我也愿意尽我的力量，指出现行宪法①的一些不足之处。我的所有私人书信中充满这样的观点。无论何时在谈话中涉及此问题时，我一向极力主张并宣传这些意见。但是，我的进一步努力，对达成预期目的或使这种思想不只为我一人所有，能产生多少效果，将主要视公众舆论以及人民的情感和意向如何而定，目前尚无法预测。你在此问题上向我作出的许诺，如能付诸实行，我将甚为感激。

在美国，没有人比我，或能比我更痛切地感到有此必要对目前的邦联制度加以改革。其他人不可能对邦联制度的弊端比我感触更深。因为，战争之所以长期不能结束，以及随之而来的战费开支，完全由于邦联的缺点和无权所致。我在指挥作战过程中所经历的大部分棘手问题，以及军队中的一切难题和烦恼之事，均起源于此。但是，由于某些人存有偏见，某些人心怀叵测，大多数人则仅因人成事，就需要进行宣传和组织，以便对政界各阶级人的理论进行斗争。

一四四、美国的前途[79]

致威廉·戈登博士[80]

1783年7月8日于纽堡总部

亲爱的先生：美国将成为伟大、幸福和受尊敬的国家，或者沦

① 指《邦联条款》。——译者

为无足轻重的国家——或每况愈下，陷入无政府状态和混乱之中，将视邦联各方采取何种路线而定。但有一点可以肯定，除非为了邦联的总目的赋予国会足够的权力，否则，我们不久即将分崩离析，即使不成为欧洲政坛的笑柄，也将在他们眼中变得微不足道。如果认为我国的国家大事，能由十三名首脑或一名没有实权的首脑来领导，实属荒谬。对其不良后果，每一个像我这样按实际体验来进行判断的人，均已确信无疑，尽管目前可能还没有人和我一样对其后果感到如此强烈的不安。一般民众，由于不了解具体情况，只知道机器在运转，并终于达到他们预期的第一个目标，因而对目前事态的发展，感到满意。他们并未对进展缓慢及经费增加的原因进行调查，虽然他们至今仍不愿支付此项经费。大部分原因即由于我所指责的《邦联条例》缺乏活力所造成。我希望能召开代表大会，赋予它以活力，而不希望听到人们议论：我们为争得国会现有的权力，已进行过艰苦斗争（顺便说一句，这些权力也已逐渐削弱），为何要赋予国会更多的权力？

姑且不论由于上天荫庇，指引我们度过了以凡人的谋略无法摆脱的逆境，细加观察，可以明显看出，这一胜利是由各种因素偶合而获得的。这些因素，今后或将永远不可能在任何其他情况下如此巧合——我们如乞灵于推理的方法便属自欺。更为不幸的是，如果我们试图将它付诸实行，则将贻害我们自己。

在国际间，人们尽知我国的性质为"合众国"，外国之视马萨诸塞或弗吉尼亚，犹如弗吉尼亚之视马萨诸塞的伍斯特县，或马萨诸塞之视弗吉尼亚的格洛斯特县（尽管上述各地均甚受人重视）。这两个县可以反对本州的法律，并无不当之处，正如从属于或应从属于邦联政府的一个州，可以反对邦联政府一样。各县无疑必有自己的政治组织和权益。这些问题均应予以考虑，且应根据每一问题的重要性，恰如其分地提交各州立法机关予以审议。但当这些问题与一州的总利益互相冲突、首先应当考虑全局利益时，他们即不应继续坚持。各州对邦联政府的关系，亦应如此。否则，我们完全有理由提出如下问题：我们佯装“联合”，其目的究竟何在？国会为何要用数月时间开会讨论、辩论和研究各种计划，使之尽一切可能符合和顺应我国的宪法，而某些州则对此漠不关心，另一些州则只注意其中某些部分。这意味着因拖延所产生的一切恶果要影响总体。愿意合作的各州，不仅由于此种拖延而遭遇困难，且在许多情况下，他们的努力反而使本州蒙受巨大损害。由于未能形成联合行动，此种努力，不过是徒劳无益。十万壮汉，每次一人，无法搬动一吨的重物。但五十人协力，即可轻而易举地将其移动。此次战争中所耗费的大部分人力物力，也是这个道理。总而言之，我以为除非我们能更紧密地团结在一起，否则，在这场战争中流洒的鲜血及耗费的财富，将毫无意义。惟人们对加强国家权力的建议未予重视，因此，达成团结尚无希望。我听到过一个故事：一人将外出作长途旅行，声称他将不携带分文，而宁愿依靠机运及他人的恩赐，以支付旅途中的盘缠，因恐带钱会用之不当。就我看来，人们深恐国会拥有权力和手段，其荒唐的程度与旅行怕带盘缠，并无两样。

试问：国会究竟由何人组成？他们岂非那些行为能够改正、每天均赖呼吸方得以生存的活人？为了达到治国的伟大目的与邦联的总目标（我愿重复这一“总”字，因我从不主张任何一州超越邦联的利益，而执行该州的特殊政策），而赋予他们以足够之权力，有何危险之可言？如果他们手中无此权力，将导致何种后果，不难预料。必须避免发生最坏的结果。我可以肯定，在短时间内，我国在政治方面目前受人尊重的局面，将一变而为受人卑视。而且，令人担心的是，联结邦联的纽带一旦破裂，则毁灭我们前途的任何事情都可能发生。依我看来，除非我们能将我们的内部争执牢记心头，并将其可怕后果载入史册，否则，我国的最佳结局，也将是落得默默无闻。

阁下认为，国会强力贯彻不符合美国人民气质的方式，是浪费时间，而且将危害邦联。阁下还认为，他们所要求的是要有定额。请允许我反问一句：这一要求岂非早已提出？他们是否按此要求行事？长期以来的不良现象，以及政府的，尤其是军队的，许多债主所遇到的重重困难，又何由而来呢？就我本人而言，我将毫不犹豫地表明自己的态度，我看不出最近国会提出的要求会对邦联造成任何危害。相反，依从其要求，将会出现更好、更公正与更兴旺的前景。据我所知，没有任何税收比每个人都付税更为简便和更为适宜了——如果某人由于不便、没有能力，或不愿缴纳，亦可暂时免缴。因此，我是极力赞成征税的。

一四五、复函致候

致理查德·斯托克顿夫人

1783 年 9 月 2 日于洛基希尔

夫人，您向我表示忏悔，犹如我是您的忏悔神父。您像是犯了大罪，性质虽然严重，仍在可以宽恕之列。您这样做是对的——因为这一次我异乎寻常地乐于充当一位宽宏大量的接受忏悔的神父。尽管“您是世上罪过最多的人”（就是说，如果创作优美的诗句是一种罪过的话），如果您能在星期四来同我一起进餐，并且按照给您规定的适当程序进行忏悔，我将尽量帮助您在您进炼狱之前，赎去因为写诗而招致的罪名。无须多说，如果今后由我指导您创作高深作品，我一定敦促您重复同样的行为，好故意显示一下您在忏悔和改过自新方面具有如何高明的技巧。我并将毫不犹豫地命令诗神，无须畏首畏尾，而要勇往直前，取得成功。——夫人，您知道，当我们受到这位女神的诱惑，尝到禁果的美味以后，我们的食欲即将无法控制，而不计较其后果如何。我可以保证，您将看到，我们不愧为被誉为伟大祖先的真正子孙。

在我最后较为严肃地结束此信以前，请允许我就您用和谐优美的诗行所描写的故事谈一谈我的看法。毫无疑问，运用想象是诗的生命和灵魂——一切男女诗人都乐于自由地和毫不怀疑地运用它，任何时候都是如此。如果除却赤裸裸的事实以外，毫无其他素材，而迫使您就这一题目写出如此优美的诗篇，犹如埃及法老发出敕令，强迫以色列儿童制砖，但又没有必需的材料一样残酷无情。

因而，您是为惯例的权威所庇护的。我不敢由于您用如此美丽的辞藻描述我为祖国效劳，而指责您是蓄意违犯十诫。当然，从您那里，除了最纯洁和最无私的友谊所应获得的东西以外，我并不认为还应得到其他什么东西。为此，请允许我对您向我和我的美满生活的伴侣所表示的热情祝愿，致以深切的谢意。

一四六、对婚姻的意见

致伦德·华盛顿

1783 年 9 月 20 日于洛基希尔

亲爱的伦德：卡斯蒂斯夫人在她给华盛顿夫人的信中（除非“热切地希望她回去，然后向她透露”能作此种理解），从未提及她与戴维·斯图尔特有任何关系。但如确有此事，而她也愿意听取别人的意见，父母均在，不但有能力提供此种意见，而且就此关系重大的问题征询双亲意见，最为适宜。就我本人而言，我从来不曾，而且相信将来也不会，对一位准备结婚的妇女提供意见。因为，首先，如果本人不同意，我绝不可能劝说她与别人结婚。其次，如果她已经决定结婚，劝说她不要结婚，也是无用。在此问题上，妇女在自己下定决心以前，极少征询他人意见，或需要他人提出建议。她们在下定决心后，征求他人的意见，乃是希望取得他人的同意，并非真心诚意会因他人不同意而改变决心。总之，此种征求意见，说得明白一些，不外是：“我希望您的想法和我一致；如果不幸，您和我的看法有分歧，我必须告诉您，我的主意已经拿定，事到如今，已欲罢不能。”

如果卡斯蒂斯夫人向我提及此事，我将坦率向她提出我对条件的下述看法，而不是对某一男人的看法：“我从未期望你一直孀居，度过余年。但是，对于这个与你本人、你的孩子和你的亲属都密切相关的重要问题，希望你能慎重从事。需要考虑很多方面，诸如：男方的家庭和亲属、财产（在我看来，这一点并不是最主要的）、他的品德、性格和精神状态。你还应考虑到，他对你的恩爱，对你孩子们的善良、宽宏和关心，是否能持久？你和他的亲友是否能和睦相处？因为一旦这种关系肯定之后，无论你是否满意，木已成舟，将无法改变。”我的意见到此为止，不再多说。

一四七、向美国军队告别的命令

1783年11月2日（星期日）于普林斯顿附近的洛基希尔

合众国国会集会，对邦联军队给以最高评价，国家对军队的长期、杰出和忠实的服务，深表感谢。国会决定，自10月18日宣布之日起，解散为进行战争而征募的队伍，并从明日起，允许休假中的军官退出现役。此项宣布已经见于公报，俾有关各方一体周知，遵照执行。最后一件事，将是由总司令向美国军队（尽管组成这支军队的成员极为分散）再一次，也是最后一次为长时期的分手向他们亲切告别。

在总司令向他最亲爱的士兵们最后告别之前，他将简短地回顾过去，并且不揣冒昧地和他的战友们展望前景，向他们提出他认为应该遵循的行动准则。最后，他将谈及他的感激之情，感谢在他完成艰巨职责过程中，军队所给予的热心和大力的支持。

回顾一下我们为完全达到我们的目标（远比预期的为早）而与不可一世的强敌进行的斗争，我们不能不深感惊奇和感激，并从中受到鼓舞。在战争进行中，我方的不利因素，是令人难以忘怀的。我们所处的地位尽管虚弱，但我们得到上天的福佑，这是最不经心的人也会觉察到的。而在漫长的八年中，美国军队经历了几乎一切艰难挫折，它所表现出来的无与伦比的百折不挠的精神，更不能不说是前所未有的奇迹。

一一列举我们在服役中所遭遇的特殊艰难，并描述我们的困苦——其中有一些是由于严重地缺吃少穿，而天气又极为恶劣所造成的——既非我讲话的本意，也不属它涉及的范围，而且也不必要详谈我们过去的阴暗面。现在，每一位美国军官和士兵，如果处于逆境时，都应回忆一下他当年应征到不同寻常的地方去执行光荣任务的情景，和他所亲眼见到的惊心动魄的事件。这类事件，即使过去在人类活动的舞台上曾经发生过，也是罕见的，今后也很可能不会重演。过去谁曾见过，那样的新兵能立即组成一支有纪律的队伍？如果不曾亲身经历，谁又能想象如此强烈的地方成见，能在顷刻之间烟消云散？谁能想象，来自大陆各地的士兵，由于习惯势力的强烈影响，一直互不相下争吵不休，会在一夜之间变成一群爱国兄弟？若非身临其境，又有谁能追溯我们从事壮烈革命的步伐，有谁能体验到那一辉煌灿烂的时期，就是我们从事战争的艰苦年月？

由于我国的独立和主权已经确立，展现在眼前的广阔无垠的幸福前景，几乎无法用言语描述，这一点已为人们所公认。难道那些对此不可估量的成就做过重要贡献、在战争胜利后解甲归田的勇士们，不应分享我们已经取得的成就？在我们这样的国度中，有谁能拒绝给予他们公民权？有谁能不准许他们享受劳动的成果？在我们这个条件如此优越的国度里，无论经商或务农，只要为人勤勉，则必可谋得富裕的生计。渔业可为身强力壮、富于冒险精神的士兵们提供充分和厚利的就业机会；西部地区，广阔肥沃，是那些愿意个人独立、寻求天伦之乐者最好的去处。无法想象，美国会有人宁愿国家经济崩溃和邦联解体，而不同意国会的要求和偿还国会的正当债务，使得官兵们在重新从事平民职业时，能指望得到国家较多的支援。债务必须清偿，也一定会清偿。

为达到这一预期的目的，消除某些善良美国人可能持有的偏见，我们诚恳地向所有士兵提出下述建议：他们应热爱邦联，将高度的和解精神带到平民社会中去。他们在军队中曾是不屈不挠和百战百胜的战士；在社会上，也将不愧为道德高尚和有用的公民。某些人怀有忌妒心理，不愿偿付国家欠下的债务，不愿对有功之臣加以颂扬，不要因此种不公正的对待而诅咒或采取过激行动。你们应该记住，美国自由公民的公正舆论已经允诺给予你们应得的酬报，并已对你们进行了表扬。你们要知道并铭记在心，邦联军队威名远震，一切恶语中伤，无损于部队的一根毫毛。愿部队的成就和佳誉继续激励每一位成员发扬光荣的传统。你们应有此信念：平民生活中，俭朴、谨慎和勤劳的个人美德，与战场上更为壮丽的奋勇、不屈和进取精神，同样可贵。人人均应有此信心：官兵未来的幸福，在很大程度上，应该说在极大程度上，有赖于他们成为广大民众中的一员以后，为人处世的明智与光明磊落。除非邦联政府的原则能获得应有的支持，其权力能得到加强，否则，我国的荣誉、尊严及公正即将永远丧失。这一点，本人过去虽曾作为个人意见经常公开地、以最明确的语言予以阐明。但在此时此刻，不能不再一次重申这一重要想法，并以此作为对全体官兵发出的最后指令——官兵们可能已以同样严肃的态度看待这一问题。希望你们尽力支持尊敬的同胞们为实现这一伟大而崇高的目标所作的一切努力，因为这些目标与我国作为一个国家生存下去息息相关。

本总司令认为，为使士兵们变军为民，并无困难，只须将他们刻板的、拘泥礼仪的作风改变即可。在战争进程中，此种作风不仅存在于总司令直接领导下的部队中，而且存在于各分遣队及分散的队伍中。士兵们明智而谨慎，可以预料，他们的前途将极为乐观。这是光荣的时刻，这一时刻标志着他们已无必要再在战场上服役。本人向他们表示祝贺，同时愿意申明，本人对各级官兵在一切问题上所给予的支持表示深切感激。本人向将级军官们表示最诚挚、最亲切的感谢，感谢他们在许多重要时刻，出谋献策；感谢他们对本人决定采用的计划，努力促其实现；本人感谢团长、营长及其他军官，感谢他们以极大热情及努力迅速贯彻命令；本人感谢参谋人员，他们愉快而准确地完成了几个部门的任务；本人感谢军士们和士兵们，因为他们具有超凡的忍耐和刻苦的作风，在战斗中表现出不可战胜的坚忍不拔的精神。本人愿在此最后的庄严时刻，向军队各部门表达崇高感情和友好情谊。本人希望，能有更大能力，以期今后能对他们所有的人真正有所帮助，而不止于仅作口头的表白。本人认为，凡应由本人尽力之事，本人均已尽力。如蒙官兵相信此点，本人将感心安。

本总司令在结束最后一项正式命令之前，在不久即将最后告别军队的时刻，在向本人有幸长时期指挥过的军队最后辞别之际，愿再一次代表他们向可爱的祖国致敬，向军队之神祈祷：愿他们受到应有的、公正的对待，愿目前和今后，苍天能将洪福赐与在上天的庇佑下曾为他人带来无限幸福的人。在本总司令即将退役之际，谨以此表示祝愿和祝福。分别的帷幕即将拉起，他的军事经历的一幕将永远结束。

一四八、雇佣工匠[81]

致坦奇·蒂尔曼

1784 年 3 月 24 日于芒特弗农

亲爱的先生：据闻一艘载有帕拉坦人的轮船，正在驶往巴尔的摩，其中一部分人为工匠。我极需要一名技艺精湛的家庭木工和一名瓦工，请你务必为我各雇一名。如有适当者，则不限于帕拉坦人。如果他们技艺高超，亚洲人、非洲人、欧洲人、穆斯林、犹太人、基督教的任何教派，甚至无神论者都可以。我愿觅一中年人，而不要青年；以相貌端正、在船上表现良好的为佳，而不要不符合上述条件的。当然，我很清楚，布丁味道如何，只有到吃时方可知道。价钱不限，需款若干，函告即寄。

一四九、函叙友情并致候[82]

致拉法叶特侯爵夫人

1784 年 4 月 4 日于芒特弗农

夫人：承蒙 12 月 26 日惠书祝贺，深受鼓舞，内心感触及感激之情，无以名状。如拙笔能充分表达我内心的情感，向您表达的敬意，必能获得青睐，超越本人最乐观的想象。因此，我只有寄望于您那不会中断的深情厚意，和您那习与性成的善良品德。至于我的一点微功，以及由于您在信中对我的赞扬而使我感到有责任作出的某些保证,都是微不足道的。

您无论作为一位法国妇女,还是一位美国妇女,或是我的好友的夫人,我对您都怀有深厚的敬慕之情。您在其他方面,也使我感到敬佩。您高雅的风度与美好的心灵,具有更为强大的威力。夫人,您的这些品德,使我对您产生敬爱。您的性格的任何表现,都为我所钟爱。您的孩子以乔治和弗吉尼亚命名,为美国和我本人都增添光彩。我对他们要倍加爱护,并立誓为他们效力。

而今,我已听不到武器的撞击声,看不见营房的繁忙景象。无官一身轻。我现在过着安逸的家庭生活,在自家葡萄架下和无花果树下乘凉。我住在一幢小别墅中,四周放置着农具和羊皮。我只求从容地沿着生命之河顺流而下,直至被葬入我祖先的沉寂的宅第。

华盛顿夫人对您的参加甚感荣幸。她对您邀请她访问巴黎的心情,甚为理解,但因年事已高,又忙于照顾幼孙,不能横渡大西洋远行。但是,侯爵夫人(请允许我这样称呼您),您的情况却非如此,您尚年轻,(而且,如果您不愿带孩子来,留下他们在家读书更为有利)一定怀有看看年轻、粗俗和尚未开化的美国的好奇心。因为您的丈夫曾为她的自由战斗、流血,并赢得崇高荣誉。因而,在美国,人人都崇敬他、热爱他。我恳请您到美国来。我的别墅就是您的家,我的家门随时都向您敞开,比进您自己的家更为方便。您来可以看看我们的朴素生活,接受我们质朴的招待,过一过简单的农村生活。这样,可以使您改换一下生活环境。当您以后回到凡尔赛时,会更加体会宫廷生活的乐趣。华盛顿夫人和我一起向您表示祝愿和最崇高的敬意。

一五〇、通讯

致诺克斯少将[83]

1785 年 1 月 5 日于芒特弗农

亲爱的先生：约于上月初，曾寄给你长信一封。不久，即收到 11 月 23 日复函。你的信与某些友人的来信不同。那些来信使我徒增烦恼，或在纷纭事务中为我加重负担。但我仍以愉快的心情接受此类信件，并在工作之余尽量给予处理。

此类信件的内容，均属与我无关的旧事重提——诸如无法满足的请求、需由一位历史学家执笔解答的询问，既无聊又烦人，但又是不得不处理的问候信。此外，是一些日常琐事，但都需由我复信，占用我的时间——常常令人烦恼。

此类信件，纷至沓来，剥夺我锻炼身体的时间。如果我不能休息，将可能产生不良后果。我现在就已有所感觉——头脑昏沉、疼痛，还有其他一些不舒服感觉，经常使我感到苦恼——因此，我已决心雇佣一人，以使我能从此种乏味的事务中解脱出来。无论如何，如果所有这一切能从此结束，我将从事身体锻炼。另有一些私事，需要我花费更大的精力去处理，我在目前情况下所花费的，和能够花费的精力，是远远不够的。如果对这些私事继续放任不管，将给我造成损失。阁下，此信为朋友间交换意见——我写此信足证我与阁下肝胆相照，而不是要你不再写信。请你相信，与亲密的友人通信，是本人一大乐趣。我相信，如果我向你保证，我视你为本人最亲密友人之一，你将不怀疑我是言出至诚。密友通信，无须过细琢磨。信手拈来，不当之处，在所难免。此种通信，有别于须仔细研究、考虑和回忆方能写出的信件，无人晓得如何才能不出差错，也无人知道写信的目的何在。

前函曾奉告，我正竭力鼓励国人延伸内河航运，并开发内河与西部河流间的陆路运输，使之畅通无阻。我刚从安纳波利斯归来，此行系应议会（和我的密友 G－tes 将军一起，他当时正在里奇蒙设法进入该委员会）之请，去该处进行安排，使波托马克河两岸两州制定彼此相似的法律，尊重这条分界河。两州完全同意此项立法，此事已报当局审批。

一五一、关于弗吉尼亚州立法机关的赠与

致本杰明·哈里森

1785 年 1 月 22 日于芒特弗农

亲爱的先生：接本月 6 日来函，惊喜感激之情交集心头，无以言状。承蒙议会的关注与好意，将波托马克与詹姆斯两河的股份各赠我一百五十股，使本人受之有愧。其含意明确而巨大。但请阁下相信，尽管如此，自我卸却公职以来，从无一事使我如此不安。

一方面，如上所述，我将此举视为国家对我的高度评价、爱护与关怀的崇高证明。如拒而不受，而被视为对国家美意的不敬，或蔑视，或被误解为蓄意炫耀自己的无私与美德，均将伤我感情。另一方面，我真希望我的思想与行动——行动是深思熟虑的结果——能如空气一样自由与自主，使我能更为自由地（对我有幸经历之事物）表明自己的意见，必要时，能有充分信心，提出自己想到

的建议。纵使我的判断可能遭受责难，但不致涉嫌其中杂有丝毫不良的动机。在整个航运问题上，我并不只满足于我的所作所为均出于对这一措施的政治重要性持有清楚的认识。我希望，所有知道这是我所关心的计划的人，都了解我所以促成此事并无其他目的，而系因为我认为，它将能将东西两岸的领土联结在一起，能为邦联，尤其能为本州带来利益。同时，将能给我国商业带来活力和发展，并给我国公民带来便利。

当人们谈及此事，得悉系华盛顿努力促成——但华某却从中牟利，获得二万美元及五千英镑公款，他们将作何感想？将造成何种舆论？人们在评论此事时（如果我所起的作用可算作一点功劳。否则，这一法令更属事出无因），岂非会将我在此事中值得赞扬的基本精神抹煞？人们是否将在某种程度上将此种赠与视为养老金？这样将使我产生顾虑，今后将愈加不愿发表自己的意见。总之，无论以任何托辞受礼，或认为此种赠与在其他国家如何司空见惯，今后人们岂不视我仰食于人？一念及此，将使我难以为情，即使将全部通行费赠我，其欣悦也无法弥补，虽然我视此项资产为我国最为稳定和最有利可图的资产之一。

因与阁下交笃，故敢直言。此问题本应详述，但以上所述，足可使阁下洞察我的心情。我很想知道，议院内外曾否有人有过或发表过与我相同的想法。阁下，总之，我内心极为不安，需听取高明的意见使之平静。如前所述，我既无意占国家的便宜，也不想炫耀自己的无私（如我拒绝赠款，很可能为人们误解为出此动机），更不愿使国家认为我有意贬低其美意，因赠款所表达的情谊令人鼓舞，其重要意义不亚于赠款本身。惟此事的进行不必因我目前的困难而受阻。我将以感激心情，充分听取友人的坦率意见。在议会下次会议之前，我尚有充裕时间考虑这一行动的后果。对此，将和其他事情一样，我将尽力作出最佳决定。

一五二、唯画家之命是从

致弗朗西斯·霍普金森

1785 年 5 月 16 日于芒特弗农

亲爱的先生："俗语云：一不做，二不休"。我听任画家的指挥，现已达到唯命是从的程度。当画家描绘我面部轮廓时，我可以"像纪念碑上忍耐之神"一样静坐不动。此事足以证明习惯的力量。最初，我颇不耐烦，如马驹初装鞍具一样，难于驾驭。第二次，勉强屈从，但已不像第一次暴躁不安。而现在，我在画家椅子上就座，比辕马入套更加驯服。由此可见，我对你的要求和派因先生的意见，都已谨遵不殆。

一五三、谈婚姻

致伯内尔·巴西特

1785 年 5 月 23 日于芒特弗农

亲爱的先生：舍侄乔治·奥古斯塔·华盛顿外出旅行方归，健康情况明显好转，但是胁部的不正常并未痊愈。据闻，他向范妮求爱曾取得您的同意。我现得知，他极欲实践婚约，女方也已同意。他们正在征求您的同意，以便结婚。

除由于某种情况不能结婚必须出面干预以外，我既不促进也不阻止他人的婚事，这是我终生信守的准则。我一向认为，婚姻为人生大事，是幸福或痛苦的基础。因此，将两个彼此互不关心，可能不久即会互相讨厌的人撮合在一起，或阻止情投意合的人结合，为我的理智所不容。正因为如此，有关范妮和乔治将要结合之事，无论直接或间接，我从未置一言。他们是青梅竹马，情深意长，日后定将幸福。如阁下赞同，我意此事愈早促成愈好。

我已告知他们（范妮是由华盛顿夫人转告的），我希望他们能在芒特弗农居住。

一五四、关于向学校捐款

致亚历山德里亚学院董事

1785 年 12 月 17 日

先生：我早有意在我去世后捐赠一千镑本州通用货币给校董事会，以其利息在亚历山德里亚建立一所学校，招收无力就学的孤儿，或因父母贫困不能上学的儿童。如儿童的父母或亲友愿送儿童入校就读，并提出申请，可转由董事会考虑与审定。目前，我尚无力预付此笔捐款，但应毫不迟延地开始采取一项有益的措施，即在我去世以前，或在我的资产能支付本金以前，先支付利息，即每年五十镑。

在此情况下，将此学校与贵校合并为一所学校，由校长、视察员或诸位认为最能达成预期目的，并能维持学校秩序、保持稳定和良好校风的其他领导机构主持，请诸位校董考虑是否可行和适宜。

如上所述,我的意图是,本金将不予动用,仅以所得利息实现上述目的。我意利息仅用于教育目的,而且仅用于对下层民众最为有用的教育方面,即:读、写、算,以便他们能使用机器。

假如此款仅用于此项目的,就可设置较多的科目,但如诸位认为,此项倡议可加以修改,使之适用于现有的学校,并同意两校按上述办法合而为一,而后全面考虑;如认为此款用于衣着及教育方面较仅用之于教育方面更为有益,我将欣然同意,并准备(在董事会的永久性机构建立后)即以契约或其他书面形式将上述一千镑永久交付校董会及校董会的后继者,并授予他们以使用和管理此笔捐款的权力,以期达成我上述目的。

一五五、谈奴隶制度

致罗伯特·莫里斯[84]

1786年4月12日于芒特弗农

亲爱的先生:我应亚历山德里亚市多尔比先生之请,写此信给您。多尔比先生被传至费城,为他的一名奴隶的问题进行甚为麻烦的诉讼,因该市一教友会组织企图将这名奴隶解放(该组织的宗旨为解放奴隶)。此案的是非,无疑将在审理中判明。从多尔比先生方面而言,由于他是外乡人,该组织的所为不仅有欠公允,本人认为,对该州,尤其对该市也极不礼貌(且靠专横和压制的方式),也不能达到该组织的目的。据多尔比先生称,该组织的行动,并无法律依据。否则,无论我本人对有关法律的看法如何,均将尊重该州的政策,而不置一词。人们可以谨慎行事,避免触犯众所周知的刑律，但却难防个人或私人团体的暗算。如对多尔比先生所谈及的该组织的所作所为予以默许，那些不幸以奴隶作为侍者的人，将尽可能不去该市，因有损失财产的可能。否则他们就得花钱另雇其他仆人前往（而此事并非随时都能做到）。

此信主要谈及奴隶问题，但愿人们不致因上述意见而认为本人主张将这些不幸者永远禁锢为奴隶。我愿申明，在当今世界中，无人比本人更为真诚地希望某日将采取一项计划，将奴隶制度废除。但要达成此目的，唯有通过立法当局才是正确与有效的途径。在采取立法手续时，我总是要投赞成票的。但当奴隶与其主人相处融洽之时，而加以干预，诱其离去，此种做法，使其主人出于不备，酿成一方不满，一方怨恨；如个人受此遭遇，其经济能力无法与团体的财力相匹敌，由于无力维护其财产而遭受损失，非但于事无补，反而带来更多不幸，这种情况，实为压迫，毫无人道可言。

一五六、西班牙仆人——废除奴隶制

致拉法叶特侯爵

1786 年 5 月 10 日于芒特弗农

侯爵阁下：从西班牙来的仆人已经到达我处，相貌甚佳，但其前主人某王室，虽已年过六十三岁大关，如遇艳丽，亦将动心，毫不逊色；如受挑诱，必能尽其庄严神圣的传宗接代的天职。另一仆人已死于海上。

亲爱的侯爵，您的仁慈的心，在一切场合都如此彰明，以致我对于您的每种新的仁慈行为都习以为常，不以为异。最近阁下于卡宴殖民地购置庄园，目的是解放庄园中的奴隶，实为阁下慷慨、崇高与仁慈心肠的又一明证。但愿全国民众都怀有此种精神。但我对此却无信心。在上届国会会期中，虽收到一些要求废除奴隶制度的请愿书，但恐难以获得审议。我的确相信，如立即将他们解放出来，必将产生极大不便及不良后果。但如逐步进行，将完全可能，亦理应实现废除奴隶制度的目的；当然，这要通过立法的权力来进行。

一五七、关于君主政体的倾向

致约翰·杰伊[85]

1786 年 8 月 1 日于芒特弗农

亲爱的先生：阁下认为目前事态正迅速趋于危急，恰与本人看法一致。今后局势将如何发展，我也无法预见。我们须改正错误，我们在组成邦联时对人的本性可能估计过高。经验证明，如果不施以强制力量，人们并不愿接受和实行为其本身利益而精心计划的措施。我认为，如果不赋予某种机构以权力，作为一个国家我们将不能存在很久。此种权力应能行使于全联盟，其强有力的程度应一如各州政府在各州所具有的权威。

既已组成国会，必须赋予充分权力以完成全国性的任务，如对此存有疑虑，我认为系荒谬与不智的最高表现。国会岂能施用其权威损害民众利益，而又不同样或更加有损于他们自己？他们的权益难道不是与其选民的权益息息相关？他们轮流担任议员，岂能不经常与人民群众联系？如果他们拥有上述权力，但其成员瞻前顾后，畏首畏尾唯恐失去民心和选票，不能有效使用其权力，岂非更为可虑？我们应按照现实来认识人性：人不能完美无缺。许多人认为，国会本有权显示其无上尊严并要求他人服从，但在向各州提出要求时，却过多使用恳求与谦逊之辞。即使如此，国会提出的要求亦与废纸无异，因独立自主而且不统一的十三州，已习于随心所欲地对所提要求争论不休或加以拒绝。国会的要求，在全国各地实无异于戏言或笑柄。如谓立法机关违反和平条约或侵犯邦联权力，他们会嗤之以鼻。今后将如何办？事物的发展不能永远一成不变。阁下可能已看到，善良的人们由于对目前情况感到厌烦，思想上已做好准备，要进行一场不论什么样的革命，这是非常令人担忧的。我们习惯于从一极端走向另一极端。预见祸患并防患于未然是智慧与爱国的表现。

短短数年，变化竟如此惊人。据闻，即使德高望重的人物也在无所顾忌地谈论君主政体。言论出自思想，再进一步即往往成为行动。这一步却是无法挽回和重大的一步！对于敌人而言，这将为他们的一大胜利，因其预言已经应验。这也是专制主义的拥戴者的一大胜利。他们竟然发现，我们无能管理自己；建立于平等自由基础上的各项制度不过是一种空想和无稽之谈。但愿能及时采取明智措施，以免发生我们深以为忧的后果。

我虽已退出这个世界，但我坦率承认，我不能将自己置于漠不关心的旁观者的地位。然而，我有幸协助诸君将大船领进港口，我的职责也已卸去。大船再度驶向多事的海洋时，已非我应管之事。同时也不可期望我的意见和看法会对我国同胞的思想产生深刻影响。我的意见和看法，虽曾郑重其事地提出作为最后赠言，但现已无人重视。我当时或许还有权要求公众重视我的意见，但目前我认为已完全无此权利。

一五八、施加影响不能治国[86]

致国会亨利·李[87]

1786 年 10 月 31 日于芒特弗农

亲爱的先生：阁下所描述的关于东部各州许多组织的动乱和愤懑的情景，以及公之于众的有关情况，既令人痛心，又使人遗憾。此事为大西洋彼岸我们敌人的预言提供了可悲的证明，同时，也为另一件更为令人遗憾而且更难加以解释的事提供了证明，即：人们不善于自己管理自己。当我看到在一个国家第一次出现的最光彩夺目的晨曦之上笼罩乌云时，我感到无比气愤。总之，当我见到亡命之徒的偏激之词与少数人的愚昧、妒忌所造成的阴谋，竟能作弄大多数邦联同胞时，我感到茫然不解。因为，很难设想，民众的大多数，即使不愿起来行动，竟然如此眼光短浅或易受蒙蔽，以致不能透过麻醉和愚蠢的迷雾，看到远处太阳的光辉。

阁下谈及施加影响以平息马萨诸塞州目前的骚动，我不知何处去寻求此种影响。而且，即便能寻到，我不知是否就是医治此种动乱的良方。施加影响不是治国之道。让我们或者采取一种使我们的生命、自由和财产能获得保障的治理方法，或是立即体验一下最坏的治理方法。我对此问题看法就是这样。因此，依照鄙见，必须立即作出抉择。要确切了解骚动者的目的。如果他们确有苦处，应在可能条件下帮助他们解决问题，或肯定他们的要求合理，但说明目前还无力解决。如果他们并无冤屈,应动用政府军队,立即进行镇压。如果做不到这点,所有人都会认为,我们的上层建筑无能或无人支持。我们不能继续向全世界暴露我们自己,使他们更瞧不起我们。上述两种办法,非此即彼。拖延不决,如属前者,将使他们激怒,如属后者,将增强他们的信心,并使他们的人数日益增多。因为这些组织有如雪球,除非在滚动中受到阻挡或被粉碎,否则将愈滚愈大,直至重量太大而无法阻挡。

以上就是我的想法。开创先例是危险的。应当将政权的缰绳勒紧,并须坚定不移。违反宪法即加以谴责。宪法如有缺陷,即加以修改。但是既有此宪法,就不允许遭人践踏。

一五九、关于邦联的缺陷

致约翰·杰伊

1787 年 3 月 10 日于芒特弗农

亲爱的先生:修改邦联制度,赋予国会以更充分的权力,究竟对提高政府效率有多大作用,在目前的情况下我还不能贸然作出判断。但目前这种形式造成的种种不便,是无人能加以否认的。阁下来信中所叙述的事例是极为明显的,而且有理有据,从逻辑上也无法驳倒,同时,也是任何做法上的改变所无法消除的。一切修修补补的企图,都和支持即将坍塌的房屋的支柱一样无济于事,(许多人似乎都有此看法)这可能也是正确的。至于阁下所提出的重大改革,民众的思想是否已成熟到进行此种改革的程度?如果尚未成熟,将产生何种结果?我的意见是,我国尚须多加体验和观察，然后进行变革方能成功。

对权势的欲望和我称之为维护州权的魔怪已紧紧缠住各州。当很多人在州政治中个人影响在某种程度上消失时，这些势力便会汇合起来形成一个强大阵线来反抗这种改革。再者，少数人在邦联政府中占有有名或有利的职位，而许多人却看不到有受到重视的希望，另一些人则因得不到所谋求的职位而心怀不满，除非民众以及社会上有远见的人们认识到有进行改革的必要，否则，要阻挡这股反对力量是全没有可能的。我想，凡是能思考的人们，大都已开始认识到：我们的制度在理论上比实践上更完善；尽管把美国的优点吹嘘得天花乱坠，我们将很可能提供最新的但可悲的证明：人类的统治者不使用强制手段是没有本领管理自己的。

但是，我很想看一看计划召开的会议将提出些什么建议，看一看会后能取得什么成果。这可能是最后一次采用心平气和的方式，对我们现行制度是否可行进行一次考验。这样做也不致贻误我们的工作。严格地说，召开此次会议，可能是不合法的。但国会可提出召开会议的建议，使它合法。这样，就可免于追究权限问题，而显得更为得体。但无论做得如何符合宪法，依我看也意义不大，因为一方面此事甚为微妙，另方面还有人妒忌，结果会毫无作用。

参加此次大会的代表团名单中有我的名字。写上我的名字是违背我的意愿和要求的。在指派我为代表时，尽管很多人强烈要求，但有几方面的原因使我不便于，或者不适宜于参加这次会议，这些理由现在仍旧存在。谨候近祺，并向阁下表示友好的情谊。

一六〇、强制的力量必不可少

致国会詹姆斯·麦迪逊

1787 年 3 月 31 日于芒特弗农

亲爱的先生:我有充分理由认为,倾向于建立君主政体的人,或者是不了解公众的意向,或者是在他们居住的地区(完全丧失了把他们培育起来的公平原则),以致比南方各州更易于产生君主政体思想。在南方各州,民众中一直存在着习以为常的等级差异,人们期待着产生等级差别的第一代及其迅速成长。我知道,即使这种制度确实有利,甚至可以说,确实需要,但目前也还未到进行这种改变、而又不致动摇我国安定基础的时刻。凡是有判断能力的人,都不会否认对现行制度进行彻底变革是必须的。我迫切希望这一问题能在全体会议上加以讨论。大会以后,如果现行制度仍无更大权力,仍然优柔寡断软弱无力,不能保守机密行动迅速,缺乏健全的行政管理的特色(无论是由于无人参加此次会议,还是由于与会者有地方观点);或者,大会以后,国会在一切适当时机能坚定果敢地行使赋予它的权力(我只担心它行使这种权力太少,而不是怕它滥用权力),而不是虚耗时间,把这种权力又转回各州。——由于各州议员往往不能把自己视为全国的代表,那么,依我看,经过这次试验以后,如果证明此种制度无效,就应向民众的各阶层宣传改革的必要性。我认为到那时,也只有到那时,才能进行这种改革,而不致产生民众龃龉不和的不良后果。

我承认,我现在对公众美德的看法有所改变。我怀疑是否有任何一种制度,不使用政权的强制力量就可以使中央政府的法令得到应有的贯彻。而做不到这一点,其他都无从说起。法律和法令无人遵守,或者不能完全贯彻,反而不如根本没有,因为零不过是等于零,有法令而不能贯彻则会产生忌妒和不满。你也许会问,使用何种强制办法。这个问题需要三思。但各州不同意国会最近提出的要求,已可证明使用强制方法的必要性。一个一向对邦联所采取的每一步骤都最先响应的州(纽约州),现在竟然几乎对每件事都加以反对,这是颇为异常的。

一六一、谈宪法

致戴维·汉弗莱斯上校[88]

1787 年 10 月 10 日于芒特弗农

亲爱的汉弗莱斯:此次提出的宪法并非完美无缺。但如考虑到组成制宪会议的形形色色的成分,以及要予以照顾的各种各样的利益,这部宪法中带根本性的缺点如此之少,实非始料所及。由于日后可以对宪法进行修改和变更,我认为民众应该接受提交给他们的这部宪法。我希望会像制宪会议中为大多数人所接受那样,为大多数民众所接受。但此事是难以预料的,因为很多人的地位和他们那些蛊惑人心的邪说将因宪法的改变而受到影响。这在很大程度上要靠文才来对付,要请文笔高明的人士在报纸上写文章,公开赞扬宪法。会议的时间虽长,但在整个会议期间,充满我希望见到的和谐一致、一心为公的气氛。无论今后情况如何发展,这一点将使我在回忆中得到安慰。

一六二、维护宪法

致布什罗德·华盛顿

1787 年 11 月 10 日于芒特弗农

亲爱的布什罗德：我认为，只凭浅近的谅解，开诚布公地解决一个简单的问题，就可以结束这场争论。这个问题就是：各州联合起来好呢，还是不联合起来好呢？如果有人不主张联合，他们无疑将会认为此次提出的宪法从第一句“我等民众”直到结尾的签字都是错误的。但是主张联合的人，尽管不同意宪法的某些部分，也一定会认为，为全国制定一部宪法不是任何一州或少数几州所能一手包办的。必须将各州的不同利益尽可能统一起来。只要情况许可，各地方的意见也必须予以照顾。于是，就形成了目前的情况，每一州都对这部宪法有些反对意见，而这些反对意见又极不统一。甲州满意，乙州反对；乙州满意，甲州又反对。如果将各州联合起来是人心所向，各组成部分均应稍事让步，方能达到联合的目的，否则就不能联合。我再重复一遍，无论是一个个别的州或少数几州，都不能将宪法强加于多数州。如果允许他们有这种权力，就必不可免地会引起一场性质极为严重的内乱。

让我们向本州反对宪法草案的人们提出一个问题，他们自己也确实应该自问：如果其他九个州都同意这部宪法——我对此毫不怀疑——他们打算采取什么方针？难道他们要提出：本州将单独行动？难道他们要和罗得岛结合一起？或者要和左右相邻的另外两州结合一起永不分离，成为社会的弃儿，而自谋生路？甚至倒退到从属于英国的地位？或者直到最后，当他们留在联邦之外，为人们所不齿时，再屈辱地加入联邦？

尽管有人对宪法表示热烈拥护和支持，但并不能说明它完美无缺。然而，人们都理解，缺点无法避免，且在情理之内。如果这些缺点将产生任何恶果，也要在今后方能加以补救，因为目前是无法进行这种补救的。宪法已为这种补救敞开大门。我认为，民众（因为要由他们来判断）能够亲身体验，所以他们能和我们一样，对必要进行的变更和修改作出最适当的决定。我觉得，我们并不比我们的后辈有更多的灵感、智慧和美德。

宪法所赋予的权力将永远掌握在民众手中。这项权力是为了某些特定目的、在特定期限内授给他们自己选出的代表的。当这种权力的使用违背他们利益，或不符合他们的愿望时，他们可以而且无疑会撤销他们公仆的资格。从各方面看，大家一致认为，政府无权，是无法进行有效管理的。然而，一旦授予政府这些权力时，受权管理政府的人，虽然仍只是民众的工具，即使只工作一天也要对他们所采取的每一错误步骤负责。但从他们接受权力的瞬间起，便会被视为暴君。从这个观点来看，他们的性质也就立即改变；除进行压迫以外，不会有其他意愿。在我们这个以如此方式组成和制约的政府里，是否会发生这类问题，还不得而知。但是，我确信无疑的是，为了阻止制定这样一部宪法，人们提出了许多表面上的理由；真正的理由却被隐蔽起来，因为它们不宜暴露于光天化日之下。即使他们的动机纯正，我也认为过于担心和没有宪法一样，都会产生同样恶果。我觉得我们没有必要找别的证据来证明这一点，只要看一看某些州（即使不是所有州）的宪法就够了。没有人比我更强烈地主张对政府每一部门都应加以适当的约束和合理的牵制了。但是,只因为政府人员有做坏事的可能,就使政府绝对无权,使政府人员毫无能力执行必要的任务,我还找不到适当理由来赞同这种观点。

一六三、华盛顿的政治理论

致拉法叶特侯爵

1788 年 2 月 7 日于芒特弗农

亲爱的侯爵:阁下对敝国目前政局甚表关心。阁下作为敝国的一位挚友,这是理所当然的。我将乐于尽力之所及满足阁下所表示的友好愿望。至于我对新宪法的看法,我愿毫无保留地透露给阁下(其实,通过邮讯全世界都将了解),因为在这方面,我确实无可隐瞒。依我看,代表来自这许多不同的州(阁下知道有的州还龃龉不和),他们态度不同,环境不同,各有偏爱,但却能联合起来,建立起一个全国性的政权体制,几乎无懈可击,这确是一个奇迹。我并非是这部宪法过于热心的、偏执的或者是盲目的崇拜者,因而看不出其中某些真正的(虽然不是根本性的)缺点。我不准备在此谈论这些缺点,因为一封信是无法说清楚的,而且谈论这些缺点既不能使人感到愉快,也没有益处。对于关键性的两个问题(这两点是整个机器赖以运转的枢轴),我的看法极为简单:

首先,授予联邦政府的权力,并未超出一个健全的政府为行使其职能所不可或缺的范围。因此,在授权多少这一点上,不应提出反对意见。

其次，这些权力（因所有执政者永将通过定期举行的自由选举由人民任命）由组成联邦管理机构的立法、行政和司法三个部门分别掌管，只要民众仍起作用，决无蜕化为君主制度、寡头政治、贵族统治或任何其他专制或压迫制度的危险。

侯爵阁下，不要以为我是在谈论古往今来的革命中由于道德败坏、行为不检和对不可侵犯的天赋人权维护不力所造成的后果，我也不想谈论我们深谋远虑地加以保卫和维护的自由不幸受到摧残时，篡权的勾当可能得逞的问题。这些偶然事件是人力所不能有效地加以防范的。新宪法至少有一点可取之处，就是采取了比人类迄今所建立的任何政府所采取的还要多的防范和其他难以逾越的措施，以防止走向暴政。在凡人的世界中，不能期望完美无缺，但是现代的人类在国家治理方面已有明显进步。即使目前呈献给美国民众的政府体制在实验中发现未能达到应有的完美程度，还可以根据宪法随时加以改进。

某些可敬的人士希望，合众国无论提出何种它认为必要的改变或修改，都要委派另一个联邦会议修改有关文件。就我本人而言，我怀疑有识之士会看不出这一办法是行不通的。因为与会者一定会事先接受这样的指示，即：会议上除意见分歧之外，不会取得任何结果。在上届会议期间，如果我对再一次召开会议将不会就选择一个较好的政府形式达成协议，还有些怀疑，那么，现在我也坚决相信，再次召开会议肯定不可能就任何制度达成协议。此外，还有许多依我看是毫无道理的反对意见，在冲击拟议中的制度。其中有许多意见，将对提出的任何有效政府同样地加以反对。根据已经审议成熟的结果，我只想再多说一句，要么通过新宪法，要么回到绝对的无政府状态并承受其可悲的恶果，别无其他选择。没有希望加以改变，也不存在中间的过渡形式。

一六四、务农的乐趣

致亚历山大·斯波茨伍德

1788年2月13日于芒特弗农

亲爱的先生：我想，对你而言，农民生活是最愉快的。这种生活是体面的、有乐趣的。如果经营得法，还有利可图。能亲眼观看禾苗破土，并通过巧手精心培育，茁壮成长，会使苦心经营的人心中充满只可意会不可言传的乐趣。

我高兴地得知，你条播玉米的首次试验得到了非常满意的结果。但我认为，除非你的土地比一般农田肥沃，否则那种六英尺长二英尺宽的种法将使土地负担过重。经验证明，种植玉米会减弱土壤肥力。但是究竟由于玉米的枝叶茂盛耗肥量大，抑或种植方法问题，或两者兼而有之，尚不十分清楚。因为原来每英亩种植二千四百二十株，每六平方英尺内一穴种两株（中等质量土地一般是这样种植的），而你却种植三千六百三十株，以6×2英尺单株种植。在夏季，究竟土地曝晒在阳光下有多大害处，是比其他问题更难解决的问题。我本人认为是有害的。但这与土地夏季休耕（特别是难于耕作的土地）的做法相矛盾。有些最有实践经验的英国农民认为，夏季休耕是绝对必要的，尽管杨先生和许多其他人的理论反对这一做法。

一六五、致函祝贺

致德·夏斯特吕克斯侯爵

1788年4月25日于芒特弗农

亲爱的侯爵：阁下1787年12月21日友好而且有趣的来函，已由最近邮班送达。拜读中，见到您使用“我的妻子”这类美国人的日常用语，既惊且喜，此种心情阁下不难想象。妻子！亲爱的侯爵阁下，见到您终于上钩，我不禁发笑。您经常颂扬美国家庭生活的幸福，我看您已吞下钓饵，终有一日无法摆脱，如同您作为一位哲学家和战士已被美国所接纳一样，这一天终于来到。我真心诚意地表示欢迎。这对您也大有好处。您横渡大西洋，协助美国的反叛者进行战争，受到家庭幸福这种病毒的感染，现在得到了应得的酬报。这种感染，如同天花和鼠疫一样，一生中只能有一次，因为它通常会影响终生（至少在美国是如此——不知道在法国是如何对待这类问题的）。在这个问题上，阁下已经受到甚多诅咒。我搜索枯肠，能想出的对德·夏斯特吕克斯夫人和阁下的最坏的诅咒是，您们俩在今世一生中谁也别想击退家庭幸福的乐趣。

侯爵阁下，您的大喜事促使我以独出心裁的方式写这封信，想必您能同样清楚地明了我的思想，并相信我所说的一切。（用普通的英语来说，就是“说老实话”）我对关系到你们幸福的一切都由衷地关怀。我抱着这种心情对你们的天作之合表示真诚的祝贺。我高兴地得知，德·夏斯特吕克斯侯爵夫人和奥林斯公爵夫人是近亲，我久闻公爵夫人是一位贤妻，她的高尚品德也堪称典范。

当阁下在婚姻之神的庇护下,在爱情中缠绵时,北方的大人物们却迷恋于战神,正在从事战争。鄙见以为阁下之恋实为上智,大有好处。毫无疑问,在地球上生殖繁育,较之将现有居民赶尽杀绝,使地球上杳无人迹更顺乎常理,合乎宗教(自然教或天启教)的教义。游侠骑士和英雄豪杰的时代,现在应告终结。你们年轻军人一心想夺得桂冠,(我认为)却不顾将播下多少战争种子。但是,为人类着想,应该虔诚地祝愿,让精耕细作的农业,人人受惠的商业,取代劳民伤财的战争和狂热的征伐,刀枪将变成犁铧,矛戟将变成刀剪,正如《圣经》中说的"各国不再闻杀伐之声"。

一六六、关于对宪法的反对意见

致拉法叶特侯爵

1788 年 4 月 28 日于芒特弗农

关于此次所拟宪法的一般优点,我曾在不久前致阁下的函中畅抒所见。顷接来函,知此函尚未收到。我从未指望互谅互让即可达致完美无缺。杰斐逊先生和阁下的看法无疑是明智的,就是在对宪法试图作任何修改之前,应尽一切努力使宪法在九个州中获得通过。因如不首先获得通过,将使人心浮动,焦虑不安,带来国家分裂或更大的危险。但如谨慎小心,不急不躁,假以时日,一切重要修改,则可望完成。

毫无疑问,阁下已看到,正是由于这种和解和爱国精神,马萨诸塞州的代表会议才通过了全部宪法,但是也提出了一些具体的修改建议和平息争论的解释,作为应该及早并不断予以密切注意的事项。虽然现在尚不能期望社会上每个人都赞成同一种最好的政府形式，但宪法中有许多问题，只需加以解释，各党派即可同感满意。例如，我相信，制宪会议中没有一个人对倡议者力争的“人权法案”和“由陪审团进行审判”表示反对。关于“人权法案”，民众显然保留了他们并没有明确表示放弃的一切，曾被认为不起作用，这在威尔逊先生和其他一些人对这一点所作的详尽解释中可以看出。至于“由陪审团进行审判”的问题，仅因难于规定一种不致影响任何一州既定模式的办法，促使会议将此案搁置，留待以后解决。

另有一些其他问题，意见更难免分歧。例如，总统任职若干年后是否可以连任。为在选择总统问题上防止行贿和施用威胁手段，这次提出的宪法虽作出了严密的规定，但在任命总统问题上采用轮换方法是否有必要或有利，我承认我和杰斐逊先生及阁下存在严重分歧。这一问题，曾在会议上进行充分讨论，我已完全理解，但在这封短信中无法对各方面的意见进行归纳，时间亦不允许。依我看，除非道德败坏、政治堕落已达不可救药的地步，否则，总统延长任期的阴谋，决无可能得逞，哪怕一时片刻，亦无可能——更不必说永久留任了。如真有那一天，那就不是延长任期的危险，而是有出现其他任何一种统治的危险。然而，当一国民众无力自治而需要由一位主子来统治时，则此人来自何方是无关紧要的。对这个问题作进一步的观察，我认为，不让一个被公认为能在最危险的时刻、最有能力为公众服务的人担任职务，是错误的。

关于阁下对我可能被当选为总统所提出的看法，由于阁下对我颇为了解，我只需说，总统职位并无使我入迷的魅力。除此以外,如果我说我将拒绝担任这一职务,或对可能永远不会发生的任命问题谈论过多,都可能是不适宜的。因为这样做,人们可能将我比成寓言中那只因摘不到葡萄而诅咒葡萄味酸的狐狸。为了表明我的旨趣所在,侯爵阁下,只需再多说一句,就是(在我有生之年,就我的情况而言)由于日益年老体弱,并日益酷爱清静,除想做一个诚实人在自己的农庄上生活和结束此生之外,别无他求。让那些野心勃勃、追逐虚名和来日方长、尚可一享其乐的人一显身手吧!

一六七、美国的天才诗人[89]

致拉法叶特侯爵

1788 年 5 月 28 日于芒特弗农

亲爱的侯爵:虽然阁下与巴洛先生直接相识,对他的作品也久闻其名,有所了解,我仍感到有必要给阁下写这封信,作正式的推荐。评论家们认为巴洛先生为第一流天才,堪与那些能使爱国志士、圣贤豪杰英名不朽的诗人媲美。正如你们古代那些诗人一样,既鼓舞人们流芳百世,又能使英雄名垂千古。而此种职能实非同小可。真正的军事天才往往乐于充当当代和过去时代文艺和诗歌的守护神。在某些情况下则互为因果:英雄造就了诗人,诗人也造就了英雄。据闻,亚历山大大帝对荷马的诗爱之若狂,并以找不到荷马那样的诗人来讴歌他自己的业绩为憾。凯撒以文学修养高深,并精于鉴赏而著称。奥古斯都自称而且确系大力奖借诗才——其本人亦获得相应的报偿:他的功绩通过诗歌得以流传万代。奥古斯都时代文风甚盛，佳作亦多，诗人与英雄辈出，交相辉映。贵国路易十四时代，曾涌现众多诗人及名将，人们将永志不忘。英国的安女王时代，也是如此，其光辉将永远照耀英国。美国作为一个国家，尚处于襁褓时期，但我以为，我们在心智方面的努力，足以（以无可争辩的事实）驳斥美国一切均在后退的评论。也许以后人们会发现，在当前，我国诗人和画家的成就不逊于世界其他国家。尽管与历史较为悠久的国家相比，我国在这一方面还缺乏强有力的刺激。因一般认为，文艺繁荣是生活优裕、社会鼓励及社会发展至先进阶段的结果。我注意到，盛赞美国诗才的英伦评论家，（他们的赞许似不得已而为之，因而尤为可靠）对给予贵国的赞扬并不高兴。正因如此，贵国对此种赞扬尤应珍视。我所谈的已远离我们主要关心的农业与政治方面的问题。原因何在，我亦难言，或许系因无其他消息可以奉告。

一六八、美国对外来移民的好处

致理查德·亨德森

1788 年 6 月 19 日于芒特弗农

先生：首先，美国在其政府的有效领导下，对于克勤克俭并拥有中等资本的人而言，将为世界各国中最理想的定居地，这是众所公认的。其次，由于财富分配均匀，未占用的土地广阔，谋生容易，故同样有利于最低层民众的幸福。这一点也为人们所坚信。因此，购置一大块土地作为家业，携来若干签有一定时间雇佣合同的强壮劳力，此种办法，无疑是可取的。

至于财产转让及创业伊始，其中应作何种安排，我与阁下所知略同。唯何处最宜作为定居地点，为一难于决定的问题。虽然，我相信来自外邦的移民，居心善良，行为端正，在我国各地均将受到同样友好和善的对待，但已有居民定居的旧州，土地已被占用，其周围地方已经开垦，因而，地价一般昂贵，对移民不利。西部地区及俄亥俄河两岸土地，亦和其他地区相似，有利亦有弊。主要问题在于与蛮人邻近，且交通不便。接近蛮人的危险性，俟加强垦殖点的工作完成以后即可解除，此项工作，现正在进行中。交通不便，将在很大程度上有赖于开辟内地航运，方可改善。开拓麻斯金根的工作现已开始，其条件之优越非美国过去任何殖民地所能比。日后，该地将以消息灵通、富有资财、实力雄厚为其特色。在垦拓者当中，我与许多人相识，均系极适于为此社会谋求福祉的人。

一六九、无意担任总统职务

致亚历山大·汉密尔顿

1788 年 10 月 3 日于芒特弗农

亲爱的先生：在几种出版物及函件中我已看到，我的名字曾有时被提及。阁下来函所谈偶然性，亦有可能发生。但我仍认为，以保持谨慎的沉默为佳。宁愿不征询知己的忠告（对此，我自然极为尊重），而不愿招致非难，使自己的情感蒙受不愉快的创伤。处于我的地位，如触及这一问题，即使以最秘密的方式征询别人意见，也难免行为失检之讥；而且，我还担心，过早表露不安的心情，可能被误解为自吹自擂，蓄意自诩为候选人，引人注意。我目前尚有些许自知之明，假如选举人能将选票投向他人，使我不致因必须作出接受或拒绝的抉择而陷入左右为难的窘境，我将深感欣悦。

如不能如愿，则不得已而求其次。我诚愿能洞悉真相，并愿了解是否有此可能：在无我参与的情况下，政府能同样胜任愉快地履行其职能。我极欲在可能情况下，获知以前各种消息，以便（当不宜继续拖延抉择时）根据正确理由毫无顾忌地进行抉择，而不过多考虑尚不能预见的、对我本人或名誉将产生的后果。届时，我将洗耳倾听各方意见，尤其是阁下的意见。对阁下的论点，我将尽可能予以冷静考虑，而不会漠然置之。

在对此问题进行全面考虑时，无论从何种角度出发，我都不想向阁下隐瞒我阴郁的心情，虽然人们不时告诉我，不久我可能，或将不得不作出决定。请阁下相信（虽然我并不指望对我不甚了解者相信此点），如果我被委任而又无法推辞，可以肯定，接受此项任命将比我平生所经历的任何任命都更为令人惶恐和不快。然而，我将下定决心，别无他顾，竭尽全力为民效力，以期能在适当时机尽早解除这一职务，使我能再一次隐退，以便在惊涛骇浪之后，度过平静的晚年，一享天伦之乐。

但何以要作如此预料？如果拥戴宪法的朋友，认为由我管理政府将提高其效率，加强其实力，则宪法的反对者，岂非也可能完全明了此意，而必然以我为其反对的目标？无疑，此类分子中很多人将充任选举人，他们甚至将反对任何（无论出于何种原因）可能阻碍他们行动的人。他们在选举之前即作此申明，可能系失策。但我愿作此推测，即：如果他们不照此行事，而是以目前貌似温和的假象出现，则不过是施展蒙哄欺骗的小技。他们有一套完整的反对计划。我有充分理由相信，各州的反对派领袖已在经常集会商讨，使其反对计划更为有效。

一七〇、关于制造业

致拉法叶特侯爵

1789年1月29日于芒特弗农

亲爱的侯爵：目前的不利可能变为有利。由于缺乏过去欧洲所给与的大量信贷，又缺乏汇兑，我国商业已大大削弱，但实用工艺的发展却几乎在不知不觉中臻于相当完善的境地。

我虽不拟给以过分鼓励，强行发展制造业，使农业受损，但我认为，妇女、儿童以及其他人，均可在制造业方面作出甚多贡献，而不致争夺从事农业所必需的人手。目前已制造出大量衣服、家具及消费品，增加了大量收入，此点已成定论。同样可以肯定的是，当制造业的发展大于美国历史上任何时期的同时，农业并未见缩减。宾夕法尼亚州专事棉布、帽及各种皮革制品的制造；马萨诸塞州则在兴建帆布、索具、玻璃工厂以及其他数种规模巨大而实用的行业。此地制鞋，彼地造钉，产量之大，令人难以置信。在该州及康涅狄格州，另有织造精纺及其他种类细呢的工厂。今日，我已函请我们的友人诺克斯将军选购哈特福德毛料的家织绒呢为我缝制一套服装。希望不久以后，男子穿其他衣料服装将不再时髦。我们受英国偏见影响为时太久。我家非美国生产的啤酒及奶酪不用。当然现在已可买到优质啤酒及奶酪。

欧洲内部在互相争吵，一位国王正在发狂，其他国王也大致相似，忙于宰割邻国居民。当此时刻，阁下毋庸置疑，美国将继续保持安宁，只要保持现有多种多样容易谋生的手段，及可充分发挥才能与勤奋的广阔天地，美国国民将不断前进。我们阖家向拉法叶特夫人及阁下致以问候。

一七一、告诫信

致乔治·斯特普托伊·华盛顿[90]

1789 年 3 月 23 日于芒特弗农

亲爱的乔治：为响应祖国召唤及朋友们的恳切要求，我不久就要离开此地，重新回到繁忙的公务生活中去，尽管这与我自己的意愿和兴趣是相违的。作为你的伯父和朋友，在此时刻，我有责任向你提出一些告诫；如果你能予以注意，你会发现这些告诫对指导你的言行将是很有益的。这些告诫，不只在目前，而且将在你一生中的每一时期，使你赢得别人的尊重。你现已长大成人，必须丢开童年时代无聊的嬉戏，而表现出成年人应有的庄重。

在这一关键时刻，你的一举一动，都会引起你周围人的注意。最初的印象，一般是最令人难忘的。因此，你目前的所作所为，可能将标志你毕生品格的主要特点。由于此种原因，如果你愿在社会上崭露头角，在一开始就将步子走正，是绝对必要的。至于为今后远大和幸福的前程奠定基础，应如何起步和遵循何种总原则，只能由年长识多的人向你指明。在这方面，我将愉快地尽力去做。我相信，你自己的判断能力会使你认识到，按照我的告诫去做是必要的。对你而言，当前的首要任务，应是勤勉和专心致志地学习那些你所处的环境允许你学到、并对你的一生有用的知识。这样，除了能学到知识以外，还可达到两个目的，即养成勤奋的习惯，和憎恶挥霍金钱及浪费时间。后两者和游手好闲是形影不离的。专心致志于学习，并不是说，你就不应再参与适合你的年龄和身份的娱乐活动。这两者可以并行不悖。如果安排得当，还可以相得益彰。至于选择何种娱乐活动和在何时从事娱乐活动，则是需要加以注意的重要问题。你自己的判断，加上和你关系密切的真正朋友的建议，就可以为你选定具体的和最好的消遣方式。这比由我来为你选择要好得多，因为我和你不在一起。但有一事你应牢记，当你有暇和别人交往时，一定要结交你所在地方的最佳伙伴。这样做，在课余时间，能使你的言谈举止经常受到熏陶，性情也得到陶冶。而且，结交良朋益友，总不会像结交酒肉朋友那样花钱。切莫以别人不接纳你，或者你在他们中间受不到应有的重视为借口，而不去结交他们。那只不过是那些言行令人生厌，或者性情乖戾的人的遁辞而已。我希望你永远也不会被人说成是那样的人。你要适当注意节俭。这一点，无论怎样强调也不为过分。你自己很清楚，你目前的财产和经济条件尚无力支付任何不必要的花费。目前，穿戴成了你的主要花销之一。我认为，你在这方面还不够节俭。对于一个明智和懂事的人而言，衣着的第一要求，应永远是得体和整洁。适当注意流行服式是必要的——但这并不是说，如果一个人已经有了两三件很好的衣服，只要时兴的样式稍有变化，就要做一件新上衣或其他衣服。一个热衷于带头讲时髦，或是紧赶时髦的人，在明智的人看来，他除了经常更换衣服以外，就再没有更好的东西能引起人们对他的注意。我总是希望你无论在何处，都衣着整齐，能和任何人交往——但是，我要再三叮嘱你——你自己也会悟出其中的道理，即你在这方面，应该尽量少花钱——你应当经常保留一些衣着，以备去教堂和有特殊事情时穿用。这些衣服，平日不要穿用。在你需要添置新衣服时，如果新衣服不比旧衣服质量差，你就可以将留在特殊情况下穿用的衣服，改在平时穿用。这样，就可以不必额外花钱。我说的有关衣着的这番话，对你来说，也许不如对劳伦斯更为适用——你比他大得多，更能判断我这些话的正确性。所以，你在这方面对他要多加注意，不要让他穿不适当的衣服，或穿戴过于讲究。对你这个年轻人来说，必须对品德问题给予应有的注意。这方面，我有更多的话要对你说——但是，这个问题，留待以后你走上社会的前夕再写信详谈，可能更为合适。如果你能按照我这封信中的忠告去做，经常注意学习，在闲暇的时候，和正派的朋友一道消遣，这样，你在学校读书期间，就不大可能参与坏事或胡作非为，也不会产生这种念头。而青年人，特别是城市青年，随时随地都会接触到这些坏事。如果你决心不想用功读书，一味追求享受和浪荡生活，那么我说什么也是无用——因为你总归要追求些什么，不是追求有益的东西，就必然要追求那些……。

一七二、谈纵饮的后果

致托马斯·格林

1789 年 3 月 31 日于芒特弗农

托马斯·格林：我以最严肃的和最明确无误的语言通知你，我已经授予少校，即我的侄子，全权处理我的一切事务的权力；另外，我已经给他下了一道严格的命令:如果他发现你在工作时由于嗜酒、欢喜游荡或懒散而不忠于职守,就立即将你解雇,并将你家从现在的住处搬走。为避免发生这一不良后果,可靠的办法是:第一,不要酗酒。因为酒是一切坏事的根源——全国有一半工人毁于酗酒;其次,切勿结交坏朋友。因为坏朋友是高尚的道德、节俭和勤勉的蛆虫。有各种因素促使你做到这两点——你的名声;家里人口越来越多要你照料和赡养;还要考虑到你的家庭关系问题。某些引诱你的懒虫(不要说更坏的人),他们的情况可能和你不同。假如你回顾一下,用回忆或算账的方法弄清你在喝酒上花费了多少钱,就将使你大吃一惊——这些钱大都是今天喝一些,明天喝一些,未加思索就用掉的,丝毫未感到有何不当之处。但一旦算起来,就会立即使你领悟:一个靠自己双手劳动不仅要养活自己,还要赡养人口越来越多的家庭的人,是否能将工资中那样多的钱,用在那个东西上?费钱还不是最坏的结果。喝酒就自然而然地会使一个人与那些好逸恶劳的人厮混在一起。而好逸恶劳,会逐渐使一个人走上犯罪的道路,最终可能把自己毁掉。如果不到这种程度,神志不清、身体虚弱(即使他还想忠实和出色地履行其职责),也会使他力不从心。喝酒必然会引起头痛和肢体震颤,手也就无法干活。随之而来的,便是怠惰和委靡不振,最终会变成无业游民。由于上述原因,就使一个本来能够赚钱糊口的劳动力不能工作,确是太不值得的。

一七三、有罪人之感

致亨利·诺克斯

1789 年 4 月 1 日于芒特弗农

亲爱的先生:我对新国会议员们到目前为止一直出席会议但未采取行动一事,表示同情。对我个人而言,此种迟延无异于缓刑。对阁下说句知心话(对外人去说,无人会相信),当我就任政府首脑之时,将有罪犯走向刑场之感。我的一生,为公务消耗殆尽,而在此风烛残年,又须舍弃恬静生活,投身于困难的海洋,而我本人又不具备掌舵所不可或缺的政治手腕、能力和兴趣,出任此职,殊非所愿。我知道,我此次是载着人民的愿望和我自己的声誉出航的。但是,究竟结果如何,除上苍之外,无人能够预言。我只能担保,我将做到正直和坚定。无论此段航程是长是短,即使众叛亲离,我亦将永远不会背弃正直和坚定,因为从正直和坚定中所得到的欣慰,在任何情况下他人都无法夺走。

一七四、第一任就职演说

向国会两院发表的就职演说

1789 年 4 月 30 日

参议院和众议院的同胞们:本月 14 日收到根据两院指示送达给我的通知。阅悉之余,深感惶恐。我一生饱经忧患,惟过去所经历的任何焦虑均不如今日之甚。一方面,因祖国的召唤,要我再度出山，对祖国的号令，我不能不肃然景从。然而，退居林下，系我一心向往并已选定的归宿。我曾满怀奢望，也曾下定决心，在退隐之地度过晚年。对此退隐的居所，除喜爱之外，已经习惯；看到自己的健康，因长期操劳，随着时光的流逝而日益衰退之时，对之更感需要和亲切。另一方面，祖国委我以重托，其艰巨与繁剧，即使国内最有才智和最有阅历的人士，亦将自感难以胜任，何况我资质鲁钝，又从未担任过政府行政职务，更感德薄能鲜，难当重任。处于此种思想矛盾中，但我一直认真致力于正确估量可能影响我执行任务的每一种情况，以确定我的职责，这是我所敢断言的。我执行任务时，如因往事留有良好的记忆而使我深受其影响，或因我的当选使我深感同胞对我的高度信任，并为此种感情所左右，以致对自己从未担负过的重任过少考虑自己能力的微薄及缺乏兴趣。我希望，我的动机将减轻我的错误，国人在判断错误的后果时，也会适当考虑所以产生此种偏颇的根源。

既然这就是我在响应公众召唤就任现职时所抱有的想法，在此举行就职仪式之际，如不虔诚地祈求上帝的帮助实极欠允当，因为上帝统治着全宇宙，主宰世界各国，神助能弥补凡人的任何缺陷。愿上帝赐福，保佑美国民众的自由与幸福，及为此目的而组成的政府，并保佑他们的政府在行政管理中顺利完成其应尽的职责。在向公众和个人幸福的伟大缔造者谢恩之际，我确信，我所表述之意愿同样是诸位及全国同胞的意愿。美国民众尤应向冥冥之中掌管人间一切的神力感恩和致敬。美国民众在取得独立国家地位的过程中，每前进一步，似乎都有天佑的征象。邦联政府制度的重要改革甫告完成；虽然性质不同的集团为数众多，但均能心平气和，互谅互让，经过讨论，卒底于成。若非我们虔诚的感恩得到回报，若非过去似乎已经呈现出预兆，使我们可以预期将来的赐福，这种方式是无法与大多数国家组建政府时所采取的方式相比的。在目前这一紧急关头，产生这些想法，确系深有所感而不能自已。我相信你们与我会有同感，即没有任何一个政府像我们这个新的自由政府这样，从一开始就诸事顺利。

根据设立行政机构条款的规定，总统有责“将他认为必要和有益的措施提请你们考虑”。现在和你们会见的这一场合，我无法详细谈论这个问题，我只想提一提我国的伟大宪法，我们就是根据宪法的规定举行这次会议的。宪法为诸位规定了权力范围，也指出了诸位应该注意的目标。在今天这次大会上，我将不向诸位提出某些具体的建议，而是要颂扬被选出来考虑和采纳这部宪法的代表们的才能、正直和爱国热忱。这样才更适合这次会议的气氛，我的感情也驱使我这样做。我从诸位这些高尚品德中，看到了最可靠的保证，一方面是，地方偏见或感情以及党派的分歧，都不能转移我们统观全局和一视同仁的视线。我们的视线是理应照顾各方面的大联合和各方面的利益的。所以，在另一方面，我们国家的政策将建筑在纯正不移的个人道德原则的基础上，这个自由政府将以它能博得公民的热爱与全世界的尊重等特点而显示出它的优越性。

我对祖国的热爱激励我以满怀愉悦的心情展望未来。这是因为，在我国的体制和发展趋势中，出现了又有道德又有幸福；又尽义务又享利益；又有公正和宽仁的方针政策作为切实准则，又有社会繁荣昌盛作为丰硕成果的不可分割的统一；这已是无可争辩的事实。这也因为，我们已充分认识，上帝决不会将幸福赐给那些把他所规定的秩序和权利的永恒准则弃之如粪土的国家。这还因为，人们已将维护神圣的自由火炬和维护共和政体命运的希望，理所当然地、意义深远地、也许是最后一次地，寄托于美国民众所进行的这一实验上。

一七五、谈公职候选人

致玛丽·伍斯特[91]

1789 年 5 月 21 日于纽约

夫人：本月 8 日来函收悉，深受感动。我对战争给您的家庭带来的巨大不幸表示同情。作为个人，我的感情将迫使我竭尽一切努力以弥补这一不幸。但作为一个只能为公众利益而行动的公职人员，我必须摈弃个人的好恶和愿望，来决定我职责中的每一具体事项；我必须根据所能了解到的最详尽的情况，并经过对一个人的品格和具体条件的总的判断，然后推荐我认为最能胜任他们将担任的职务的人到各部门去。

至目前为止，我尚未给任何申请人以肯定答复，而且，在各部门尚未建立，我对竞争者尚无一般了解之前，也不宜表示任何意见，以免被误解为有意鼓励或挫伤人们心中可能已经怀有的成功希望。就我在此事中所能起的作用而言，我只希望，待聘人员切勿亲自来此，以免劳民伤财。我只需要申请人提供姓名以及有关他们本人能力、品德、健康的证明文件。这些都是这几位申请人所能够提供的。此外，我不需要任何其他东西。在我作决定时，其他东西对他们也不会有任何帮助。在作出决定之前，夫人，我请您相信，无论结果如何，除公众利益外，我没有其他考虑。就我个人而言，我对您怀有崇高敬意，并一如既往，是您恭顺的仆人。

一七六、母丧[92]

致贝蒂·刘易斯

1789 年 9 月 13 日于纽约

亲爱的妹妹：我从鲍尔上校的信中第一次知道母亲去世的情况，其后我又收到卡特夫人受您的委托写给我的信。在收到上述两信以前，我已经从您的儿子罗伯特处了解到母亲患病的消息，因此对她的逝世心中有所准备。

父母逝世，令人悲恸。然而，念及上天赐予母亲以很少人才能享有的高寿，她头脑一直保持清醒，而且具有一般年高八十的老人所具有的体力，亦可令人感到慰藉。想到这些，我祝愿她进入极乐世界。作为她的亲人，我们应该顺从天意。当我前次去弗雷德里克斯堡时，我已与母亲诀别，未存重逢的希望。

一七七、订购桌上饰物

致莫里斯州长

1789 年 10 月 13 日于纽约

亲爱的先生：我欲烦阁下为我购置桌用玻璃镜数片，并请交最近来此地或费城的班轮运来。镜片可配有简单入时但售价不高的装饰而为阁下所欣赏者;镜片无疑应为散片,但能相互配合(指尺寸)。总长为十英尺,宽二英尺。镜框为金属板,或更为美观但价格不高的其他材料。如果此信所述不够清楚,可参照莫里斯先生桌面的装饰,即可理解我的主要要求。以上物品在巴黎选购是否较伦敦更为物美价廉,我无法断定。据我记忆,两地均有金属板框镜片出售,但伦敦较巴黎价廉——然而个别事例不能作为推断一般情况的证据。

金属框架可以制成美观而实用的冰箱,用以放置餐中和餐后饮用的酒类。我需要八个双孔冰箱(放置餐中饮用的马德拉白葡萄酒和红葡萄酒),每孔可以放下一个一品脱的细颈酒瓶,底部放冰,使酒瓶细颈露出冰箱;两孔之间装一手柄,可以很方便地提着手柄将双孔冰箱从桌子一边移到另一边。餐后酒需要四个四孔冰箱,每孔可放一夸脱的细颈酒瓶或普通酒瓶,共放四种酒——酒瓶下放冰,使酒瓶高出冰箱——在当中装一手柄,如果我描述不够清楚,你可运用你丰富的想象力。但我必须强调一点,即无论从总体或局部来说,都要防止浪费。我本人不喜欢浪费,也不应开此先例。我之所以要求冰箱每孔放一酒瓶,每一冰箱放二瓶和四瓶酒,是因为酒瓶无论装满或空瓶,都能直立,不致彼此相撞。

一七八、向国会两院发表的演说

1790 年 1 月 8 日

参众两院的同胞们:上届会议决定的措施,虽事属创新,任务艰巨,但能如我们之所望,博得选民的欢迎,在诸位为公众利益重新开始议事之际，回顾过去，不能不为此深受鼓舞。更进一步地实现选民的愿望，不辜负上帝的赐福，还需要诸位在本届重要会议的进程中，发挥爱国热忱、坚定性和智慧，进行冷静和审慎的考虑。

在诸位即将审议的为人们关心的许多问题中，建立联合防御问题需要予以特别重视。做好战争准备是维护和平的最有效的手段。

自由民众，不仅应该武装，还应加以训练。为此，必须制订统一的、周密的计划。为了民众的安全和利益，应要求他们建立更多工厂，使他们对主要物资，特别是军需物资的要求，不依赖于他人。

适当地建立军队是必需的。此事应予以周密考虑。这方面的安排，应在照顾官兵生活舒适的同时，注意节约，此点甚为重要。

至于应利用一切适当方法发展农、商、工业，无须赘述。但我必须向诸位说明，对从国外引进实用的新发明，和发挥人们的技能和天才，在国内进行研制，应给予同样有效的鼓励。并须注意发展邮政和邮路，便利我国边远地区之间的联系。这都是于国有益的。

我也同样相信，诸位也会同意我的意见，即两院应该大力促进科学和文学的发展。在任何国家，知识都是公众幸福的最可靠的基础。在我们这样的国家中，社会舆论可以直接对政府的措施作出反应。因此，有相应的知识水平是必不可少的。知识可以多种方式维护自由宪法：它可以使那些受托担任政府职务的人懂得，政府的每一重要目的都会得到民众通情达理的信任；它可以使民众理解并珍视他们的权利；使他们能预见到并预防这些权力可能遭受侵犯；使他们懂得什么是压迫，什么是必须行使的合法权威；使他们懂得，什么是由于不顾他们的困难而加给他们的负担，什么是不可避免的社会需要带来的负担;使他们分清:什么是自由精神,什么是无法无天;使他们懂得珍视前者,避免后者,联合起来,尊重法律的不可违犯性;并保持警惕,防止人们犯法。

通过资助现有的学院、筹建新的国立大学,或者其他有效办法,是否能很好地促使这一理想目标的实现,须由立法机关作为一项议题予以慎重考虑。

一七九、谈地方的猜忌心

致戴维·斯图尔特

1790 年 3 月 28 日于纽约

亲爱的先生:来函谈到的猜忌心理竟然有所发展,并在毒害南方民众的思想,这使我感到遗憾。但是,即使你所说的事实是造成此种嫉妒心理的原因,并已充分发挥其作用,是否已经超出宪法通过前、通过时和通过后每个了解情况的人都知道的范围?人们过去不是一直认为东部各州对某几点特别关心吗?是否有任何一位懂得人类本性的人,特别是了解东部民情的人,曾经认为,他们不会联合起来对他们步步紧逼?难道没有其他方面同样与南方各州有关吗?如南方各州不是那样紧紧抓住他们的利益不放,或者,如南方是一盘散沙,而东部各州却能团结一致来贯彻他们的主张,哪一方最应受到责备呢?联邦内部利害不同,无人否认。一州之内,也是这样,也无可怀疑。甚或州内各县,也无例外。例如,弗吉尼亚州的南方与北方,和南卡罗来纳州之上下两个地区等都是如此。这些地方的利益不总是存在分歧吗?再以费尔法克斯县为例,该县民众的利益不是也存在差异，而他们也确知存在此种差异吗？上述乃众所周知的事实，然而，不能因此得出利害不同即不能联合的结论。

构成争端，必有两方。如要充分了解，必须充分听取双方意见并了解一切有关情况；消除分歧，则需要耐性及互相忍让。为防御共同的危险，各州结成联邦，我国的安全及国际地位均系于此种联合。新宪法的基础即系此种忍让精神。南部或东部各州能指望它们的所有主张都顺利地贯彻吗？当然不可能。但我可以肯定，东部各州比南部诸州将更有可能贯彻它们更多的主张。其原因有如上述，即：东部各州在一切全国性的重大问题上能采取一致行动，而其他各州则各行其是。因此，我愿再问一句：谁最应受到责备？是那些看到利益所在并决心谋取其利益的人呢，还是那些看不到利益，或已看到但不采取明智行动的人呢？我愿提出另一问题——我头脑中存在的最重要的问题：如果东部及北部各州联合一致时具有危险性，是否不联合时危险性就会小一些？如果他们的指导原则系自身利益，难道联合之后，这一原则就会被他们抛弃，或者，对他们的约束力会减少一些吗？我认为都不甚可能。姑且不考虑其他方面，不联合对弗吉尼亚州（以及可能要与弗吉尼亚州采取同样行动的其他州）有何益处？他们一方岂非毫无疑问地会成为弱者？

那些自感未能如愿以偿地受到重视的人、那些贪求名位而所谋不遂的人以及那些恶毒阴谋家，从不放过任何机会对宪法进行攻击。把一方面的道理说得天花乱坠，对另一方面提出来的理由则置之不理。

令人痛惜的是，联邦内各种报刊的编辑们，未能更加广泛地和更正确地登载国会在所有全国性重大问题上的辩论（但是报刊上却充斥着粗俗下流和毫无意义的慷慨激昂的演说。如果人们知道其内容，则无人会去读它）。凡引起意见分歧的一些根源及决议要如实地告诉民众，作为他们作出自己判断的最可靠的依据。这并不是太难的事，他们都可做到。

一八〇、谈礼仪

致戴维·斯图尔特

1790 年 6 月 15 日于纽约

亲爱的先生：据我回忆，我在去年写给您的一封信中，曾向您谈及我不得不安排出一天的时间来接待无聊的和礼节性的拜访者的原因（因为在下午或任何其他时间内，都无法阻止社交性的和友谊性的拜访）。如果有人误解我的意思，请看下述有关这一安排的简短历史。这一安排现适用于外国人、陌生人和其他人，他们或出于好奇，或由于对总统的尊敬，或其他原因，要求拜访我。在建立这一制度之前，我任何事情都做不成，因为这些先生们只顾自己的方便，而不为我考虑。从我刚吃完早餐，——常常是在早餐之前，就来拜访，一直到用晚餐为止。因为我下决心不贻误工作，所以不得不选择一种解决办法：不是一概拒而不见，就是安排一定时间来接待他们。我很清楚，如果采取第一种办法，一定会得罪很多人；采用第二种办法，我估计那些吹毛求疵和无事生非的人会加以责难和大作文章。使每个人都满意是不可能的。于是我决定采取现在这一做法。这样，于公于私都有好处，我认为这一办法本身是无懈可击的。我没能按照布兰德上校所喜欢的那样向他鞠躬（顺便说一句，我相信他从来没有见到我向谁鞠过躬），甚为遗憾。特别是由于（在那种场合）人们是见谁都鞠躬的，而我又曾是鞠躬能手。如果当时布兰德上校能够宽宏大量一些，把我鞠躬僵直的原因归之于年龄太大，或老师教授无方，比归诸于职位的傲慢和尊严岂不更为适当？上帝知道，我对这一职位是毫无兴趣的。说真心话，我宁愿留在芒特弗农和一两位朋友在一起，也不愿在首都前后簇拥着国家显要和欧洲各国使节。

这种拜访是比较随便的，也不需要事先邀请，我每星期二下午三点至四点举行这种会见。客人们往往为数很多，来来去去，相互交谈，无拘无束。守门人将客人引入客厅，他们愿意离去时就离去，也无礼仪。他们第一次进入客厅时向我致礼，我致答礼，并且和尽可能多的人交谈。其中有何自负可言？我是觉察不到的。这也许表现在客人没有座位，这有两个原因：第一，这种安排是非同一般的；第二，也是更为实际的原因是，我的办公室没有放第三把椅子的地方，只此一个理由就够充分的了。如果这种接见的惯例起源于炫耀权势或宫廷作风（顺便说一句，这种作风我认为更多地是出于方便，当然更是由于必需，而不是像一般人所猜想的那样），我可以断然肯定，这种假设是最大的错误。因为，如果按照我本人的爱好，能从繁忙的公务中抽出的每一瞬间，我都将用于休息。我所以未这样做，是由于我有这一想法：使每个人都能自由地会见总统是适宜的，因为这是出于对国家元首的尊重。这种尊重，我认为既不能强求，也不能维护，而是要恰如其分地保持在既维护相当的尊严又不要过于随便之间。

华盛顿夫人每星期五下午会见来访者，与此相似，只是具有更多的社交性质。她会见来访者时我总是在场。这种会见，以及每周一次晚餐，尽量使我的餐桌坐满客人，他们都是来自政府各部门或有关系的。此外，还有以其他方式与联邦各地保持的联系。所有这些，如果不能说是超过我力所能及的话，亦近勉为其难。因为我在不到一年之内已经患了两次重病，第二次较第一次更重。第三次势在难免，将送我伴先辈长眠。至于此事将在何时发生，尚不得而知。一年来，我患病既多且重，超过过去三十年患病的总和。但总起来说，我完全有理由感到满意，因为我身体得到较好的恢复，尽管在肺部急性感染之后还感到不适，咳嗽、胸部疼痛、气促也还未完全消失。我提出愿在国会休会期间去芒特弗农，但何时休会，还不知道。我相信国会议员也无人知道。

一八一、谈国内情况

致戴维·汉弗莱斯

1791 年 7 月 20 日于费城

亲爱的先生：前信曾提及，我有意去南方各州一行，此事已告完成。我此次旅行一千八百八十七英里，而没有因为生病、天气恶劣或任何其他意外事故而中断。我们此行，确实异常顺利，凡是我原计划停留的地方，都按我在出发前就已计算好的时间，恰好在当天到达。全程没有换马，虽然几匹马都消瘦了许多，但直到最后一天都保持充沛的精力。

我能进行这次巡视，感到非常高兴，因为这使我亲眼看到了我所经过的各地的情况，了解了当地民众的意向，这比从任何材料中所了解的都更为确切。

国家情况似已大有改进，勤劳节俭正在形成为前所未有的风尚。民众安居乐业，他们以此来支持联邦政府，联邦政府就安如磐石。他们已开始体验到法律面前人人平等的好处。农民的产品很容易销售，商人要缴纳多少税款，也心中有数。那个地区的制造业进展甚微。他们要达到联邦中部和东部已经达到的水平可能还要很长一段时间。

每天的见闻都证明成立美国政府是正确的，而且日益受人欢迎。政府制定的法律，立即得到人们的首肯，这清楚地表明民众对自己代表的信任，也表明他们对政府管理人员的正直怀有信心。在通过对国产烈酒征税法律时，许多人曾断然肯定，南方各州，尤其是弗吉尼亚和北卡罗来纳两州，绝不会执行。此项法律刚从本月 1 日起生效，执行效果如何，尚未可知，但从我在巡视中所了解的民众反应（我曾几经周折才了解到这方面的情况）中可以推断，此项法律将无疑会被执行。不仅不会遭到反对，就是在那些预料没有人支持的地区，也会受到相当普遍的欢迎。但是，有可能，也许非常可能，会出现一些煽动者，炮制某些宣言、决议，并让人们签署，反对这一措施。

政府信任已趋稳固。三年前，如果有人如此预测，会被人们认为是发疯。新开设的银行以惊人的速度招满股额。这一件事充分证明（在此地）我国同胞的富裕和他们对政府措施的信任。在银行发行股票的第一天，全部股票（二万股），在一个小时之内就被抢购一空，申请认购的超过银行原订股份四千多股，来自其他各地的许多申请还不包括在内。

一八二、劝诫和忠告

致哈里奥特·华盛顿[93]

1791年10月30日于费城

亲爱的哈里奥特：本月21日来信收悉。每见来信，倍觉喜悦，如能抽暇，甚愿一一作复，我将以此为乐事。因为给你复信，将能视情况需要，随时向你提出忠告。

就目前情况而论，我比你更有理由将我们之间的通信写得简短，因我公务繁忙，而你却无所事事。因而，就你来说，早一二小时甚至一天坐下来写信，或推迟到你的表兄弟去邮寄时再动笔，都同样方便。我这样说，只是为告诫你：当你偶尔发生过错时，寻找不充分的理由为借口，不如不找借口。

我现在甚忙，在国会开会期间必然如此。但我仍要反复向你讲明，在你这一年龄，在某种情况下会发生的周折与危险。你正在进入女子成年时期，身边既无母亲的叮嘱与告诫，又无父亲的提醒和卫护。你可能还未察觉，你已到达即将定型的时刻，这将影响你的终生。对其后果你可能尚未加以考虑，但你应确信，此事至关重要，应予注意。

你和兄弟姐妹们朝夕相处，他们很有资格给你以指引，你如愿意接受，他们一定乐于帮助。但是，如你拒绝他们的指引，固执己见、刚愎自用，则很难指望他们会与你进行不愉快的争论。尤其是范妮,她性情温和、文静,只能对你忠言相劝或好言责备。你可想象,在此种环境中,一位性情未定的十五六岁少女,将是何等危险!无拘无束,对于一个没有头脑的人来说,可能是件痛快事,但是这种痛快不会长久。理智最终会使你明白,蹉跎时光是一件蠢事,但到那时,可能为时已晚。我可以肯定,你现在还不懂得,你的财产是不多的,你应该以有高度教养的心灵、勤劳节俭的品格、文雅的举止、助人为乐的精神等引人注意的品质来弥补不足,并使你能建立起幸福的生活。

当然,你可能没有结交无益的朋友,也没有见到过一切欺骗、说谎和坏事,因而,在治家方面已成为你的堂姊的亲密伙伴和助手。有很多少女,在到达你的年龄之前,就已经可以令人放心地代替母亲操持全部家务,但是要取得这种信任,必须经常一丝不苟地注意自己的言行。某一天听到你已取得了这种信任,将是我最高兴的事。在你一生的发展中,这会给你和将来一定时候与你结成伴侣的人,带来莫大好处。如你真能如此,也将使你的伯父感到无比欣慰。

一八三、一封友好的批评信

致莫里斯州长[94]

1792 年 1 月 28 日于费城

亲爱的先生:随函寄上国务卿签署的正式通知,以证实我已提名并任命阁下为美国驻法兰西宫廷全权公使。我愿向阁下保证,提名和任命均出自至诚。我相信,阁下对此将感到满意。我愿补充一句:我同意此项任命和对阁下的一些意见都出自同一想法。从我内心而论,我不愿多言,但就我与阁下的交谊而言,我应尽我所知将这一任命的理由向阁下阐明。

一方面考虑到了阁下的能力、对国内情况的了解和担任这一职务的旨趣,并给予了肯定。但另一方面,人们认为阁下言谈举止轻浮,不够慎重。有人认为,阁下的谈吐显示出傲慢,与阁下意见分歧的人,对此甚为反感。这在比其他国度更为崇尚礼仪和文雅的民众中,将引起不快。法国认为阁下是贵族统治的拥护者,不支持该国革命(我想他们意指该国宪法)。在此情况下,阁下不会成为受欢迎的人。因而,将事与愿违,不能为本国谋得较大利益。阁下在英国时,轻率地将出使的意图首先告知法兰西驻英格兰宫廷公使,该公使立即在法国宫廷中掀起一项运动。此项运动,以及与此类似的其他事件,使反对派人士密切纠结,鼓吹对内阁的不信任,引起内阁不满。据闻,阁下受委托与法国进行贸易谈判时,感到法方态度冷淡,即源于此。

我还拟谈谈阁下的政敌向我陈述的论点,但不拟详加说明。他们的论点是:阁下具有丰富和卓越的想象力,思维敏捷,但考虑不周,又自以为是,这是造成阁下冷语伤人的主要原因,而且奚落嘲讽易于招致令人难以忘怀的仇恨。然而,如果多加注意,更加谨慎,这是可以避免的。总之,我国的驻外代表,应该谨慎小心,这是绝对必要的,他们认为阁下不一定能做到。

上述意见,阁下可以同意,也可否定。我之所以列述于此,系欲在未向阁下说明我的想法和判断时,用以证明我对阁下的友谊。我这样做是认为,如果一个人胸怀坦荡,就不怕流言蜚语,而且会对攻击自己的荣誉和清白的一切谰言加以蔑视。阁下既已知道他们对这些问题的看法有特殊的用意，而且阁下又代表我国，因此，我充分相信（姑且认为对阁下的批评是完全或部分有根据的）阁下会毫无困难地克服缺点。这样，就可使阁下的政敌们心悦诚服，哑口无言。

一八四、为将级军官们画像

对将级军官们的评语

本名单包括现在国内所有的真正准将级以上的将级军官——那些由于年事已高、健康不佳以及其他种种原因被认为给予任何优越条件也不会出山，以及不应提名受到总司令重用的除外。

林肯少将

为人稳重，诚实，有胆量，通达。但年老体弱，精神旺盛时期已过，（如果任命他，）会勉强接受。

少将德斯图本男爵

通达，稳重，有胆量，熟谙军事战术及军队的部署和训练——有高度的服从精神——脾气急躁——有进取心——此人为外籍人。

莫尔特里少将

有胆略，据说为人随和——在上次战争中从始至终服役；上次战争以前，他已是一位军官，至少参加过一次讨伐切罗基人[①]的远征；在一两次较大战役中击败了切罗基人。但是，他究竟有多大聪明才智，工作能力如何，是否稳健，则不能肯定，因为我从无机会了解他。

麦金托什准将（名誉少将）

年老，不甚活跃；据说为人诚实，有胆略。在邦联中不甚有名，因而无论在社会上或军队中，都不会得到太大信任和尊重。

韦恩（名誉）少将

活跃、进取心有余，明智、谨慎不足——可能不是一位懂得节俭的人。喜欢受人奉承，爱虚荣，容易受骗和陷入窘境。（可能由于上述几种原因）对其下级官兵过于纵容。是否稳健，抑或嗜酒，不得而知。

威登（名誉）少将

虽然不失为一位头脑清楚的人，但不是一位足智多谋的军官。喜欢安逸和享乐，据说与酒无仇。因此，他的名字从未被向前提过。

汉德（名誉）少将

通达、明智，为人正直，无可指摘——被认为是一位相当好的

---

① 北美印第安人的一个种族。——译者

军官。如我记忆不错，此人不甚活跃。据我所知，从来无人指摘他脾气急躁。在目前很难选拔出一位指挥人员情况下，很少提起他的名字，但这可能在很大程度上是由于他所在的地方太远的缘故。

斯科特(名誉)少将

有胆略，心地善良，但承担大规模指挥任务的能力不足；据报告，此人嗜酒。

亨廷顿(名誉)少将

稳健、通达，极为谨慎但事业心不强，不振作，不坚定，且安于此种状态。

戚尔金森准将

根据名誉晋级，较以下数人级别为高——但晋升至此一级别只是名誉的。此人服役时间不长，究竟是否有能力担任军官职务，尚无法断定。此人精力充沛，通达，自负，有雄心壮志，但是否嗜酒，不得而知。

吉斯特准将

此人是否有做将级军官的资格，很少有人谈及。虽然我认为他的精神是无可指摘的，但对他的活动能力和责任感有所怀疑。

欧文准将

稳健，尚通达、谨慎。据说此人很节俭，在他负责一个独立指挥部时，提供了这方面的证明。但我回忆不出任何一件事，能证实他肯定是个好的或不称职的军官。

摩根准将

此人很幸运，获得巨大成功。但人们对其担任军官一职的能力，意见有分歧。有人指责他使用不正当手段让士兵为他提供证明。据说此人嗜酒(可能现已改正)，因而患有心悸症，时常卧床不起。他不否认自己是文盲。

威廉斯准将

此人通达事理，但有虚荣心。我认为，人们无疑喜爱他的意志坚定。有人认为他并不缺乏积极性，但除非此人过去经常有此种表现，否则，如其性格无明显特点，对于一切行动都一向听从其上司直接指挥的军人而言，作出决定性的判断并非易事。他的部队的纪律性、俭朴及内务，是表明他在这方面具有才能的最好证明。就威廉斯将军这方面的情况而言，我无任何意见，因为此人是在脱离北方军队参加南方军队之后，被任命为准将的。但是，他的不利因素是(如果他的身体情况未见好转)健康不佳。因为他身体不好，已连续两三年去斯维特斯普林斯疗养，目前甚至尚无回来的希望。

鲁弗斯·普特南准将

此人坚强，为人谨慎。无人(据我所知)提出过他缺乏坚定性的问题。总之，他的性格无特殊引人注目之处。因而，在其本州及小范围以外，无人知道他。

平克尼(名誉准将)

1776年9月16日即晋升为上校，但迟至战争结束方被任命为名誉准将。此人有甚多宝贵品质，其胆略不容置疑。此人荣誉感甚强，博学，通情达理。据说他在研究战术问题。但其事业心如何——积极或怠惰，或是否有部署部队的能力，则不甚了了——因我从无机会对其军事方面的才能作出判断。攻克查尔斯顿之后，此人即脱离了军队；但由于其军级低，且在此处不甚知名，是对其最为不利的两个因素，尤其是后者。其所以未能提升，最大可能是由于他曾被俘，但此事不应成为其晋升准将的障碍，因与他具有同等资格的上校均已提升。

一八五、谈互相忍让

致国务卿托马斯·杰斐逊(私函)[95]

1792年8月23日于芒特弗农

亲爱的先生：当我们被不共戴天的敌人和心怀叵测的朋友四面包围时，竟让内部纠纷摧伤我们的脏腑，诚属不幸，深感遗憾！我认为，最近的一次分歧，比上一次更为严重、更为惊人、更加使人痛心。如果在政府问题上彼此不能更多地考虑对方的意见和行为，或者没有一个更为正确无误的标准，能对某些设想的正确性在进行实验之前就加以判断，以避免坠入犯错误的厄运。我认为，要管理好政府或使之不致瓦解，如果不是不可能，也是很困难的。因为，当决定采取行动之后，如我们不共同去推动这部机器前进，而是甲向一方，乙向另一方拖拽，在对这部机器是否可用进行必要的试用之前，就将不可避免地将它拖散。这样下去，我认为，从未呈现于人类面前的繁荣幸福的瑰丽前景，可能永远不会出现。

因此，我诚挚地祝愿和热切地希望，各方都抛弃伤人的猜疑和刺激性的指责，而代之以胸怀宽大的忍让、互相克制和妥协。如能照此行事，将诸事顺利，也可能获得更大成功。否则，将诸事不利，政府的车轮将阻滞不前，我们的敌人将取得胜利。他们将倾其全力加深对政府的不满，可能将我们一直在建设的美好大厦毁掉。

我的这些建议和意见，并不是针对某一具体人或某位大人物的，我向政府的其他官员们也曾这样泛泛地谈过。因为，由于意见不同而导致的分歧和对政府的几乎所有措施及所有行政官员所进行的攻击，长期以来一直使我感到难过。而且，我想也不会不在国内和国外产生令人不愉快的后果。

一八六、谈宽以待人

致财政部长亚历山大·汉密尔顿（私函）[95]

1792 年 8 月 26 日于芒特弗农

亲爱的先生：政见分歧是不可避免的，在某种程度上也是必不可少的。但是，讨论问题时既不能心平气和；另一方面，作出的决定又不可避免地会包含有不正当的动机，这确是令人深感遗憾的。当我们看到，有能力的人和热心的爱国者，他们有共同的总目标，也有着同样的实现这些目标的正确动机，但对彼此的不同意见和行动不能宽大为怀地作出决定时，此种遗憾几乎达到令人懊恼的程度。事情发展到如此地步，其自然结果是，双方都将绳索拉紧，达到即将断裂的程度。因而，在探索出正确道路之前，采取折中的道路，将是最可取的。不然，就须能够找到一条能对事物预先进行判断的永远正确的规律（但这不过是一种妄想，因为凡人是做不到的）。

在这一前提下，我衷心希望彼此能容忍对方的政见。另外，充斥于我们报纸的、伤人的猜疑和刺激性的指责，应该代之以各方的相互忍让、克制和妥协。因为这种猜疑和指责，如果持续下去，必定会将事情推向极端，从而使这一机器解体。没有忍让、克制和妥协，就无法将政府管理好，无法使联邦维持更久。

如果在许多优越条件下建筑起来、而且在一开始就已经得到人们如此尊崇的这个美好的大厦，竟会因为对政府某些措施（因为我还不能说服自己，认为这些措施是某一政党决心要故意采取的行动）的意见分歧或内部纠纷，而使我们的脏腑遭受摧残，甚至达到使我们濒于四分五裂的地步，该是多么不幸。言之殊令人沮丧！然而，当各方过于坚持己见，暴露出意见分歧的后果时，同时即清楚地显示出忍让的必要性；也将证明唯有采取某些补救措施，使联邦中意见分歧的成员能协调一致，使联邦的统治力量得以恢复，才是最可取的。

一八七、关于对政府的攻击

致司法部长埃德蒙·伦道夫（私函）[96]

1792 年 8 月 26 日于芒特弗农

亲爱的先生：如能看到充斥于某些报章的对政府官员的谩骂

以及对政府的几乎每项措施的攻击停止下来，我将十分高兴。这些恶毒谩骂及攻击如果持续下去，必将使联邦土崩瓦解。由于播下了大量的不满、不信任和不安的种子，就不可避免地会产生此种后果，并断送我们幸福的前程。这一光辉灿烂的前程将是世界上任何民众都从未见到过的。而且，这些情况正是在整个欧洲都在以赞赏的眼光注视着我们光辉前程的时候出现的。那么，这一切是出自何种动机？其他姑且不论，这首先会使大西洋彼岸我们的（我应该如何称呼他们?）敌人笑逐颜开。

简而言之，如果一国政府及其官员经常成为报纸谩骂的对象，而政府又不肯屈尊去调查其动机及事实，我认为，世上任何人都无法将舵掌好，并使其政府不致四分五裂。我已谈得离题，谨此向阁下致敬和问候。

一八八、关于在竞选活动中利用自己名义事

致约翰·弗朗西斯·默塞尔

1792 年 9 月 26 日于芒特弗农

先生：我明确地向阁下申明，当我从坎贝尔上尉写给我邻居一位先生的信中发现，阁下和阁下的朋友们在竞选活动中随意使用我的名义时，我极感不快。因为我从未将阁下的名字与选举联系在一起。而且，我一直小心翼翼，未曾对任何候选人适于或不适于充任代表表示过意见。因为这些话经过严重歪曲，可能被解释为是赞成某甲，歧视某乙。可以想见，施加影响（如果我确有影响的话），无论是如何微小的影响，都极不适当，因为民众选择他们拥护

的人代表他们进入国会，应有完全的自由。由于我一直坚定不移地遵循这一原则，因此，当我在上述信中读到下述内容时，感到惊异，并愿申明我的态度，这是不足为奇的。上述信中说：

“我于昨日从费城来此后，发现默塞尔上校曾公开宣称，小理查德·斯普利格先生曾告他，布什罗德·华盛顿曾向他说，总统曾当面向他声称，希望默塞尔上校在下次国会选举中不要落选，并补充说，他认为默塞尔上校是现在及过去由本州选进国会的所有代表中的最理想的代表。”

我当即向出示此信的人声明：“据我记忆，我从未和布什罗德·华盛顿交谈过，亦未曾在他面前谈论过有关阁下的选举问题，更不曾向他表示过如此肯定的意见。此种做法与我为自己规定的、并一直严格遵循的原则——不直接也不间接干预民众选择其代表之事——是不相容的。我还告诉他，我希望他能造访布什罗德·华盛顿，请他作证我们之间是否曾就此问题作过何种议论，因为我希望任何事都应有正当的根据。”其他据传为我的观点，亦属同样谬误。

至于阁下是否曾在任何场合以不敬的语言议论过我，我无从得知——我从未想对此事进行追究。如阁下的议论无损于我的荣誉和诚实，我并不介意其他。我有生六十年来，一直沿着一个不变的方向前进。我相信，全世界都认为这是一个正确的方向，我为此而感到欣慰。我已下定决心，在我有生之年决不左右摇摆，偏离这一方向。

一八九、关于哈里奥特·华盛顿的品行

致贝蒂·刘易斯夫人

1792 年 10 月 7 日于芒特弗农

亲爱的妹妹:由于华盛顿夫人和我明天即将动身去费城,我趁罗伯特·刘易斯先生送哈里奥特去弗雷德里克斯堡之便,带去此信。现在就将她送去(尽管你曾说要去阿尔贝玛尔),一是由于我们出门之后将她留在此地,不甚相宜;二是由于以后将无便人陪送她去;三是由于不便让她独自出行。

华盛顿夫人告我,哈里奥特到你那里时,将带去一个女孩在这种情况下所必需的一切用品。这些用品使我花费了许多钱。除了让她留在你家之外,请你(或他人)不必为她再买东西。这里的房子将没有白人妇女居住,让她一人留在此处不太适宜。我将一如过去七年那样,继续为她提供合理的、正当的必需物品,尽管我还要照管她的两个兄弟,而且要用我自己的钱为他们支付几百镑的伙食、读书和衣着等费用,时间比七年还要长,因为他们父亲的资产不足以支付这些开支。

哈里奥特很懂事,但不够勤恳,也不爱惜衣服。有你这一榜样加以适当训诲,这些缺点是可以克服的。为此,我希望你能经常检查她的衣服,并指点她如何穿用。否则,(我听说)她就会到处乱丢,总是穿那几件好衣服。范妮太随便,也不管事,也没有威信能通过教诲或做出榜样使她有所改正。华盛顿夫人不在,在许多方面对她也是不利的。但她还年轻,只要加以正确诱导,还是可以成为一位贤淑的女子的。虽然似乎已为她准备好一切(只有斗篷在亚历山德里亚可能买不到,需要到弗雷德里克斯堡去买),但如果你发现还缺少什么,而你又打算为她添购,垫款时间不会超过十天,因为在你将钱数告诉我之后,我随时都可以在四天之内将银行汇单置于信中寄来。这并不是说可以随意挥霍,她本人也无此想法,即使她有此要求,我的经济情况也不允许我纵容她这样做。

华盛顿夫人和我一起祝愿你完全恢复健康,并祝你诸事顺绥。

一九〇、完全相信杰斐逊的忠诚

致国务卿托马斯·杰斐逊(私函)

1792 年 10 月 18 日

亲爱的先生:来函附寄的摘录拜悉。阁下对美国宪法的忠诚与增进国民福祉的宏愿,我坚信不疑,无须以此作为佐证。唯阁下与政府另一要员间意见分歧,不能团结一致,我深以为憾。我切望双方能互谅互让,达成和解。

如能如愿,则在政府会议中将出现和谐气氛,并导致良好结果。反之,则无疑将产生混乱及严重危害。何以言之?因人的思想不能尽同,但将采取不同途径以达到同一目的。我愿坦白而且郑重地申明:我坚信二公见地均出自纯正及良好的用心,而争论的症结仅在于何种措施较为优越,这只能由实践予以验证。何以美国最优秀的公民,善于判断的人,一贯忠贞并经过考验的爱国志士,其见解及行为均出自纯洁之动机,而非别有用心,但由于对事物的观点见仁见智,竟产生如许风波?何以二公竟如此坚持己见,而不能容忍对方意见？我本可以，而且，确曾有此打算，就此重要问题表示自己意见，但我将予保留，至少在目前不予发表，而首先表示我的愿望：我相信二公的观点并非不可协调，切勿因步调不一而丧失我们唾手可得的幸福。我对二公均怀有崇高与诚挚的敬仰，故竭诚希望能拟订出一条彼此均可接受的方案。

一九一、对重新当选的感想

致弗吉尼亚州长亨利·李

1793 年 1 月 20 日于费城

亲爱的先生：承蒙本月 6 日惠书祝贺连任政府首脑，谨致谢忱。民众所表达的拥戴与信任，实为我的特殊荣誉，除铁石心肠，不能无动于衷。由于我曾同意参加竞选，如我未能以可观的票数当选，我很可能会在一段时间内感到懊恼。但如认为我在连任伊始，满心欢悦，亦非事实。尽管世界舆论可能误解我为做作（但世人只能对我的情感进行揣测，因为他们从未体会过此种烦恼），但我的某些挚友是深知底细的。只是在经过内心长时间和颇费周折的权衡之后，我才未及时提出切勿为我浪费选票的请求（其原因无须在此提及），因我当时已决定在卸任之后去过平民生活。

一九二、吊唁信

致弗朗西斯·华盛顿[97]

1793 年 2 月 24 日于费城

亲爱的范妮：由于你完全了解我对我们已故朋友的深情厚谊，

因而在我获悉他去世时的内心感伤就不需在此描述了，尽管此事在很久之前我就已经有所预料。如将我的悲痛心情如实地加以表述，除使你重新燃起内心的剧烈悲恸之外，不会有其他结果。我希望这种悲恸现在已成过去。

我写此信的目的，是向你表达我的深厚感情、友谊和为你尽力的愿望。在很大程度上，我对你的孩子们也怀有同样的感情。

我不知你将作何打算，或在如此短暂时期内是否已有所打算。因此，我想提出一个我认为最可取的、对你自己和孩子们都有利的办法，就是回到芒特弗农故居去。因为你到那里去，将比去他处更受欢迎，更可节省开支和减少麻烦。芒特弗农已作出安排，有专人负责管理，今后也将如此，这将解除你照管一个大家庭的烦恼。否则，你必然不能脱身。管理家务，在任何情况下，即使精打细算，都是很费钱的，此点毋庸向你赘述。在你自己为家庭置备用品时，你可能就会发现力不从心了。

你可以将我的侄女哈里奥特·华盛顿一起带去，做你的陪伴。据闻我妹妹对她的品行很感满意。根据目前情况，我将在4月1日前后去芒特弗农，可能住两周，但预料你的婶母和她的家人在7月中旬以前不能到达。向你和你的孩子们致以问候。我将永远是你的朋友。

一九三、关于报纸上的谩骂

致弗吉尼亚州长亨利·李（私函）

1793年7月21日于费城

亲爱的先生：我深知，我国和所有其他国家一样，都存在不满分子。这些人不满的原因各有不同,有些人出于好意,认为联邦政府的措施不当,有些人则出于恶意。如果允许我用一个刺耳的字眼来说,即心同鬼蜮。因为这些人不仅要阻挠政府的一般措施,(他们为了大大贬低政府的成就)尤其要破坏民众对他们公仆的不可或缺的信任(在无确凿证据足以证实他们失职的情况下)。在我任职期间,我就是把自己视为公仆。如果他们在此期间,进而将我称为他们的奴隶,我亦无异议。

但是,此种攻击到何时方能终了?就我本人而言,其结果如何,我将毫不介意,因我内心自有世上任何力量所不能剥夺的慰藉,就是我的一切行为均无个人野心及谋求私利的动机。因而,尽管支支毒箭,刺多镞锐,但永远不能伤及我的要害。当然,我既已竖为他们的鹄的,毒箭将继续向我发射。弗里诺和贝奇报系的出版物无理已极,他们的文章愈受到人们鄙视,他们就愈变本加厉,而被他们攻击的人,则不置一词。这些文章的目的,头脑冷静、不持偏见的人一看便知。但按我的意见,应该对他们提出警告,因为其后果将难以估量。你向吉尼特先生所表述的对美国的舆论和行动及其正确政策的见解,由于考虑到吉尼特先生的国家,无疑是明确无误的。而且,像他这样一个明眼人,肯定已经完全看清,但他却在此问题上保持沉默。随着时间的推移,真相将逐渐展示在人们面前,而目前以不透露为佳。据闻,你已经离开艰苦而危险的战场,回到舒适而幸福的爱神之榻侧。对此喜事,和对你所做的其他值得赞扬的好事一样,我都愿祝福你取得成功和幸福。

一九四、关于政府的作为

致埃德蒙・彭德尔顿[98]

1793 年 9 月 23 日于芒特弗农

亲爱的先生:接奉本月 11 日给我的私函,感到十分高兴。您重申保证,对我的评价不变,这使我更加欣悦。屡承以溢美之词,表述您对我的看法,深以为感。您对我提出的看法,甚为及时,因我虽不明其缘由,但已开始感到我在政府中的某些做法(虽然用心良苦),您甚不以为然。想必您还记得,您曾作出许诺,我亦不时企盼,每年给我写一封信。但(如我记忆不错)自上次接奉手书后,迄今至少已逾四年。

来函称,与世隔绝,除报章所载消息,不知其他。我对此深表遗憾。我希望您在世界舞台上能有更大作为,也希望您所有的消息来源与您的才能和意向相称,可对政府的各项措施作出正确的判断。只有这样,对公众或将更有裨益。因确有某些不负责任的报纸,若非蓄意闹事,确欲扰乱民心。

关于财政部长是否廉洁问题,我不愿多置一词,因下届国会开会时,很可能就对他的某些指控进行调查,最终将涉及他的全部问题。另外,如果我没有误解,他将要求予以调查,而不是设法回避。于是,公正的世界舆论将完全有可能对他的行为,也可能对他的动机,作出公正的判断。我可以不揣冒昧地申明,我比任何人都恳切希望,无论结果如何,都要把这些问题查到水落石出。

我最真诚地向您保证,您对政府任何重大措施直言不讳地发表意见，无论这种意见是对人还是对事，我都能接受。而且，我希望对我的意见，应比对其他人的意见，更能言无不尽。我可以真心诚意地申明，我心中并不怀有与宪法和明显的国家利益背道而驰的念头，而且，退返林泉的愿望远远超过任何尘世的希求。因而，在我充当民众公仆时，我唯一的愿望是了解我的主人的意愿，使自己的言行符合他们的意愿。

您认为，我之所以签署许多我并不同意的法案，是出于对立法机关的尊重(还应加上我对宪法的理解)，这一看法可谓公允。我如此说，并非指某一具体法案。就宪法性质而言，对于某项法案我应全部批准，或全部拒绝。如予拒绝，应提出明确、充分的理由。而就我自己的判断能力而言，对某些无把握的事物所持的看法，我从无坚持己见的信心。

华盛顿夫人身体尚好，我们向阁下和尊夫人表示最良好的祝愿，祝二位长寿，身体健康；愿二位一如既往，生活愉快幸福，白头到老。

一九五、表示遗憾

致托马斯·杰斐逊

1794 年 1 月 1 日于费城

亲爱的先生：昨天收到阁下辞去国务卿职务的辞职书，深感遗憾。既然未能说服阁下继续放弃过平民生活的愿望，因而，尽管我欲极力避免此事的发生，但亦不得不依从阁下的请求。

但是在阁下卸去职务之际，我不能不向阁下表述我对阁下的品德和才能，以及当初提名阁下为候选人时的看法，已在实际中完全得到证实。在阁下履行职责的过程中，阁下的品德和才能亦突出地显示出来。

我深切感谢阁下对我的祝福。并请阁下相信，我将诚挚地为阁下祈祷，祝愿阁下退休以后获得幸福。

一九六、函请担任政府职务

致查尔斯·科茨沃思·平克尼[99]

（秘密）

1794 年 1 月 22 日于费城

亲爱的先生：我有理由相信，陆军部的现任领导人，出于个人原因，将辞去该部职务。除非发生紧急情况（上天将不允其发生），使我国不得不与敌国开战，当然，在此情况下，他将视离职而去会损害他的荣誉。

此事如果成为事实，很可能发生在国会本届会议闭幕或将闭幕之时（4 月以前谅不可能）。如果出现此种情况，我是否可指望由阁下继任？我之所以在物色一位人选，并非只是为了执行该部门的琐细职务，这可由地位低于阁下者完成，而拟物色一位军官领导该部。该部作为整个行政机构的一个部门，遇有全国性的重大问题时，将参加行政机构召开的会议。此人不仅应熟谙军事，对我们所选择的政体有关的政治问题也应有全面了解，同时还应具有经过考验的品德。似此情况还有谁比您更合适呢？此语实发自肺腑，绝非恭维之词。

一九七、任命的方针

致詹姆斯·麦克亨利

（私函）

1794年8月8日于费城

先生：您3月31日及本月3日的私人来信，均已按时收阅。回复求职信件，对我虽非全然陌生，亦属罕有。由于尊重与礼貌，以及在公共事务中我们过去的关系，特此函复以示来信已经收到，但除解释我在下述情况下对此保持缄默的动机外，其他则无可奉告。

第一，诸如此类的信件甚伙，如一一作客套的答复，占去我的时间太多。

第二，作客套的答复容易引起非分之想。

第三，在我就职之时就已下定决心，将永不被人指控我有欺骗言行。我深为此一决心感到高兴。因为我在许多情况下，已体验到我必须心如铁石，防止感情用事与滥用友谊。我在提名人选时，决不能以初衷与首次印象为依据，而应兼顾到对方的品德与各种情况。因为这很显明地证实了是符合我所奉行的准则的。那就是不到任命已经决定时，我不表态，直到有了充分的根据和了解全盘情况后我才作出判断。

一九八、谈美国与英国的农业

致约翰·辛克莱爵士

1794 年 7 月 20 日于费城

先生:极其高兴而且满意地拜读了您赞助的著作。这不仅使您增添光彩,也有益于公共事业。此种对大不列颠几个郡的农业的概论,令人兴趣盎然,它肯定对贵国的农事非常有利,此书流传之地的农事也将受益。您订立此项计划,又以您的智慧与热情付诸实行,对此,人们必将表示衷心感激。我本人也对此计划及其执行极为高兴。务请指示您的书商继续此项工作,所需款项在我获知总数后将随时照付或立即汇上。全文收到后,我将尽全力促使在美国重印。

据我所知,对于任何国家,再没有比振兴农业、畜牧业及其他农业经营的各业更为实际和重要。同时,我也想象不出还有其他任何计划比您所提供的更易于达到此目的。因为您将联合王国各地农业的实际情况展现在读者眼前,好与坏的做法一目了然。给英国农业部的报告看来是一件精心之作,圆满地回答了人们期望在此优良计划中能得以解答的种种问题,同时提供了政治经济学方面的大量有用的资料,对各国均有裨益。

在我国不存在公地、什一税和租赁,这些都被列为改进英国农业的重重障碍,而重税则使纯利润大为减少。这些税我们都没有或轻微得难以觉察。必须承认贵国的农业体系确比我国高出一筹,所耗工本当然也比我国要多得多。但是当年终结算时减去农业税、济贫税以及各项开支,土地上生产所得,两国究系保持何种水平，这一问题，尚待探索。在这个国家要建立一个由国会资助的农业研究组织，决非一朝一夕之功。我们需像他国一样先走而后跑。先有较小的机构为较大的机构铺平道路。但我希望根据前车之鉴，我们完成农业发展计划的步伐将不会像其他国家那样迟缓。从附寄的计划大纲中，您可以看出我们正试图在宾夕法尼亚建立一个改进农业的州学会。如果成功，便走出了第一步。但目前尚在酝酿阶段，侈谈结果为时过早。

和农业一样，我国的家畜业就规模而言也是次于贵国的，其原因并非缺乏良种，乃是缺乏精心照料所致。经验充分证明：哪里的牧场在土地和气候允许范围内得到改进，哪里就能储藏充分精良的饲料，对牲畜采用精心照料的方法，使我国的马匹、菜牛、羊等都不致亚于从英国进口的最佳品种。我国的羊毛也不亚于贵国一般品种的羊毛。例如，1783 年《巴黎和约》后，我又重新务农，精心饲养绵羊（通常饲养七八百头），由于如此重视，在 1789 年剪毛时，平均羊毛产量达到剪毛的五又四分之一。我把一把杂乱剪下的羊毛交给阿瑟·杨先生转给厂商检验，结果其质量与肯特郡羊毛质量相等。同年（1789 年），我被政府召回，从此无暇顾及自家农事，结果我的绵羊最后的剪毛，提供的产量未超过二又二分之一。

一九九、关于推翻政府的企图[100]

致弗吉尼亚州长亨利·李

1794 年 8 月 26 日于杰曼敦

亲爱的先生：请让我怀着自豪和满意的心情讲几句。据我所知，除掉那些唯恐失去机会把矛头对准政府和对政府进行侧击的人外，对此次暴动举世无不感到深恶痛绝。即使在前面所指的人中，也无人敢公然为此种明目张胆地违反法律和秩序的行径辩解。然而主张姑息的人们却力图在国会对此作出决定前中止一切反对暴动的行动，以便赢得时间，尽可能使暴乱范围扩大，力量更强，当然也就更难于对付并不易收拾。

依我之见，这次暴乱是民主协会结下的第一个可怕之果。在尚未成熟之时，使其主张过早地结果，我相信会导致该协会自身的毁灭。

民主协会系由心怀叵测、诡计多端的人（该协会许多成员无疑是一片好心，但对协会的真实计划一无所知）发起创立，其主要任务是在民众中撒播对政府猜忌与不信任的种子，摧毁人们对政府行政机构的信任，而其邪说一直在蔓延发展，这对于那些深知协会领导的伎俩并注意他们行径的人们是并不新奇的。很早我就已向我周围那些可信任的人阐明了我的观点：如果上述协会不受到制止（但非检举，因检举只能促使其更趋强大），如果人们对它的起源及其发起人吉尼特为了政府所熟知的目的而创立组织的那种观点不感厌恶，则它将从根本上动摇政府。时间与事实坚定了我的观点，我为可能产生的后果懊恼，并非因我个人将受影响，我不久即将结束政治生涯，我比他们更急于看到自己下台以便作永久的引退，而是因我看穿了那种最凶恶的企图，在民主与迷人的幌子下，旨在摧毁人类前此从未接受过的最美好的政府机构和幸福。

我已觉察到制造不和的计划的一部分是让我以不实之词说别人，同时又让别人以不实之词攻击我。在众多的事实中，我深知第一种情况是确有其事，第二种我也相信。然而，只要达到目的，事实与谎言对他们都是无关紧要。

我谈亨利先生的报道和杰斐逊先生谈我的报道即属此类。对这两篇报道，特别是第一篇，我想稍加详述。从严格的事实出发，我可以声明，对于那位先生我从未发表过那种如来函所述他信以为真的观点。的确，我曾听说他对宪法抱有敌意，但又极高兴地从科尔斯上校那里获悉（我相信他会记得），亨利先生在行动中表示了默认。虽然他不能抛弃自己的对于宪法的观点，但如不要求他出任公职，他将不对大多数人民所选择的政府的行使权力表露任何不友好的情绪，也不会用言辞表达这样的情绪。

至如所传杰斐逊先生所发表的谈话，其措辞实令熟悉我性格的人迷惑不解，除非那是故意嘲讽。即使是嘲讽之词也过于尖刻，伤人太甚，但说言辞出于杰斐逊之口又缺乏根据。没有迹象说明他会怀疑我对大英帝国及其政治有所偏好，除非他视我为最狡诈、最虚伪的人物，可是我不相信这一点。因为无论我和他对此问题私下的交谈，或是我与亲近官员们的会见，他都经常听到我一有机会就表示与偏好截然不同的意见，而且斩钉截铁，绝不可能引起任何在座者的误解。

由于我已决定在行政权力范围内要保持这个国家的中立状态，我已使我自己的公开行动与这一决定一致。在我作为一个公职人员采取这样行动的同时，作为一个人，言行一致的品德和礼貌同样不允许我发表偏爱一个国家而对另一国家怀有成见的放肆言论。而在这方面，许多人毫不节制自己。我冒昧地补充一句，他们这样做只会使政府陷于窘境，而对国家毫无裨益。

二〇〇、威士忌暴乱[101]

致伯吉斯·鲍尔

1794年9月25日于费城

亲爱的先生：闻在当前各州应征的民兵中士气甚为旺盛，并闻那些破坏社会和平与秩序的煽动者传播邪说以毒害民众并煽动他们对政府不满的企图，特别是他们千方百计使人相信他们的自由受到侵犯，无所不用其极的险毒可憎的伎俩，在迷惑人的伪装下，正被用来削弱宪法，为未来的奴隶制奠定基础等种种邪说，均已遭到坚决的反对，闻悉之余，不胜欣慰。

本州西部地区的暴乱即是一个明证，也可以说是民主协会的第一个成熟的果实。虽然我从不怀疑如果此种行动不为那些倾向于一个有秩序的良好的政府的人们所憎恶，必将产生如此后果，但应该承认我绝未料到它竟成熟得如此迅速。国会法令须经过国会代表审慎严肃地考虑，国会代表则系选举产生，代表选民的意志，他们要力图按照情况把选民的意志形成整个政府的法律，而那些自行创立的团体却自封为常任检察官，在晚上秘密决定，要国会按照他们的意志为某一社团的利益通过议案，成为整个政府的法律（无人否认在必要时人民有集会请愿、抗议某项法案的权利），否则，即宣称这一法案不符合宪法，那一议案怀有恶意，投票反对他们的人则被指责为怀有个人目的或受外国影响，甚至被宣布为叛国者。难道还有比这更荒谬、更骄横、更有害于社会和平的吗？此等胆大妄为的推测能与高尚的动机相提并论吗？而且就是这些人对政府的工作程序一无所知却指责政府的议案、法令，不遗余力地破坏政府的信用。

这一切显然是意在扰乱民心，不受到抵制是不会收敛的。但我希望也深信这终将葬送他们自己，特别是当人们更普遍地了解从此地蔓延到其他地方的民主协会是吉尼特先生为了制造纷争这一明显目的而建立的。当吉尼特先生发现政府官员将不会顺从他企图造成国家混乱所采取的敌对措施时，便想以此在政府和人民之间划出一条鸿沟。

二〇一、法律必须执行

致丹尼尔·摩根少将

1794 年 10 月 8 日于卡莱尔

亲爱的先生：我十分赞同阁下的意见，我们从事的事业应有成效地进行，已出现的狂妄的宗派主义思潮（一种推翻法律破坏宪法的思潮）应当予以抑制。如此种思潮泛滥得逞，则我等可告退还乡，国家政府将不复存在，仅留下暴徒与社团政权，而无政府主义与混乱也将接踵而来。倘若各项法规议案经过人民代表严肃讨论后，却容许少数人（也许是极少数人）操纵大多数人按照少数人的意志将其定为法律，则生命、自由和财产怎能得到保障。如果法治不能生效，则谁能知道如何安全地立身行事？在我的想象中从来还没有某项制定的法律能完完全全地合乎社会每一个人或每一部分人的口味。当然，如果以此作为反对法律的理由，则法律无约束力岂能执行，每个人或部分的人也将可以自行其是了。这样的后果定将遭到各阶层中赞同和平、秩序和幸福的人士的反对。但是一些社团和俱乐部已由吉尼特那个居心不良的头目创立起来，尽管披着一件外衣，其目的十分明显。用意所在无非煽动叛乱，毒害人民的思想，并唆使人民对孜孜不倦地为国家的和平、秩序与幸福而努力的政府表示不满。在这种情况下，一切事物怎么得到改变呢？

二〇二、关于移民问题

致约翰·亚当斯

1794 年 11 月 15 日，星期六

亲爱的先生：那位日内瓦人描述的前景的确既有趣又动人。要求将那里的一所大学的全体人员整个迁来美国，给予资金以便在美国重建并进行大规模移民的建议，事关重大，需要更多的考虑，一时尚难作答。

我国拥有一所国立大学是一件盼望已久的事，对此我的观点一直是明确的。建校场地与资金问题早就为大家所重视和谈论。但此事成熟到了何等程度，迁移一整所学校，不懂我国语言的外籍人士能否使之同化，对此我尚无充分准备可提供意见。不论迁移或自建能否拨出资金也是问题。

关于移民，我认为除有用的技术工人和一些特定的及有专长的人以外，其他无须鼓励。整批的移民（我是指整批地安置在一处），是否有利，作为一种政策是否合适，大可怀疑。因为迁移后，他们仍保留自己的语言、习惯、准则（或好或坏），但如与我们的人

民杂居，他们及其后代将为我们的习惯、准则、法律所同化，简言之，很快即可成为一个民族。

二〇三、谈西部的利益

致亚历山大·斯波茨伍德

1794 年 11 月 23 日于费城

亲爱的先生：我一贯认为新区（指我国内部地区）是奠定财富基础最好的地方。比较而言，在那里能以廉价获得尽可能多的土地，地价上涨速度四倍于大西洋地区的土地。利用此种情况和机会（就在该地）购进土地，便可得利。因为在密西西比河通航或东西水陆交通较今有所改善以前，土地产品须满足麕集于那一带移民的主要需求。此即造成地价迅速上涨的原因。

您问及我对其他种类财产的意见，坦率相告，这一问题，我不想考虑，更不愿谈及。既承询及，我想用简单几句话谈谈我的想法。我在原则上反对像出售牲口那样在市场上贩卖黑人，如若不然，我就不会打算一年以后决不再用黑人作为奴隶。如果若干年后，人们并不认为黑人是一种太麻烦的产业，那算我估计错误，但我仍将感到高兴（这是顺便说说）。由于这一原因，并且也因为西部地区提供出售的黑人为数极少，保留足够数量的黑人以应需要，他们是否能为土地生产提供更多的生产力，此一问题要留待您来考虑。

二〇四、爱情与婚姻

致埃莉诺·帕克·卡斯蒂斯[102]

1795 年 1 月 16 日于费城

来函收阅。您的信件文理通顺,字迹美观。显然,只要您高兴,您就能显出非凡的书写才能。拥有这样优越的条件,如果不予利用,便是您的过错。您若能精心选择主题,就无须害怕恶意批评,因为您思想活跃,描述动人。现在让我谈一谈您的乔治城的舞会。这令人高兴,十分令人高兴。因为在这个美女云集的舞会上,多余的是一位男子。如若舞会上有七十九位小姐而仅有七十八位绅士,尽管其中的一位对"当今的青年"冷漠无情,并坚决"不让任何一个男子给她带来片刻的不安",那天晚上仍可能出现一些混乱。在这里我要提醒您,现在的男女和过去一样彼此爱慕,这种情况要继续下去,直至事物有了新的变化。您也像别人一样可能发现自己女性的激情是易于提高而难于下降的。切莫过早或太过分地吹嘘您对这种感情的漠视和抵制的能力。人体内不乏激动的因素,尽管能蛰伏一时,却像您的挚友一样和你形影不离,一旦触发,即成熊熊大火。为此原因,特别是我刚读了一篇箴言,我将从其中选出一段念给您听。

爱情通常被认为是一种自发的激情,故持此论者视为不可抗拒。然此仅部分正确。因爱情和一切其他事物一样,如为充分的养料所滋润,则飞速发展,如断绝养料,则窒息于襁褓或成长缓慢。例如,一个才貌双全的女子(男子亦然),方其未倾心于人时,能使周围的异性神摇目眩，如醉如痴。如若让其结婚，其结果何似？狂热消失，一切重归于平静。原因所在并非她的容颜与魅力有所衰退，而是希望已不复存在。因此，爱情是可能而且应该受到理智的指引。我们不能回避首次印象，却应对它们有所警惕。我与您商讨爱情与婚姻的问题，是想告诉您：当您仍为埃莉诺·帕克·卡斯蒂斯，一位未婚少女之时，您既具有节制爱情的决心，即应坚持这种决心，直到您获得爱情并走上成功之道。

当爱火开始燃烧，您心中充满柔情时，问问您自己，谁是您心灵的闯入者？您完全了解他吗？他有优秀的品格吗？是一个通情达理的人吗？一个聪明的女人和一个笨蛋共同生活确实无幸福可言。他的职业是什么？他是赌徒、纨袴子弟或酒鬼吗？他的财产足够维持您已习惯的生活或您姐姐那样的生活吗？您的朋友对他有反感吗？上述疑问都令人满意地回答后，仍有一重要问题，即您有充分根据认为您占有了他的全部爱情吗？如果没有，多情的心就要与单恋的感情搏斗；矜持、习俗或其他应阻止您这一方面去取得进展。爱情应由男方宣布，不能出自女方的任何请求，始能长久和有价值。有高尚的观念和大方的举止就不会过分拘谨或过分轻浮。举止轻浮的女人用眼色、言词和动作招引别人求爱，然后加以拒绝，其最后的惩罚很少不是在孤寂中死去。这样说可能与事实不会相距太远。

据悉您的大姐现已有了丈夫，而且是最理想的丈夫。我们的未来是光明的，我希望她的未来也是幸福和吉祥的。为他们幸福的未来，我向她和劳先生谨表最虔诚的祝愿，并向您母亲、斯图尔特博士以及全家问候。您的亲密的朋友向您祝福，包括祝福您在需要时会有一位如意丈夫。

二〇五、谈对印第安人的政策

致埃德蒙·彭德尔顿

1795年1月22日于费城

亲爱的先生:我同您的意见完全一致。从抽象的观点来看,不配合其他措施的年度赠礼计划,并非对待野蛮土著的上策。他们的敌视行为已为我们带来很多不幸。但需记住,他们也深有苦衷。我们的人蚕食他们的土地,可以不受现行的或即将制定的法律的制裁。而他们这些可怜的人并无报刊可供他们倾诉心头积怨。众所周知,当人们反复听到的只是事情的一面,头脑就会麻木不仁。您提到的年度赠礼,并非意在买得和平,仅是作为弥补损失的一种方式。这些土著一方面对土地投机者和殖民者不断压榨他们感到气愤,另一方面也对那些简直是在掠夺他们猎获物的非法的和不道德的商人的欺诈行为感到恼火。唯有联邦政府的铁臂,也就是法律,才能改变这种恶习。但是,在地方局势或是从利益考虑的影响下所产生的猜忌与偏见(给政府带来的后果,较来自其他任何方面的更为严重),总是在阻挠着他们执行有效的措施。

在上次和本次国会会议期间,我曾向国会写信,提出我的看法,与来信中所述的大致相似,即与野蛮部落签订公平的条约,(通过反复而且正确地翻译与解释,使他们充分了解每一条款;)这些条约必须是神圣不可侵犯的,任何一方违反条约都将受到惩罚。要按照合理的规定向他们提供丰富的物质。除收回成本与应付的费用外，不以高价索费。如果采取上述措施，我们也许可以有望与他们和睦相处。当我方的公民不顾法律与正义，从事上述种种犯罪活动，对他们进行非法的征讨，甚至进行血腥的屠杀，无辜者也不得幸免，而边境上的法庭对他们的控诉不闻不问，犯罪者可以逍遥法外，得不到应有的惩罚，在此情况下，欲期和平相处，决无可能。

二〇六、谈在华盛顿建立一所大学

致联邦政府所在地行政长官

1795 年 1 月 28 日于费城

先生：在联邦政府所在地创建一所大学的计划已成为人们经常谈论的话题。但是，究竟以何种方式创办这所重要学府，应有多大规模，用什么方法使计划实现，经费如何解决，目前取得哪些进展，我对这一系列问题完全茫然。

美国青年送往国外接受教育，这一问题，我一直在认真思考，并使我深感遗憾。出国的青年中，有许多并未接受不利于共和国的原则，确能避免此种危险，但这些热情敏感的青年人，有可能在他们还未了解我国的政治制度以前，便过早地热烈地崇信外国的政治制度，这种可能，我们不应低估。

为此，我极希望看到制订一项计划，使艺术、科学、文学等课程的讲授达到最高水平，具有欧洲教学的一切优点，并且拥有使能获得人文科学知识的一切设施，而这些知识，对使我们的公民在社会或私人生活中能胜任地应付紧急事变，是很必要的。同时（这是我考虑的重要方面),来自这个正在发展中的共和国各地的青年,会聚在一起,彼此交往,互通情况,这将有助于消除因各地情况有异所引起的种种偏见。

联邦政府所在地属于中央,其他方面的优点亦胜过别的地方,理应是建立这所大学的合适地址。如果计划能被采纳,并在适当的时候能顺利地付诸实施,建立一所像我所描述的那样规模的学校,我愿将波托马克河航运股券中的五十股永久地捐赠给学校,以表示对其成功的良好祝愿。

二〇七、表示满意

致亚历山大·汉密尔顿

1795 年 2 月 2 日于费城

亲爱的先生:经过多年在政府供职,您行将离职(我一直在想阻拦您这样做)。在此时刻,我自然地回想起您过去供职的情况。与您的每次接触,都令我深信您的能力、尽职与正直。我所以能径情直遂地表示我对您的满意,是因为我有各种机会所提供的可靠的材料作为根据,这些材料完全证实了您的确是众望所归的。

我最诚挚地祝愿您安享幸福的退休生活。亲爱的先生,请您确信您的挚友对您的尊敬与友谊。

二〇八、无党派人士

致陆军部长蒂莫西·皮克林[103]

1795年7月27日于芒特弗农

亲爱的先生：承蒙寄来希金森先生的信件摘录，得知他对波士顿城的会议记录所持观点与决议的原意有所不同。这些决议已由快邮寄给我并附有该地行政管理委员会成员的一封信件。党派争执竟达到此等程度，真理受到如此的蒙蔽与歪曲，究竟通过何种途径方能明辨是非，实属难以捉摸，言念及此，不胜遗憾。对一个一心一意只想寻求一条能坚定不移地引导国家走向尊严、富强、幸福之道的无党派人士来说，遇到此种困难，殊堪哀叹。但是这些自作聪明的伎俩只是党争中人类感情的逆流，当争夺的目标只是为了胜利而不是为了真理时，"荣耀的岗位成了私人牟利的基地"。

二〇九、谈指导原则

致亨利·诺克斯

1795年9月20日于芒特弗农

亲爱的先生：我念念不忘的是恪尽厥职，戮力奉公。如我的工作能获得选民的赞誉，当然会使我满心愉悦。但后者毕竟是次要的。除非能找到某种比怀有偏见的会议（如果不是党派会议）更可靠的标准来检验民意，我决不让前者屈从于后者。要是地球上的某种力量，或上天的神力，能树立一种绝对正确的政治观点的标准,那么,只要我仍然是一个公仆,世上就无人会像我那样热衷于依赖它。但由于迄今我尚未找到比正直的意图和周密的调查更好的指针,我在职时只好遵循这些准则。让我的后继者去探索他们喜爱的或认为更好的道路吧。

二一〇、提出一项任命

致帕特里克·亨利[104]

1795 年 10 月 9 日于芒特弗农

亲爱的先生:无论此信受到何种对待,其真实与坦率当蒙洞鉴。国务卿一职现已出缺,想必您已知悉,以您的明智,当然也最清楚起用一位能孚众望、富有才干的人充当此职的重要性。

国务卿一职曾邀请别人担任,如不以此相告,似非以诚相见。其所以未首先邀请您担任这一职务是由于我相信您是不会接受这个职位的,(直到上星期二和刚卸任的州长李将军谈了一次话,他无意中透露的看法才打消了这一疑团)。

无须多言,如果此项任命能与您的志趣相符,我将感到高兴,因为我相信这是符合民意的。基于这一信念,我提名由您来担任这一职务。我一则希望您能接受此职,二则希望能尽快惠予答复,因为那一部门正急需一位领导来处理公务。

先生,危机确已逼近。如果不能制止,则是否能保持良好有秩序的统治或出现无政府状况的混乱,将立即可见分晓。如此局势,我相信您亦已察及。我决无任何意愿与我国人民的尊严、幸福和利益背道而驰,区区此心,可以誓诸天日。我热切的愿望和一贯的目的是(尽可能地依靠行政部门)严格履行我们在国内外承担的一切义务,在与任何其他国家的政治交往中不受约束,能独立行事,不受任何国家的影响。总之,我需要的是体现美国的个性,使欧洲国家相信我们美国人是为自己而不是为别人而行事的。我认为这是建立国际威望和国内幸福的唯一途径。千万不要成为英国党人或法国党人,而制造分歧,搅乱社会安宁,或永远毁掉联系美国各州的纽带。

二一一、谈反对杰伊条约[105]

致爱德华·卡林顿

1796 年 5 月 1 日于费城

亲爱的先生:无论过去和将来我都真诚地希望能了解民意,并且可能始终如一地顺从民意。但是,只有在重要时刻,并有时间作冷静而又慎重的考虑,才能听出人民真正的呼声。

目前正是这样一个要求人民作出决定的重要时刻。像这样重要的时刻过去从未发生过,将来也可能不会再发生。现在已吁请人民作出决定。因为任何稍谙此事原委的正直的人决不会相信此项公开的争议系关于文件本身,或与英国所订的这一条约是好还是坏。争议的关键在于未经众院同意,是否可以签订条约。这是直接而又大胆的动摇宪法的基本原则。如果这种论点可以成立,则不仅使订立条约权化为乌有,而且这种绝顶的荒谬也会使原来制定这一条款的人蒙羞。因为除非在条约的订立过程中有明显的欺诈和贪污现象,或者有明显的证据说明通过这个条约会带来像战争和其他更坏的事，使国家蒙受损失，有谁会料想那些制定或通过订约权条款的人，他们既主张授权总统及参议院签订条约并规定条约一经签订和通过，即成为国家最高法律，竟会同时要求众议院投票作出决定呢？每一个公正的人都将作出否定的回答。

这场斗争究竟从何而来？它的目的何在？这一问题我提请我的公民同胞们考虑。"宽厚"使人希望这场斗争的动机一直是纯洁的。可是，"怀疑"却使人提出不同的看法。因此在目前我只能保持缄默。如果您有时间而且又愿意相告的话，我希望能听到更多的您所知道的关于这方面的情况或其他类似情况。

二一二、谈对人民的信任

致纽约州长约翰·杰伊

1796 年 5 月 8 日于费城

先生：我确信美国人民大众用心良好。同时我也坚信当他们对事态有正确理解时，往往能干得出色。但在美国有些地方，其代表和领导人在思想上和政府对立，他们尽一切努力使民众相信他们的权益受到侵害，自由受到威胁，在这些地方想使人民了解真相确非易事。尤其（情况往往如此）当那些善于捏造和煽动的人费尽心机采用阴谋诡计来散布毒素时，则社会组织中有心为善的人亦难以相抗。追本溯源，我们所有的不满，其原因皆出于此，一切窘境亦由此而生。于是，当人们弄清事实真相，消除疑虑以前，因黑白颠倒而引起的严重不幸事件已经发生，并已发展。

诚如您所料，这些事情确使我忧心忡忡，焦虑不已。确然，随着岁月的消逝，由这些事引起的不安和烦恼与日俱增，耗我精神尤过于损我身体。当我在此短暂任职期间，如能让我安逸地休憩一时以恢复身心的疲劳，实有必要。另外一点想法是：除非出现重大事件或紧急情况（我希望并相信不会发生），我的引退将损及荣誉，否则，其他任何考虑都不能阻止我到时公开宣布，请选民在今年12月选举总统和副总统时不要投我的票。因来函切望我至少要渡过难关，我如不以此相告，则系不够坦白，亦辜负您的友谊和信任。

二一三、谈反对党[106]

致托马斯·杰斐逊

1796年7月6日于芒特弗农

亲爱的先生：如果以前我曾有过任何怀疑的话，那么，您提出的并发表在贝奇的报纸上的质问，与您提出的保证正好相反的做法，早应使我无所怀疑了。可是，事实上我原来本无任何怀疑。我不难猜出这些质问从何而来，它们和类似的出版物是通过何种途径、怀着何种目的而出笼的。众所周知，在上届国会的初期阶段，这些文件本来在帕克先生之手。在会议中贾尔斯先生把文件给别人看，而在会议将结束时，这些文件竟被公开陈列出来了。

由于从报纸上我看不到也听不到对我的辱骂，我便转而注意那些反对我的匿名刊物。那些有意给予我“友好帮助”的人肆无忌惮地抓住一切机会来削弱人民的信心。他们抱必胜的把握，毫无顾忌地发表那些不存在的东西和那些确实存在却又被弄得面目全非的东西，以利于达到他们期待的目的。

由于您自己提到了这一问题，我认为掩盖下列事实是不直率、不公平、也是不友好的，即您的行为已经背离了我原来感到的您对我的看法。您向您的爱挑剔的朋友和亲近把我描述为一个受危险势力影响的人，而他们也是这样谴责我的。并说要是我能多听一些其他的意见，那就好了。我的回答是始终如一的。我过去从未发现过杰斐逊先生的行为会引起我怀疑他不真诚。如果他能回顾一下他在职时我的公务活动，他便会得到充分的证据，证明我所追求的目的只是为了真理和正确的决定。对那个明显提及而未指名的人，我既反对过也赞同过他的意见，这些情况，他都了解。而且，他也知道我决不会相信任何在世的人所采取的政策和措施绝无谬误。总之，我自己是一个无党派人士，而我心中的第一愿望就是：如果党派确实存在，那就居中调停使他们和解。

我再补充一点。说实在的，直到近两年我才明白，党派竟发展到我所目睹的如此极端的地步。当我尽最大的努力去建立为我们的义务与正义所允许的、不同于世界上其他各国的我国的特性，并希望沿着航道稳步前进，使我国摆脱一场毁灭性战争所带来的恐怖时，我竟被指控为一个全国的公敌，一个受其他国家势力影响的人。为了证明我是这样的人，我国政府的每一行动都被歪曲了。他们并且使用了对暴君尼禄、对劣迹昭彰的盗用公款犯、甚至对普通扒手都很难使用的言过其实的下流的语言，来片面地、阴险地颠倒黑白。直到最近，我才相信这是大有可能的，而不仅仅是有此可能。我说得够多了。我所表达的感情已经超过了我的原意。

二一四、谈国立大学

致亚历山大·汉密尔顿(私函)

1796年9月1日于费城

亲爱的先生:约在上星期三我写了一封信给您。为了避免一些好打听的人的注意(因为我的一些信件最近被人拆阅),我冒昧地在信封上用了杰伊先生的名字。

自从报纸上陆续出现谈论各方面情况的稿件,并首次表达了人们的意见和建议以来,我一直感到遗憾的是另一项我认为与国家利益密切相关的主题,却没有被提到。我指的是教育。教育是启发和确保我国公民具有正确思想的一种最有效的措施。建立大学更具有特殊意义。在大学里来自美国各地的青年琢磨有关艺术、科学和文学方面的学问。在那里那些有志于从事政治的人不仅可接受理论和原则的教育,而且他们自己也能为实际工作奠下扎实的基础。因为这所学院位于全国政府的所在地,立法机关每半年在那里开会一次,理所当然地要对国家的利益和政治进行讨论。

在我看来,最重要的是少年时期的生活。在这一时期友谊建立了,习惯也养成了,而且会坚持下去。来自美国各地的青年人聚集于此,会逐渐发现联邦的某一部分并无理由对另一部分存在忌妒和偏见。当然那种要求国家总政策更自由化的观点也可能会在那里产生。战时来自美国不同地方的人混居在一起,除此以外,难道还有别的什么能消除隔阂?整个世纪的一般交往可能抵不上在七年中亲密交往所起的作用。如果这种交往停止了,偏见就会复苏。没有什么其他办法能比人们在年轻时期的亲密交往更有效地根除偏见。在我国进入更先进的阶段时,这些年轻人十有八九会居于前列,为国家出谋划策。

二一五、告别演说[107]

致合众国人民

1796年9月17日

朋友们,同胞们:重新选举一位公民来管理美国政府的日期,已为期不远,你们必须考虑任命一位能托以重任的人的时刻已经到来。我觉得现在就将谢绝把我置于候选人之列的决心告诉你们是合适的,尤其是因为这可能有助于公众表达更为明确的声音。

同时,我请求你们确信:我下此决心,并非未经仔细考虑一个公民对其国家应尽的职责。退出候选的行列(这意味着我将不再任职),也并非我对你们未来的利益的热忱有所减退,亦非我对你们过去的好意缺乏感激之情,而是因为我深信这一步骤与两者并不矛盾。

你们两次投票选我出任公职,我之所以接受及迄今仍然在任,系由于我为了尽自己的责任而放弃了个人的喜好,亦系出于我尊重你们表示的愿望。我始终抱定决不任意抛弃的宗旨,希望能早日引退,回到我勉强离开的隐退之地。在上次选举之前,我即渴望引退,并拟通过一次演说来宣布此事。但是,由于慎重考虑到当时我国外交上的复杂尖锐的形势,以及为我所信任的人的一致劝告,我才被迫打消此一念头。

我高兴的是，你们所关心的目前形势，无论国内的或国外的，已不再使我的心愿与责任感或时机不当有任何不能相容之处；我相信，不论你们对我的在职有何顾恋之情，在我国目前的环境下，你们不会不认可我引退的决心。

我初次肩负艰巨任务的感想已在合适的场合下加以说明。在此次卸任之际，我只想说，我已经以良好的意愿在政府的组织与管理方面有所建树。虽尽了最大努力，但其间可能有判断失误之处。一开始我即自知才疏学浅，经验不足，也许在别人的心目中更是如此，这种想法使我自疑难以胜任。加以，年事日长，体质日衰，深感引退不仅为我所必需，亦将系受人欢迎之举。如果曾经出现任何情况对我的出任公职赋以特殊价值，我满意地看到这种情况是暂时的，而且已成过去。我相信：当选择和审慎促使我离开政治舞台时，爱国主义不会反对，这是我引以为慰的。

当我盼望结束政治生涯之际，我的感情不允许我不对我可爱的祖国表示深切感谢。我感谢祖国授予了我许多荣誉，并以坚定不移的信心支持我，使我享有一切机会通过坚贞不渝地工作，表现我对祖国的神圣感情，虽然这在效果上与我的热忱并不相称。如果我的供职对我的祖国有所裨益，我们要永远记住：当各方面激起的热情容易把我们引入歧途时，当有时出现捉摸不定而又令人泄气的局势时，当因经常失利而大受责难时，你们坚定不移的支持就是战胜艰难的主要支柱，也是使各项计划有效地实施的一项保证，这才是你们应赞扬的，并应视之为有教益的事例列入史册。我深感此种支持，死后也不会忘记，为此我要不停地为你们祝福：愿上天继续把最精美的赠品——它的仁慈赐给你们；愿你们的联邦和兄弟般的情谊千古长存；愿你们一手制定的自由宪法将神圣地保持下去；愿每个部门的工作将显示出智慧与德行；总之，愿你们在自由的庇护下，认真维护并慎重使用上帝的赐福，各州人民享有更美满的幸福。使你们获得把你们的宪法介绍给其他各国的荣誉，使这部宪法为那些对之还十分陌生的国家所赞美、爱慕和采用。

也许我的讲话应该到此为止。但我对你们的幸福的关心，这种关心只有在我生命结束时，才会终止，以及因关心而必然要产生的对危险的担心，促使我在此场合向你们提出一些看法，供你们慎重考虑和经常回顾。这些看法是经过多次思考和慎重观察后才产生的。在我看来，这些看法对你们作为一个民族的永久幸福是十分重要的。我将比较坦率地把它们提供给你们，你们从中可以看到一个行将告别的朋友的无私的忠告，他不可能有任何个人动机提出有所偏颇的意见。我也不会忘记，在以前一个相同的场合，你们曾宽容地对待我的意见，这也鼓励我畅所欲言。

由于你们的内心充满着对自由之爱，我没有必要再提出任何忠告来增强或巩固这种依恋的感情。

政府的统一使你们组成为一个民族，它对你们是十分珍贵的。这确是如此，因为它是你们真正独立大厦的主要支柱，维护着你们在国内的平静和国外的安宁，保障着你们的安全和各方面的繁荣以及你们如此高度珍视的自由。但是不难预见，总是会有人以种种理由从各个方面，煞费苦心地、不择手段地来动摇你们心中对这一真理的信念。由于它是你们政治堡垒中的要害所在，国内外敌人的矛头便会持续不停并不遗余力地（虽然往往是鬼鬼祟祟、阴险狡诈地）对准着它。因此，极为重要的是，你们应该正当地估计全国性的联合对你们集体和个人幸福的巨大价值，你们应该对它怀有真诚的、经久不变的感情，要习于像对待护佑你们政治上的安全与繁荣的守护神那样想到它或谈到它；要小心翼翼、无微不至地保护它；要驳斥一切抛弃它的想法，即使对它抱有丝毫怀疑亦不允许；要义正辞严地反对刚冒头的一切可能使我国的任何部分与其他部分疏远并削弱连接全国各地的神圣纽带的种种企图。

对此，你们有一切理由抱有同感并表示关切。不论是出生于或选择住在这个共同的国家的公民，这个国家有权要求你们感情专注地爱它。美国人这一名称是属于你们的，你们都是国民。这个名称必须永远凝聚应有的爱国主义自豪感，要高于任何因地域差别产生的名称。你们之间尽管有一些差异，但毕竟有相同的宗教、风俗、习惯和政治原则。你们在共同的事业中战斗在一起，胜利在一起。你们拥有的独立和自由是群策群力的结果，是经历了共同的危险、苦难和胜利后取得的。

但是不管你们对以上所考虑的各点的感受有多深，它们总是远远赶不上那些更加直接地影响你们利益的东西。因此我们国家的每一部分要把维护全国的团结奉为最神圣的宗旨。

在共同政府平等法律的保护下，北方与南方无约束地进行交往，从后者的生产中获得海运和贸易的丰富的资源以及制造工业所需的珍贵原料。南方在同样的交往中，依靠北方的帮助而获益匪浅，它的农业明显地发展了，贸易也得以扩大。同时，由于进入北方海员的部分水域，南方特有的航运业重新获得生气。当南方以各种方式补充和提高全国航运总量时，它盼望与它本身不相适应的海运力量能得到保障。东部在与西部进行的相同的交往中，已经找到，并且随着国内水陆交通日益发展将会越来越多地找到经销从国外进口的或国内自制的产品的极有价值的出路。西部从东部得到了为自身繁荣和舒适所必需的供应品。但或许更为重要的是西部必须依靠一支未来的在美国大西洋一侧的强大而又有影响的海运力量，才能使自己的产品获得必不可少的出路，而这支海运力量将是受到全美国不可分割的利益所支配的。任何其他的使西部地区得以掌握这一基本利益的占有权，不论是西部地区依靠它本身的力量还是依靠背叛国家，与外国进行不正常联系得来的，都必将使内部不稳定。

因此，我国各地都感到联合与它们的直接的和特殊的利益息息相关，它们在统一的步调下，共同努力，便会产生更大的力量，获得更丰富的资源，能够更好地抵御外来的危险，它们的和平就会较少地受到外国的干扰。其无法估计的价值还在于：联邦能避免他们之间的争吵和战争。那些内部不受同一政府约束的邻邦，战祸频仍；它们内部的纷争即足以挑起战争，而国外的敌对的同盟、各种依附关系和阴谋又从而挑拨使之激化。因此，有一个联合的政府，即不必要拥有过分庞大的军事建制，而庞大的军事建制在任何形式的政府里都是不利于自由的，对共和国式的自由更为有害。因此，你们的联邦应被视为你们自由的主要支持，爱自由就必须维护联邦。

以上所考虑的，对每一个慎思而又正直的人都是具有说服力的，并显示了联邦的继续存在是爱国主义需求的主要目的。至于一个共同的政府能否管辖如此广阔的领域，这一问题让经验去解决吧。在此情况下听信纯粹的推测无异于犯罪。我们完全可以希望一个适当的全国性组织及其下属各级政府的辅助机构将使这次试验取得可喜的成果。这是十分值得的一次公正而又全面的试验。对联邦抱有如此强烈和明显的用心,并在全国各地产生影响,而经验也表明这次试验是可行的,那么,我们就有理由不信任有些人的爱国主义,因为这些人在各个地区可能都在力图削弱和联邦的联系。

在考虑到可能扰乱我们联邦的各种原因的同时,有一件亟须严重关注的事情,即地理差别居然成为区别党派的特点的根据,如北方的和南方的,大西洋的和西部地区的;而诡谲之徒可能力图煽动人们相信,地方利益和观点的确存在差异。党派在特定区域内获得势力的手段之一,乃是将其他地区的意见和目的加以歪曲。你们应尽量提高警惕,克制由此种歪曲所引起的妒忌与不满。妒忌与不满易使本应亲如手足般地聚集在一起的人们彼此疏远。我国西部地区的居民最近在这一点上得到过有益的教训。从行政当局与西班牙谈判缔结条约和参议院一致批准此一条约,以及举国上下对此事件一致表示满意的事实中,西部居民得到确切的证据,证实在他们中间散布全国政府和大西洋各州的政策对他们在密西西比河的利益不利的种种怀疑是多么缺乏根据。他们亲眼目睹我国与大不列颠和与西班牙缔结的这两个条约的全过程;这两个条约保证他们通过我国的对外关系得到他们想要得到的一切,来保证他们的繁荣。为了维护通过联邦得到的这些利益,依靠联邦不就是他们的明智之举吗?如果有人把他们与他们的兄弟分开,把他们与外人连接在一起,难道他们今后对这些劝告不该置之不理吗?

要使你们的联邦卓有成效并永存下去,一个为全体所有的政府是必不可少的。各地之间的联合,不管多么紧密,都不可能完美无缺地取代它。那种联合必定不可避免地遇到各个时代所有联合已经经历过的种种破坏和干扰。由于认识了这一重大的真理,你们已在初次尝试的基础上有所改进,通过了一部政府的宪法,这对结成亲密无间的联邦以及对有效地处理你们共同关心的事来说,估计要比你们前一部宪法好。这个政府,是我们自己经过选择的产物,不受外力的影响与威胁,系根据全面调查和经过深思熟虑而后选定的,它的各项原则以及它的权力的分配完全是自由的。这个政府既安全又富有生气,并且本身就包含了有对自己随时进行修正的规定,这样的政府是有权要求得到你们的信任和支持的。尊重它的权威,遵守它的法律,默认它的一切措施,是真正自由的基本准则所赋予你们的职责。我国政治制度的基础是人民有制定和更改他们政府各项法规的权利。但是宪法无时不在,除非全体人民通过明确而且正式的法令予以改变,遵守宪法是我们大家应尽的神圣的义务。人民有权力和权利建立政府的这一思想,是以每个人有责任服从已建立的政府为先决条件的。

一切阻碍法律执行的行为,一切组合及社团,不论如何巧立名目,如其真实意图系在于控制、对抗或威吓合法当局正常的思考与行动,都是对此项基本原则的破坏,并且还是致命性的破坏。如此种种只有利于组织派别,并授予这种派别以反常的、巨大的力量,以一个党派的意志来取代国家所代表的意志。这类党派虽小,却是社会中诡计多端、野心勃勃的少数派;同时根据各党派的交错胜利，欲使政府行政机关只反映派别的不协调和不一致的规划，而不是使政府机构反映为共同议会所接受并根据相互利益经过修改的、一致的和健全的计划。上述各种结合或社团有时可能符合大众的目的，在事物发展的进程中，它们必然会成为一种有力的工具；那些野心勃勃、毫无原则的狡诈之徒可以靠这种工具来颠覆人民的政权，并为他们自己篡夺政府的统治权，然后他们再把那些使他们上升到不正当的统治地位的工具全部摧毁。

为了维护你们的政府以及永远保持你们目前的幸福地位，你们不仅有必要不断地拒绝那些不正当地对公认的政府权威表示反对的意见，而且要小心地抵制那种对政府的原则进行变革的风气，不管他们的借口是多么娓娓动听。他们进攻的一种方法可能是在宪法上实现各种改变，以削弱这个制度的力量，从而从根本上动摇无法直接推翻的一切。在这些变革中，你们可能被吸引进去，但要记住，时间与习惯对形成政府真正的性质至少是和对形成人们的其他风俗一样必要；要记住经验是检验现行宪法真实意向的最可靠的标准；要记住如果轻信纯粹的假设和意见而随时改变，假设和意见既层出不穷，改变将无休无止。同时，尤其应记住，为了有效地处理你们共同的利益，在像我们这样一个如此辽阔的国家里，一个既充满活力的、自由的又能一贯得到充分保障的政府，是必不可少的。自由本身将在这样的一个权力已适当分配与调整的政府中找到它的最可靠的保护人。如果政府过于软弱无力，无法抵制派别的种种冒险行径，无法把社会中每一个成员限制在法律规定的限度内，无法维护每个人的安全和安宁地享受个人与财产的权利，这样的政府不过是虚有其名。

我已向你们说明国内各政党的危险，特别提到这些政党是根据地理区分建立起来的。现在让我再进一步作更全面的观察，并以最严肃的态度提出警告，决不要受到党派性的有害影响。

不幸得很，这种党派性是和我们的本性不可分的，在人类心灵最强烈的感情中扎下了根。它以不同的形式存在于一切政府之中，多多少少受到阻扼、控制或压抑。但是在那些民主形式的政府中，可见其散发剧毒，成为政府的最危险的敌人。

一派轮流对另一派进行的统治，会因政党间不和而自然产生的复仇心成为苛政。这种复仇心在不同年代和不同国家中曾犯下最可怕的罪行。因此，这种轮流统治本身就是可怕的专制，并终将导致更加正式的和永久的专制。轮流统治造成的混乱和苦难会逐渐地使人们赞同个人具有绝对权力，以求得安全与宁静。迟早某一个比他的敌手更有能力、更为幸运的掌权派的首领会利用这种倾向来达到自己正位的目的，从而毁坏了公众的自由。即使不相信会发生这种极端的事例（这种事的确不应发生），但是党派性所造成的那些常见的、无止境的危害应足以引起每一个明智的人的关注和责任感，去阻拦和制止其滋长。

党派性总是在涣散人民的议会，削弱政府的行政机构。它以毫无理由的妒忌和虚假的警报使社会动荡不安，它点燃一方的仇恨之火反对另一方，甚至煽动骚乱和暴动。它向外来势力和腐化敞开大门，这些就是通过党派感情的渠道找到了通向政府的方便之路。就这样，一个国家的政策和意志却听命于另一国家的政策和意志。

有一种意见，认为自由国家的政党对政府的行政机构可起有用的制约作用，并且可用以使自由的精神富有生气。这一点在某种限度内也许是真实的。在一个君主政体型的政府中，爱国主义可以宽容（如果不是赞同）党派性。但是在那些民主型的国家里，在纯粹选举产生的政府里，这是不值得鼓励的一种风气。从它们的自然趋势来看，可以肯定说，那种有利必图的精神今后永远不需要，而且由于它经常有过多的危险，应该尽力利用舆论的力量平息它，制止它。这种火不能扑灭，而要保持一致的警惕，防止它燃烧起来，因为燃烧起来，恐不能使人温暖，而是破坏。

同样重要的是，在一个自由的国家里，思考的习惯会使那些受命管理国家的人谨慎从事，不超越宪法规定的他们各自的权限，避免一个部门在行使职权时去侵犯另一个部门的权力。侵犯职权的风气易使各部门的权力集中为一，这样，不管建成何种形式的政府，都会产生一种地道的专制。正确估计支配人类心灵的对权力的迷恋及滥用权力的癖好，就完全可以使我们相信这种情况是真实的。行使政治权时，必须把权力分开并分配给各个不同的受托人以便互相制约，并指定受托人为公众福利的保护人以防他人侵犯。这种相互制约的必要性早已在古代的和现代的试验中显示出来。我国也在进行某些试验，而且就在我们自己的眼前。有必要进行这些试验，也有必要继续这些试验。如果根据人民的意见，认为宪法规定的权力的分配和修改有错误的话，可用宪法规定的修正办法予以改正。但不可用篡权的方式谋求改变，因为篡权在某一种场合虽然可能是很有用的手段，但也是用以破坏自由政府的惯用的武器。这种篡权的先例所产生的永久弊病会大大超过那种局部的或暂时的利益。而局部和暂时的利益在任何时候都是应该让步的。在导致政治繁荣的一切倾向和习惯中，宗教与道德是必不可少的支柱。那些暗中破坏人类幸福的栋梁和颠覆人类与公民职责的最稳固的支柱的人，他们想博取爱国主义的美誉，那是枉费心机。纯粹的政治家与虔诚的人相同，应该尊重和珍爱这些支柱。要列举它们与个人幸福和公众幸福间的关系，一本书也写不完。只要简单地问一个问题：如果宗教职责的含义是背弃誓约，而誓约又是法庭调查的依据，那么财产、名誉及生命还有什么保障呢？我们要慎重地纵容这样的假定，即没有宗教也可以维持道德，无论什么都比不上完美的教育对具有特殊构造的人所产生的影响。因理智与经验都告诉我们不能期望在排除宗教原则的情况下全民道德能普遍提高。

实际上确是这样，品行或道德是民主政府的必要的源泉。这条规则的确或多或少地对各种自由政府起支配作用。凡是自由政府的真诚朋友，有谁能对动摇它的基础的各种企图置之不理呢？

因此，要把建立普及知识的机构作为头等重要的目的。正因为政府的结构使舆论具有力量，这就很有必要对舆论加以引导。

珍惜政府的信用是力量和安全的十分重要的源泉，维护的方法之一是尽可能爱惜地使用，靠维护和平来避免各种场合的开支，但要记住为预防危难而及时支出常常可防止为克服危难而大笔支出；要避免拖欠债务，不仅要减少开支项目；而且要在和平时期以极大的努力清偿那些不可避免的战争可能带来的一切债务，而不是吝啬地把我们自己应该承受的负担留给后代。你们的代表们应该执行这些准则，但必要的是舆论应该合作。为了便于他们履行他们的职责，重要的是你们应该记住：要偿还债务必须有财政收入，要有收入必须要有税收，没有一种税收办法可以多多少少地使人感到方便和愉快。财政上的实际困难是与选择适当的征税对象（往往是一种很难的选择）分不开的，要毅然决然地坦率地解释政府征税的行动，以便在出现紧急情况需要征税时，对政府的措施，人人都会默然同意。

对一切国家要讲信义和公正。要力求与一切国家和睦相处。宗教和道德责成我们这样做，难道好的政策就不要求我们这样做吗？在不久的将来，这个国家将称得上是一个自由的、进步的伟大的国家。它为人类树立了一个始终由正义与仁慈所指引的民族的高尚而且新颖的榜样。随着时间的推移与事物的发展，这样一种计划的成果将充分补偿由于坚持此项计划而失去的任何暂时利益，这是任何人都不会怀疑的。难道上帝没有把一个国家的永久幸福与它的德行连接在一起吗？这次试验至少是根据人类本性可以为善的观点而进行的。难道可以因为其罪恶就认为此项计划是不可能实行的吗？

在执行这样一项计划中，重要的莫过于应该排除对个别一些国家抱着永久的、根深蒂固的反感以及对另一些国家的感情上的依附。取而代之的应该是培养正直的、和睦的感情来对待一切国家。一个国家对另一个国家习惯性的偏爱或习惯性的偏恶，这样的国家在某种程度上来说无异于一个奴隶，是一个受自己的仇恨或偏爱摆布的奴隶。无论是做哪一种奴隶，都足以使自己偏离自己的职责和利益。一个国家对另一个国家的反感会使双方更加容易互相侮辱和损害；更加容易抓住微小的、不愉快的事情不放；当发生偶然的或琐碎小事而引起争吵的场合时，更加容易持傲慢或倔强的态度；因而经常发生冲突，甚至互不相让地进行狠毒而又血腥的争斗。被恶感和怨恨所支配的国家有时迫使政府去打仗，与政策上的深谋远虑完全背道而驰。政府有时会随国民之所好，出于感情的考虑采纳为理智所拒绝的办法。有时，它使国家的仇恨从属于由骄傲、野心及其他阴险凶恶的动机所煽动起来的与人为敌的计划。各国的和平，有时也许是自由，经常成为牺牲品。

同样，一个国家对另一个国家感情上的依附会产生种种罪恶。在并没有真正的共同利益存在的情况时，同情自己喜好的国家会产生一种错觉，幻想有一种假想中的共同利益，也会使自己对另一方抱有敌意，这样就会无缘无故地把自己引入参加与后者的争吵和战争的歧途上去。在这种感情支配下还会将别的国家不能享有的权利让给自己喜好的国家，这就容易加倍地损害正在作出让步的国家，不必要地放弃本来应该保持的东西，并在不能享受平等权利的各方中激起妒忌、恶意以及报复。这只会使那些野心勃勃、腐化堕落或欺上瞒下的人（这些人只忠于他们喜好的国家）便于出卖或牺牲他们自己国家的利益，而一点不招致公愤，有时甚至很受欢迎。这种人伪装出一副乐于助人、尊重民意、热心公益的正直样子，实际上却是一些卑鄙地或愚蠢地受野心与腐化和忘乎所以的心理所支配的人。

由于通往外来势力的途径不计其数，这种依附关系特别使真正开明的有主见的爱国之士大为惊恐。这种依附关系为收买国内的各个派别，施展勾引的伎俩，将舆论引入歧途，影响或威胁政府议会，不知提供了多少机会！小国或弱国对大国和强国这样的依附注定使前者成为后者的附庸。

同胞们，我请求你们相信我，一个自由的民族应该经常地、警惕地戒备外来势力的种种阴谋诡计，因为历史与经验证明外来势力是共和政府最有害的敌人之一。但是有效的戒备必须是公正无私的，否则它就会成为回避那种势力，而不是抵御那种势力的手段。过分偏爱某一个外国，过分讨厌另一个外国，会使那些被鼓动的人只看见一个方面的危险，而对另一势力的诡计却加以掩盖，甚至于支持。真正的爱国者可能会抵制那些受宠国的一切阴谋诡计，但却容易遭到怀疑和憎恨，而受宠国的爪牙和一些易受愚弄的人却骗取了人民的赞扬和信任，而放弃了人民的利益。

我们对待外国应循的最高行动准则是在扩大我们的贸易关系时，应尽可能避免政治上的联系。至于我们已经达成的一些协定，愿它们能圆满地、信守地得以履行。在这里让我们结束吧。

欧洲有一套基本利益，我们则没有，或关系甚疏远。因此欧洲必定经常忙于争执，其起因实际上与我们的利害无关。因此，在我们这方面通过人为的纽带把自己卷入欧洲政治的诡谲风雨，与欧洲进行友谊的结合或敌对的冲突，都是不明智的。

我国位于隔离的和遥远的位置，这要求我们并使我们追寻另一条不同的道路。如果我们还是一个民族，在一个有效的政府下，则那样一个时代就不会太远了，到那时我们可以避免外来烦扰所造成的物质上的毁坏，并使我们在任何时候决心保持的中立态度会获得严格的尊重。当交战各国无望获得我们的支持，也不敢轻率地冒险向我们挑衅时，我们就可以根据我们的正义所指引的我国利益来选择和平或战争。

为什么摒弃在如此特殊形势下的有利条件呢？为什么离开我

们自己的立场而站在外国的立场呢？为什么要把我们的命运与欧洲任何地区的命运交织在一起从而把我们的和平与繁荣陷入欧洲的野心、竞争、利益、好恶或反复无常的罗网里去呢？

我们真正的政策是避开与外界任何部分的永久联盟，我的意思是说我们所做的不应超越我们目前所负的义务。不要把我的话理解为可能赞成不遵守现有的协定(我坚信诚实始终是最上策，这一箴言对公共事务和私人事务都同样地适用)。因此我再重复说一遍，让那些协议按照它们的真正的含义予以遵守吧。但依我看来，超越这些协议是不必要的，也将是不明智的。

我们应始终注意保持适当的军队，使自己处于有利的防御状态，这样我们就可能有把握地信托暂时的联盟以应付特别紧急的情况。

政策、博爱和利益，都要求我们与各国和睦自由地交往。甚至我们的贸易政策也应该是平等和公正的：既不寻求也不允许独有的优惠或偏爱。我们应考虑事物的自然发展；用文明的手段使贸易扩大和多样化，但并不强求。我们与列强建立这样的关系是为了使贸易走上一条稳定发展的道路，并规定我国商人的权益，使政府能支持他们——贸易往来的传统的规则，最好的就是那些目前环境和共同意见所许可的，但只是暂时的，可以随经验和环境的需要废弃或更改。要经常考虑到：一个国家想从别国寻求无私的援助是愚蠢的，它必定要付出它独立的一部分作为代价以换取所接受的任何援助。那种方式的接受可能会使自己置于这样的境地：即用等价物来交换名义上的援助，却被忘恩负义地谴责为给得太少。而更大的错误莫过于预期或指望国与国之间会有真诚的援助。经验必须纠正这种提法，有自尊心的正直人也应抛弃它。

同胞们，在向你们提出这些出于一位亲爱的老朋友的忠告时，我不敢希望这些忠告将产生强烈的和持久的印象，但我愿这些忠告会抑制通常产生的感情冲动，或防止我们的国家走上迄今为止留着各国命运印迹的老路。但是如果我竟能希望这些忠告可能产生部分的效益和一些暂时的好处，可以不时提醒你们要避免党派性的泛滥并预防外来的离间阴谋，警惕伪装的爱国主义的欺诈行为，那么，为你们幸福而担忧的心情将得到充分的补偿，这些忠告就是根据这一希望提出来的。

我在执行任务的过程中，上述原则如何指引我的工作，政府的记录和其他证据必定会向你们并向世界提供证明。就我自己来说，以我自己的良心保证，我至少相信我自己是根据这些原则行事的。

二一六、函致忠告

致乔治·华盛顿·帕克·卡斯蒂斯[108]

1796年11月28日于费城

亲爱的华盛顿：上星期六你姐姐寄给你一信及一把梳子，我曾在她的信中匆匆地附了几笔，答应今天更详细地写一封信给你。现在我是在实践诺言。

你向我保证勤奋学习，履行上帝所要求的和你应尽的职责，令我感到异常满意与高兴。我之所以感到高兴，其原因有二：第一，如果上帝保佑，使你今后成为社会有用之材，那么你这样做将为你自己的幸福奠下扎实的基础;第二,如果我能活着亲享此一乐趣,我可以自认为我在某种程度上促成了这些目标的实现。

现在,你正步入人生中形成良好习惯或恶习的时期。在此时期,人的心思可转向有益与受人称誉的事业,或者转向堕落与邪恶。究竟何去何从,全在于你自己。俗语说:“树枝一旦弯曲,必然弯曲地成长。”这明显地说明,必须让较成熟的忠言来指导你那经验不足之处,以免你自己误入懒惰与邪恶的歧途。懒惰与邪恶会像窃贼一样靠近你,影响你的感情,或者,由于坏的榜样促使你上当。你越是倾向这种恶习,你便愈加染上这种恶习,越发不能自拔。我这次对你的劝告是出自于对你的纯洁的爱,但我并无意要你成为一个禁欲主义者,或剥夺你学余之暇的娱乐和符合情理的运动。

与所有的同学友好相处,是正确的,我高兴地知道你正是这样做的。但是,尽管对任何人皆应彬彬有礼,却须选择最适合的人做朋友。要先深察他们的气质和品格,才能与他们结成密友。真正的友谊是一株生长缓慢的植物。志同道合,趣味相投方能产生真挚的友谊。美德与邪恶不能融合,勤奋与懒惰亦然。如果你决心与美德及勤奋为伍,如又与邪恶和懒惰的人亲密相处,这会使你自己非常狼狈。这将成为你人生道路上前进的障碍。它像系在你脖子上的石磨,因为邪恶与懒惰的本性就是要俘获尽可能多的追随者。

我还应提醒你,必须避免草率地对别人产生不赞许的印象,要斟酌成熟后再作出判断。即使已斟酌成熟,但无恰当的机会表达自己的看法时,最好保持沉默。因为,任何时候,树敌总无疑义地比交友容易。另外，在没有确凿证据的情况下讲别人的坏话会造成一种无法补偿的伤害。莎士比亚说过："诽谤我声誉的人只能使我不幸，而不能使他自己受益。"诸如此类的说法还很多。要记住，由于突然的变迁或由于不习惯变动和不适应艰难生活所产生的任何变化不是一下就能适应的。再者，如果你在大学的情况不顺利，千万不要抱怨。纸张提醒我已是停笔的时候了。

又及：虽然你未提及，但我想你已收到夹有十元钞票的信，钱是给你付礼服费的。收到信后总是应该写回信的，以免担心误投。

二一七、致国会书

在参众两院的演说

1796 年 12 月 7 日

参众两院的公民同胞们：要使我国在国外的商业贸易受到保护，非有一支海军不可，这在各次战争中都已显示出来。因为在战争中，每一国家均代表一方，而且根据我们自己的经验，严守中立并不能充分保证国家在战时不受其他国家的掠夺。要使中立的旗帜受到尊重，我们必须建立一支有组织的海军，随时准备保证中立不受侵犯和侮辱。这样做甚至可以阻止交战各国迟早不可避免地对中立国权利的侵犯，我们也就不会有参战的必要。从我能得到的最可靠消息，没有一支保护的力量，我们对地中海的贸易就会很不安全，我国的公民就会面临他们之中许多人刚刚摆脱的灾难。

以上所考虑的应引起全国注意，必须采取措施，开始着手逐步建立一支海军。航海事业的日益发展，将在不久的将来要求我国公民增补海员，并采用其他有利于这一事业发展的措施。同时我国公民所处的特殊形势将促使他们建立一支拥有相当实力的海军，这是令人鼓舞的。从以上看来，现在立即开始供给和贮藏建造和装备军舰的物质材料难道是不明智的吗？根据我国资源可能提供的条件，逐步建设海军，那么再次爆发欧洲战争时，我国的商业将不会再陷入像当今这样毫无保护的状况。

国会曾多次注意鼓励制造商，并取得成效。这一目标极关重要，应采取各种可行的措施以保证他们继续努力。一般来说，用公款经营制造业并非明智之举。但是，当国家难以指望某些制造工业部门会在相当长的一段时间内取得成效，而这些产品对装备战时国家武装是必不可少的，从国家的政策考虑，提议用公款建立这些制造业部门，以满足政府需要，难道不可以作为一般规律的例外吗？难道我国应该仍旧倚靠外国产品而使自己的供应处于易遭截断的危险境地吗？如果说，在和平时期用这种方式生产这种产品成本较高，但制造工业保障了国家的安全与独立，这难道不是充分补偿吗？在和平时期，建立这类制造业仅仅只是为了适应公用的需要，而在战争时期它们却能按照政府的紧急需要而相应地发展，甚至可以生产出多余的产品，供应我国公民，以便消除贸易中断而产生的供应匮乏。如果这一计划将被采纳，则应不包括国内已经建立和即将建立的制造业部门，以免妨碍私人工业的发展。

就个人或者国家的福利而论，农业无疑占主要地位。随着人口的增长及其他条件的成熟，这点愈加明显，而农作物栽培也愈来愈成为公众赞助的目标。为了促进农业发展，国库拨款建立了各种机构，有什么比此项资助更适于达到这一目的呢？在为实现这一目的所采用的各项措施中，建立农业局的成效最为显著。这些局由合适人选组成，他们的职责是收集与扩散情报，并用奖赏与小额资助鼓励和扶植敢于发明与改进的精神。这样的机构通过刺激进取与实验，集中每个地方个人的才干和观察所取得的成果，然后传播到全国，对改进农业作出了双重贡献。经验已经显示，这些设施是一种花钱少又能对国家产生巨大效益的工具。

我曾提请国会考虑建立一所国立大学和一所军事学院的好处。我对建立这两所学院的愿望，随着我在这个问题上所持的新观点而日益迫切，使我不能不趁这一机会再次提请你们注意这个问题。

与会诸君见多识广，他们不会不充分意识到艺术与科学的兴盛对国家的繁荣与声望该有多么大的贡献。的确，我国引以为荣的是我国拥有许多值得高度崇敬和卓有成效的学府。但是，它们赖以经营的基金确实太少。这些基金虽然有很大用处，但对于计划要建立的大学来说，远远不够各门科学的各科系聘请最博学的教授之用。

通过对全国各地来的一部分青年进行普遍的教育，以使我国同胞在各种原则、观点和生活方式上同化，是建立这所学府最值得注意的宗旨之一。我国公民在上述几方面的共同点愈多，我们结成永久联盟的希望也就愈大。这样一所大学的首要目标应该是对我国青年进行有关政治科学方面的教育。在一个共和国里，还有什么别种知识能比这更重要？在这样一个国家的立法机关里，还有什么职责比赞助一项把这种知识传授给祖国自由的未来保卫者的计划更迫切呢？

建立一所军事学院的理由也是令人信服的。无论一个国家的总政策怎样温和，它不能不积累足够的军事知识，以应付紧急的需要。政策太温和有损国家的锐气，既温和又缺乏军事知识，在战争不可避免时，会使国家安全受到威胁，陷国家于不幸。除此之外，战争本身也常常不能随意选择。虽然恪守和平箴言或许可能使军事艺术在一个国家无用武之地，但注意建立一些军事院校，保留和传播这种艺术的知识却是完全应该的。不论从特殊例证中能找到什么样的论据，表面的观察或全面的考察都表明：战争的艺术既是综合性的也是复杂的，需要预先进行研究。掌握这种知识并使其提高和完善，对一个国家的安全十分重要。因此，这应引起每届政府的严重注意。为了国家安全建立一所教授正规教程的军事院校是其他国家采取的已经取得明显的成效的一种手段。

美国各级军官，包括身居要职的军官的补偿费的问题，在各种不同的情况下都显出需对立法进行修正。供应不足已对政府产生严重后果。如果用私人财富来弥补公共报酬的不足，则选择就职人员的范围将会大大缩小，挑选出既正直又有能力的人的可能性也会降低。而且，德才兼备的人，如果没有财富，便实际上被排斥在外，这是与我国政府的根本原则相违背的。

二一八、写日记与记账

致乔治・华盛顿・帕克・卡斯蒂斯

1797年2月11日于费城

亲爱的华盛顿：我无意限制你的书信往来，远非如此。因为与适当的人通讯(没有别人能比你的爸爸和李尔先生更值得你与之通讯了),谈论正经事,能使你养成一种习惯,能在各种场合中敏捷和正确地表达你的思想。我意如果通讯对你不是一种负担或被迫而为,不致妨碍你的学习或干扰你关心更重要的事情,则我们每周能收到你一封信即已感到满足。我喜欢根据上述原则写的东西,除此之外,我不赞同写任何别的东西。在本子上写短篇日记,记下你周围发生的事情,你自己将获益匪浅。首次观察事物可能会感到微不足道,但却能把你引向更有趣的东西。总之,小心地保存这些日记,会使你在回溯往事时所观察的比你目前所想象的更能令你满意。

我想建议你做另一件事(并非我想知道你怎样花钱),即记账,记下你的每笔收入和支出。这样做,会使你养成一种获益匪浅的习惯。不记账,就无从查对,无法纠正错误;而且在重新出现过去发生过的情况时,无法弄清楚究竟用于特殊用途上的钱是太多还是太少。及早地注意这一类问题,你将永远受惠。

我们都好。全家祝你好。致真挚的爱。

二一九、谈自己的日常生活

致陆军部长詹姆斯·麦克亨利

1797 年 5 月 29 日于芒特弗农

亲爱的先生:阁下消息灵通,当有情况可谈。我则无事可言。对身处费城的陆军部长,我既无消息,亦无可资愉悦之事奉告。可堪告者,即我日出即开始一天的生活。日出时,如我的雇工尚未在田间工作，我即遣人告诉他们我对他们的好逸恶劳深为遗憾。工作开始就绪后，我进一步检查情况。愈检查，愈发现我离家八年，由于长期疏忽，房屋受损情况甚为严重。当诸事检查完毕，早餐已备好，(刚过七点，估计此时你正向麦克亨利夫人道别)。早餐毕，我乘马巡视农场，然后回家换衣就午餐。就午餐时，我常晤见一些陌生人。据他们说系因尊敬我而来。如说出于好奇不是一样吗?这与同几位有交情的朋友愉快地在一起就餐的差别该有多大！下午按时就餐，散一下步，再喝一次茶，就到了掌灯的时候了。在掌灯之前，只要没有客人干扰，我总是决定一旦烛光明照便坐到书桌旁，开始答复我所收到的来信。可每当烛光明照，我却又感到疲劳，不愿动笔，心想明晚再做亦复不可，待到次夜又因同样的原故拖延不做，夜复一夜，就如此度过。

我之所以迟迟不复尊函，其原因盖出于此。我已将我每天的生活相告，年内仍将保持此种状态，我相信足下将无须我再重述此事。但足下可能感到在此封琐碎的信中，何以未提及我用来读书的时间。确实，自回家以来，我从未读过一本书。在我解雇我的工人前，我亦无法读书，甚至在黑夜变长之前也不能读书。如有可能我将浏览一下英格兰土地勘查记录。

二二〇、关于工作制度的建议

致乔治·华盛顿·帕克·卡斯蒂斯

1798 年 2 月 7 日

凡事必须按制度进行，执行制度则凡事顺利。

若你常常爱在早餐前携枪外出打猎，以调剂生活，则只要你能在早餐时准时回来，我决不反对。

我希望在从早餐起直到午餐前约一小时的这段时间内（此一小时给你整饰，准备就餐，以使自己合乎礼仪），你能埋头学习，努力掌握你应该和需要掌握的知识。

午后时间甚短，午餐后至吃茶点之间的间隙时间不长，你可用此段时间散步或从事其他文娱活动。

喝茶以后，若你的学业需要你再继续学习到该休息时为止，你理应认为这对你是适宜而又有益的。

养成早起习惯将使你开朗，愉快，健康和获益。早起可能一时使你厌烦，但久而久之即会习惯。这样做今后不论在社会生活或私人生活中都会使你受益匪浅。

按时用早餐、午餐及喝茶应成为一条不变的规则（除非特殊情况）。佣人们不知道到哪里去找你，他们跑来跑去既不愉快，也非常不便。尤其在他们侍候和招待在座的客人时更不适宜。

星期六宜于用来骑马，打猎或进行其他文娱活动。

这样安排时间，你会有充分的余暇参加体育锻炼和各种有益而且必需的文娱活动。同时，只要你不时而上楼时而下楼把时间浪费在闲谈上，而充分利用你用来读书的时间，则不论你选定何种专业都会取得极大进步。我衷心地希望你这样做。

二二一、不愿重返政治舞台[109]

致陆军部长詹姆斯·麦克亨利

1798年7月4日于芒特弗农

亲爱的先生：在此信中，我想坦率地、毫无掩饰地而且明确地就您提及的问题表明我的观点，因为我和您一样已看到乌云正在聚集，风暴可能来临，而且我已从各种不同的暗示中发现在此情况下，我的安宁是不能长久继续下去的。

关于我舍弃退休的安静生活，又进入无止境的烦恼和职责重大的场合中去，是否会产生激动的心情，我无法肯定地告诉您或同样熟悉我的情绪的人，因为这个问题，即使写作比我更好的人，也会感到难于叙述。然而我一生所遵循的行动准则，不容许我在这样重大的时刻拒绝为祖国需要效劳，特别是在祖国的根本权利遭到目无法纪的野心与疯狂的暴力侵犯的时候，而且这种侵犯违反一切正义原则并践踏文明国家普遍遵循的法律和协议，其用意显系要播下大量分裂团结的种子，以便颠覆政府和毁掉我们的独立与幸福。

在此情况下，加之，我国领土权也实际上遭到侵犯，我是决难以年老与退休为理由而作袖手旁观的闲人的。同时，离开宁静的家园，舍弃目下安逸幸福的生活，重新面对我的精力与体力均难以应付的战乱，确实使我深以为忧。然而，这些不应妨碍我决定自己的行动。但是，在我能给您一个肯定答复之前，还有其他极为重要的问题需要我来确定和处置。

首先,我已在 1796 年 9 月的告别演说中声明了自己的观点,现又重现于政治舞台,舆论对此是否认为恰当(而这种舆论迄今已在谈论中表现出来)。

第二,根据我所获知的最可靠消息,我深信全国都属意于我,希我能被委以统率全国军队的重任。

第三,目前组建的军队,军官的配备应使人们有根据地希望它能在沙场为国增光,为其统帅生色。

对于上述各方面,请允许我逐项发表自己的看法。

关于第一点,应该承认,按我目前所处情况除非形势紧迫,而且紧迫的程度已到我国利益不仅将被削弱并有可能全部失掉的地步,(如果这一措施可望取得任何效果)始可或始应召我出山。若非如此,则反对政府的人为降低政府威望和影响,会立即指责这是不安分守己的行为,以此证明我不满足于退休生活,并说明我所谓热爱退休生活全属虚假。我既自知自己的动机是纯真的,这些议论决不会影响我个人的感情,但必须公众明确认为我重新出山是完全必要的。我应该坦率地承认,虽然我高度赞扬已被采用的一切预防措施,而且希望这些措施更具成效,但是,我国的人民(以前以为他们会不尽义务)既然坚定地保证将冒一切危险来保卫我国政府和国家的独立,反对一切葬送独立和反对政府的企图,即使法国的领导人丧心病狂,肆无忌惮,我不相信他们会如此愚蠢,除在沿海进行掠夺外,还胆敢侵犯我国领土主权,除非他们那些藏在我们中间的代理人与同党违背理性,巧施手段使政府相信,必须用武力来支持它的朋友去获得他们所需求的一切。先生,这就是我对一场所谓的可怕的侵犯的看法。也许,在我执政以后,掌握了情况和线索，我的看法会有所改变。

关于第二点，我将更简明扼要，因为我整个一生都在为祖国效劳。在我有限的残年，如我所珍视的一切均处于危险之中，我不应追求安逸，而且更令我满意的是：我是为了祖国所需而牺牲自己的安宁的。既然野心、兴趣以及任何一种个人的满足都不能引诱我放弃我的隐退生活，我如果对自己唯一应当考虑的目的也心灰意懒，则此种羞辱决非我能以言词表达。公众究竟怀有何种意见和愿望我无从知晓，我竭力避免触及此事，唯恐人们从此作出违背我本意的推测。

我阐明上述观点并非出于做作，因为我鄙视一切矫揉做作的东西。但我相信这种矫揉做作已成为目前的一种风气，而创立和推行这种风尚、我们要与之竞争的法国人在任命年轻的将军来统帅军队方面取得了令人惊讶的巨大成就。我国公民中很可能也存在类似的想法和愿望。年事渐高，使我身心俱衰，这可能使人认为不宜委我以重任，这也是我所担心的。

关于第三点，请容许我稍加评述。当一支军队已建立，一位军官被聘为统帅时，他的方针应是明确的，因为他只需检查军队的组织，了解军队的成分以便自己能作出一切决定。但是，我们的军队尚待组建，很大程度上需要依靠军官的配备。如果首先对主要的军官，特别是参谋部的军官选择不当，则今后永远难以纠正。这不但有损军队领导机构的声望，总司令的名誉也会一同葬送，而国家将不可避免地遭受损失。

我十分清楚，军队长官不可能非常熟悉营级军官的资历，而志愿军团的那种组成方式，又使他几乎毫无选择的余地。但是，可以设想，既然这些军团是由令人尊敬的公民所组成，它的军官也必然是优秀分子，像纯洁的人一样值得信任。任命在前线和参谋部的将级军官乃是目前最迫切需要的，特别是后者。而将军的任命在很大程度上取决于军官是从老一辈的将军中挑选，还是不顾等级从新成立的美军中挑选最有经验才能的和受过严格考验的军官。

我的一份军官名册已留在总统办公室，凭借名册我可以回忆起军官的名字。由于我手边没有名册，现在对这方面提出明确的意见将是危险的，也是不恰当的。但是，我可以毫无顾忌地说：我非常赞成建立名册的这种形式，因为，一旦我国受到严重侵犯，战时的体制将与过去的体制完全相反。

为了让您全面了解我对您信中所提问题的看法和我的指导原则，我啰嗦地写了一大堆。如果无须作出这些解释，则用下面的寥寥数语即可回答。

当我开始息隐家园时，我绝未料到将会发生重大事件，使我放弃退休生活。如果命中注定如此，我心中苦痛实难以言喻。当然，如祖国确实遭到侵犯，或显然将要被侵犯时，我自当时刻准备尽力为国效劳，打击侵略。

假如人们不因我年老而对我不予信任，反而支持总统对我的偏爱，则您和您的同僚由于处于全国各地消息汇集之区，在那里军队司令官的人选问题一定是人们经常谈论的话题，如果，尽管在我退休时就已公开宣告我将成为一个普通公民，但公众仍属意于我，此种情况必为您们所确知。

同时也除非我具有消弭战乱，能承担统帅重担的能力。众所周知，战争胜负往往非人力所能控制。世人由于偏好对我过去的贡献给予我极大的荣誉，而今后增添声誉的可能性决不会比失去它的危险性更大。正如我在信中前部分所表示，野心和兴趣不能诱使我重登艰难与责任重大的舞台。随着事物的演变，虽然由于他人的恶意中伤，我原来的那点声誉也可能丧失，但仍可引以自慰的是：我自知责任感乃是使我甘冒危险并同时放弃自己的安逸和宁静的唯一的动机。

二二二、一封解释信

致亨利·诺克斯

1798 年 8 月 9 日于芒特弗农

亲爱的先生：您上月 29 日的来信使我极为烦惑不安。但是，在回信中我不会有意提及任何事情使您感觉痛苦。从来信的口气来看，似乎在获知 7 月 16 日我信中所谈的开诚布公的（我认为是友好的）意见后，现在我说什么都是无益的。我把原因归之于过去所做的事，我认为这并不能解释为我认为您低人一等。但是您的信中所谈的一些情况，看来是由于您对形势的误解所致，因此，我完全有必要加以解释。

在我已决定接受统帅一职时，我曾在给总统的信中表示了我的保留意见，此信现已公布。我首先考虑的是选择好我能与之愉快相处，并能给予完全信任的助手。至于部队扩编后的将领人选问题，则无须进一步考虑。但是如何根据此一问题所出现的各种意见来安排他们，并非易事。

在上次信中，我曾以无拘束和直率的口吻，坦白地告诉您我在安排平克尼将军时所采取的原则。但是关于汉密尔顿上校的安排，我谈得过于简略，我要求您耐心地听我详述当时这样安排的原因。

1. 已经有人通知您（也通知了我），有迹象表明公众希望，如果我接受职务并担任正职，则他应担任副职。如果我不接受，则此事不必再提。2. 考虑到国家的军事建制将要采取新的形式，而且此项工作是在毫不考虑这一支军队已经解散了十四年之久的情况下重新开始的，我认为总统在选择安排军官人选时，不仅应考虑原来的军阶，也应注意目前的实际情况。我绝未料及您会在信中表示您对军阶看得如此严重。我完全承认，关于这一点我无法求助于国会以往的决定，也想不起有什么可以适用于这一情况。3. 1794年的叛乱所产生的后果在某种程度上使我形成了这种信念。另外，您总会记得起李将军，他过去在美国军队中不过是一名上校，人们却公认他居于米夫林、欧文、摩根、布兰德之上，而所有这些人都在美军中担任过将级军官。这并非由于他是弗吉尼亚州州长，因为在他越过波托马克河奉命攻击叛变者时，他已停止行使州长的职责和权利。4. 同样，人们表示希望汉密尔顿上校出任军队的副帅，并且暗示根据他的处境和前景，他有一个大家庭，而他本人除有利的职业外别无他靠，根据具体情况，条件接近完备，应劝告他接受此一职务，并建议让他担任副职。5. 虽然他在战时的贡献未能使他取得将军的官阶，但他的机缘和经验却是不亚于其他将军的。6. 我相信凭借这些，再加上他在各界人民中的威信，他将和美国大多数人一样获得重视。

不知上述解释能否令您满意或改变您的决心，但我是应该这样解释的。对此事如果你们已经做了安排,那你们是瞒了我的。我在此事上并无照顾,亦无所隐瞒,我的意见均已真诚坦率地告诉您。尽管您在信中含沙射影地讽刺我反复无常,不讲友谊,但我要明确地告诉您,我对这种刻薄的指责是不介意的。不论过去、现在和将来,我都会始终是热情和真挚的。

鉴于我们之间的友谊和你们的军事才能,我真挚地希望在正威胁着我们的艰难斗争中能得到你和汉密尔顿上校的襄助。我这样虔诚地希望是从公私两方面考虑的。因为这种分歧徒使对政府友好的人不快,而使亲法党人得到安慰,助长他们的傲慢。

信写得够长了,但我请求您允许我对您信中如下的一段话发表评论,同时又希望这段话会是您无意中讲出的。谈到将军级军官时,您是这样说的:"要集结一支军队,新英格兰必须装备军队的大部,如果这样,那么新英格兰将会一个少将也没有了,而只有军阶低的军官。时间将证实他们是否自卑到如此程度竟能有耐心忍受这种状况,他们的热情和信心是否能被激发。"当一切珍贵和神圣的东西受到威胁时,我希望上帝保佑,一切地域的差异和哪怕是丝毫的嫉妒都会被彻底抛弃。

二二三、一封坦率的劝告信(机密)

致陆军部长詹姆斯·麦克亨利

1798 年 8 月 10 日于芒特弗农

亲爱的先生:您一定会认为这封给您本人的密信是出于友谊和良好的意图而写的。信中万一有显得过于直言无讳之处,希望您能考虑到写此信的动机和态度，并能欣然接受我的歉意。

从我接受合众国军队总司令这项任命时起，我就已认为自己与陆军部长是亲密相关的，是值得他特别关心的，虽然我当时既没有领薪俸，也没有在战场作战。当时不可能料想情况会是这样，即我在危急之时被召返军队，而对军队的组成及军需品的情况竟一无所知，仿佛如堕五里雾中。

我对军队的组成问题一直表示十分关切，不得不敦促您注意它的重要性。如需提供有力的证据，则我在今年盛夏在诸多不便的情况下的费城之行，即可为明证。但结果如何？至今我仍对任命营级军官、招募新兵和选定军队集中的地点等步骤一无所知。

为了支持政府和维护祖国的独立，我冒着失去生命、声誉、财产、安宁和幸福的危险，因此，您将正在用以组织和扩编军队的各种措施告诉我，对我来说，决非一件不感兴趣或无关紧要之事。因为扩军之举势在必行，刻不容缓。而且，人人企足以待，此项工作一开始就会取得巨大的成就，但是不经过艰苦的努力，将不会获得成果。同时可以设想，尽管总统乐于协助、明智而又十分热忱，但他却不能对此类事的安排提出许多有关的主意，更多的责任会落在您的肩上。由于情况复杂，担子将十分沉重，我恳请您请求监察长（给他全薪）予以襄助。既然募兵之事终究要由监察长来管，何不现在就让监察长根据您的指示，由他来主持开始办理此事呢？

在任何时候，防止一件坏事总比纠正错误容易得多。有几个好人总比有许多不负责任的人要好得多。如果不确信对征募工作的监督会和指示所要求的一样严格，则那些靠征募的人数来决定报酬的军官们，在选择对象时，将不会采取慎重的态度。此外，您会发现在您忙乱时，监察长处理各种已发生的情况将是非常得力的，而这些已发生的情况却是事先难以预见和防范的。关于诺克斯将军，我本应建议采取同样的措施，这一措施与武器和军械部有特殊的关系。但是，诺克斯将军目前私下对有关将级军官的军阶的安排极为不满，我不期待他会担任职务。

最后，我请求让我知道：扩编后军队的组成情况如何；申请授予军衔的人是不是很多，是否合格；对征募工作做了何种安排；总的集合地点定在何处；任命何人来主持这项集合的工作；目前军事供应工作情况如何；采取何种方式和措施来扩编军队。

二二四、谈任命与权力

致合众国总统约翰·亚当斯

1798 年 9 月 25 日于芒特弗农

先生：出于对您的社会地位及个人品格的极大尊敬，我提出下列看法供您考虑。假如我的措辞有互相矛盾之处，请让我以纯真的动机、坦率的观点，以及我自己的品格所应得的尊敬，向您致歉。

我想跟您谈的问题，不仅是我所感兴趣的，而且性质相当微妙。这就是您指示的关于变动我通过陆军部长向您提出的几个少将军官的军阶问题。在我毫无所知的情况下，您在某个陆军副官长的第一次提名遭到拒绝后，做了第二次任命，假如第二次任命又遭到拒绝，您还准备任命第三个。

既然我已被提名任命为合众国的军事主帅（事先未征求我的意见），现在再来跟您说这个任命使我处于十分为难的地位，就变得徒劳无益了。如再不厌其详地诉说我因被迫放弃退休生活而苦恼的情况,更没有什么好处。我曾天真地希望能在我息影的地方度过有限的残年,在那里我即使不能生活得很宁静,但至少能做到摆脱一切公务。如果您在提名之前能了解一下我对此事的想法,我就会很坦率地(我希望这种坦率将一直表明我性格的特点)告诉您我将在什么条件下同意任命,而您在那时就能决定这些条件是否能被接受。

但是,在公开宣布我的任命前,我一直没有机会来表示我的意见,我所能做的只是在事后来表白自己。当陆军部长给我看了您的7月7日的信,向我说明了他的权限,并提出了委任名单时,我就明确地阐明了下述观点,即将级军官和总参谋部人员的任命应经过我的同意。我没有进一步提出要求,但表示在为各团挑选优秀军官时,我将提供各种情况,并在我的权力范围内尽力效劳。

若详述如何作出此决定的细节,则太冗长乏味。但在结束此信前,我仍须以此相烦,叙述其中的一部分。在这样做之前让我表明一下,而且是以最明确的态度表明,我在作出此决定时所考虑的只是如何使最合适的人选来充当这些要职。我认为我有机会在我国政府的行政和军事部门服务,这使我能像其他任何人那样形成对他们的正确的意见。

根据您给我的信和给他的指示,我和陆军部长都毫不怀疑此乃他的使命的意义和目的所在。然而,我是很不愿意让一件对我是如此重要的事悬而不决的。因此,我请求那位先生在他给您的正式信件中声明这一点。假定我有幸写信告诉您的那个决定会公布于众,那么再用那些规定来妨碍它是不恰当的。而且,由于接受是有条件的，您可能会，也可能不会接受这些条件，我请求他收回委任状，然后看您认为是否恰当，来决定取消或恢复这些任命。但是这一次他认为这样做不必要。因为假如您不同意接受我在那种情况下提供的帮助，您就有必要予以宣布。反之，沉默就意味着默许。由于考虑到这一点，并且相信后一种方式将会是最尊重别人的，而另一种方式意味着对您不尊敬，因此我没有那样做。

阁下，这就是我对事实的真实、坦率和公正的叙述，是我接受和保持任命的理由，也是我安排人选的依据，而这种安排已由陆军部长向您报告了。

由于根本不知道当时就要任命临时军队的将级军官，原来我甚至还未仔细考虑过合适人选。

现在我要请问：我所提出的条件得到何种对待？

我和陆军部长商定，由以下三位担任陆军少将职务：他们是汉密尔顿，平克尼和诺克斯。我希望此项委任能以此为序，并选定日期予以公布。我认为此项任命必定合乎参议院议员的意愿，也必定是所有那些与我交谈过的人士所期望的。但您却命令将第一位和最后一位互换位置。在临时军队的四位旅长中，有一位系我从未闻其为军事人才的人却被提名任命了。而另一位，凡与他在革命中共过事的人无不熟知，因此，这样的任命只能令人产生恶感，而且会使那支军队中许多优秀的军官得不到晋升的机会。诺思先生已被任命为陆军副官长，万一不接受，则将任命另一位。但是，您提出此项任命不仅未和我商量，而且连风声都未透露一点。虽然我在 7 月 4 日写信感谢您在 6 月 22 日给我来信时就已表明了，但在同日给陆军部长的信中（我知道他的下属根据指示已将此信转呈给您),我又更为强烈地试图向您表明我的下述观点是极为重要的,即这位军官(除了其他条件外)应该是总司令所中意的,并能得到他的完全信任。

我恳求您相信,我内心里从未想过要扩大总司令的权限而削弱总统的权力。在我即将承担这项艰巨的任务时,我唯一的目的就是要能得到称职的助手。此系公众利益所需,亦必为我们两人的共同愿望。但要做到这一点,我们必须非常熟悉新组成军队中高级军官的组成情况。我可以补充一句,我比别人更有条件对这些人选作出评价,但我希望这不致招来专横的罪名。我所珍视、所宝贵的一切与此问题息息相关,除非不能避免,我不能相信机会。同时,不能认为我没有意识到我将要冒的危险。我知道我失去声誉的机会和增添声誉的机会至少是相等的,而我的声誉却是世人由于偏爱而乐于赐给我的。当时了解这些情况和我即将作出的牺牲的人,以及熟知我行为公正的各界人士,无人会设想除了要按照我的判断选到国中最好的助手外,我还会有什么别的目的。

假如军队已经组成,您又乐意将指挥权授予我,则我所采取的方针将十分明确。我将检查军队的组成情况,并调查军官的品行等等。当将要建立军队,并要任命一批军官时,难道能够设想(因我已不是这个职位的候选人)我竟会不谨慎小心以确保国家利益吗?

对我来说,不难看出,如果我们与法国进行一场激战,则战争的性质将与上次大不相同。在上次战争中,在我们能得到更好的武器和其他装备以及纪律更严明的军队来作战以前,我们的计划是要谨慎持久地困扰敌军。但是万一这次要和法国人打起来,我们必须使他们处处遭到打击。如果让他们在这个国家立足，则可从对政府不满的分子及奴隶中得到兵员。我深信他们会武装这伙人，并为此目的在波托马克河以南开始作战。

鉴于以上情况，您对我渴望坚持所做的一切就不会感到惊奇了，同时也不会认为我这样地安排三位陆军少将不曾考虑到可能发生的后果。我确曾希望时间能产生影响，希望能用友好的方式进行调整，并能立即被召去费城解决此事，尽管这将是很不方便的。但随后并未接到通知，我推测，一定有某些重要的原因使此事不成。因此，我再未重申自己的观点。

我应该再补充一下，根据我从各方面并通过各种渠道所了解到的情况，我毫不怀疑国会议员，尤其是那些新英格兰的议员们，都赞成汉密尔顿上校担任副司令。在议会中一些值得尊敬的议员表示十分明确的态度后，我的印象更加深了。我曾亲自会晤过这些议员，并同他们就此事交换过意见。

无论何时，进行比较总是一件令人反感的事，因此我尽可能地想要避免这样做。但是我毫不犹豫地声明，如果不让汉密尔顿上校在军界服务，则他原定要担任的职务将不易找到人代理，我敢说这是大家共同的想法。虽然汉密尔顿上校从未担任过将官，但他充当过总司令最主要、最心腹的助手。这使他能比某些人视野更广阔地看待一切问题，而那些人的注意力局限于师或旅。他们对总司令与外界的通讯联系一无所知，也不了解送往总参谋部的各项命令及其他有关事务。汉密尔顿上校的这些优点和他在旧国会和全国代表会议的卓有成效的贡献，以及他以公认的才能和诚实主管政府一个最重要部门的经历，所有这一切使他处于优势，并使他成为合众国，甚至欧洲的一位惹人注目的人物。

此外，还有一点不可轻视的理由。正如他在自己本行中的丰富收入可肯定他最值得信赖，他能放弃这些收入，在某种程度上，也同样说明他值得信赖。在某些人眼里，汉密尔顿上校是个野心勃勃的人，因此是个危险的人物。我完全承认他是有野心的，但这是一种值得赞扬的雄心壮志，它促使每个人做任何事都出类拔萃。他具有作为军事人才必不可少的品质，富有进取心，理解力强，而且有很强的直觉判断力。因此我重复地说，如失去了他，损失将是不可弥补的。

我对诺克斯将军是怀着敬意的。说实话，在合众国我和他的关系一直是最为亲密的，我对他的爱最为诚挚，我和他的友谊也最为深厚。但是当我觉察到我们和平生活的敌人意在征服和奴役我们的祖国，而且我们的一切都可能危在旦夕时，尊敬、热爱和友谊都不会对我的思想产生任何影响。

二二五、谈民主党人的阴谋

致陆军部长詹姆斯·麦克亨利

1798年9月30日于芒特弗农

亲爱的先生：我认为我最近得到的消息是值得注意的。在国内某些对政府最不满的地方，那些大喊大叫反对政府各项措施的人现在突然销声匿迹。而且，消息还说，这些人渴望在即将成立的军队里得到一官半职。

当我获得此消息时，我已产生了很深的印象，而最近我在马里兰州的一本杂志上看到的文章则更使我的印象加深。我想此文作者与向我提供消息的人应该不会预先交换意见以求得一致吧。这些反对政府的人,在此种形势下,旨在极力以哄欺蛊惑之词来分裂和毒害军队,以便在关键时刻造成混乱。您和我一样知道怎样来衡量这种推测。但由于这种反对派大有人在,而且他们正在准备接受任命,因此务必谨慎从事。在我看来,您如果能改变这些死心塌地的民主党人的力图推翻本国政府的宗旨,您就能将黑人变成白人。当他们发现人民对法国所作所为的愤慨情绪不可阻遏,便表面上附和这种情绪,他们假装,尽管由于政府的过失招致了战争,但如果有敌人来侵犯,人们会发现他们是首先起来保卫祖国的。他们在所有的选举和竞选会议上都是如此妖言惑众的,而且在许多场合下颇有欺骗性。

二二六、论外侨法与镇压叛乱法[110]

致亚历山大·斯波茨伍德

1798年11月22日于费城

亲爱的先生:当我正在此地忙于一些事务时,我收到了您13日的来信,附有署名为格拉古的关于外侨法和镇压叛乱法的文章。

您征求我对这些法律的意见,表示信任我的判断力。我对您赞扬我的判断力表示感谢。但要发表无充分理由的意见似乎太武断,尤其是您宣称格拉古使您“深信上述法令是不恰当和违反宪法的”。我既无闲暇,也不愿解释这些条例,因为这将占据我一些我不必要花费的时间。

但是我要冒昧地奉劝那些还未“彻底信服”但仍愿服理的人，读读有关文章，听听那些被引证来赞成或反对这些法律的论点，衡量它们的有利和合乎宪法之处，再来表态。并请他们考虑一下国内某些人已把事情弄到何等地步，而且这些人似乎坚决要把事态扩大，然后要他们自问维护反对外侨的法律是否不合时宜，(您当然知道公民是不受此项法律影响的)。这些外侨对美国无忠诚可言，而且在许多情况下他们是被派到我们中间来的(有具体的事例为证)，目的在于毒害我国人民的心灵，挑拨离间，以便疏远人民和他们自己选择的政府的感情，从而力图使联邦解体，这就理所当然地毁坏了由于革命而展现在我们面前的美好前景。

但是，正如我以前所表明的，我没有时间插手政治。最后我谨向您在新港的亲属致以最崇高的敬意。

二二七、关于政治形势

致拉法叶特将军

1798 年 12 月 25 日于芒特弗农

亲爱的先生：要想完整地阐述我国的政治形势，远非一封信所能做到。要追溯形成目前形势的原因需要更多时间。但这一切却可以用下面几句话来概括。美国目前存在着一个因多种原因而建立起的政党。这个政党反对政府的一切措施，决心(像他们的行为所表明的那样)用间接地破坏政府计划的办法来改变政府的性质，并妄图推翻宪法。为达到此目的，他们想方设法，费尽心机。政府的朋友们渴望保持国家的中立与和平，并为此采取了种种措施，但却被他们指控为保皇派，有贵族作风和违反宪法的人，而据他们的解释，宪法是一钱不值的。他们以法国的朋友自居，（直至人民开始亲眼看到法国政府是何等横暴地对待美国的商业利益，他们不能再以此自诩），但事实上他们对法国并不比对大土耳其人更关心，他们也不是因此而形成自己的观点。他们斥责那些和他们意见分歧的人（那些人完全遵循美国的原则，他们唯一的观点是严格遵守中立）是在英国的影响下行事，跟着英国的指挥棒转，是英国的雇佣。

以上就是需要花很多时间才能说清的整个形势的一个简略的梗概，我写此的意图就是要说明在此情况下，在此危机中，您在此间会面临何种处境。

您以仁慈之心表示希望我会竭力避免我们两国绝交所产生的不幸的后果。亲爱的朋友，请相信我，无人能比我对此类事更深恶痛绝，在我的整个任期内也无人像我这般真心诚意、满怀热情地来避免此事，并处处以公平态度与法国相处，甚至给予支持，始终如一地严守中立。我国严守中立乃是由国会所批准宣布的，并已为国家立法机关及广大人民在城乡会议上所通过。但是我国严守中立并非法国所求。因为他们一面高呼和平，并佯作不希望我们卷入他们与英国的纷争，一面却在我国施展违反我国主权及与中立各项原则相抵触的伎俩，这就必然会引起我们与后者的战争。当他们发现本届政府决心坚持中立的方针时，他们随即破坏人民对政府的信任，并使人民与政府离心离德。为此目的，他们的外交人员接到特别的指令，并在此过程中获得我们中间的敌对分子的支持和帮助。正如我以前所说的，并不是因为他们热爱法国甚于任何其他国家，而是因为他们形成一个有助于毁灭他们自己的政府的工具。

二二八、论政党与宗派[111]

致帕特里克·亨利

1799年1月15日于芒特弗农

亲爱的先生：在写此信前，我应为此信的内容先向您道歉。无论您觉得我的观点错到何种程度，但如您能相信我的动机是纯真的，则我不再作任何辩解。

对您这样一位善于观察、明辨是非的人，如缕述我们内部的某个政党竭力以虚构的惊恐来扰乱人心，指责政府的一切行动，挑拨人民与政府的关系并阻挠政府实行各种措施等情况，请您注意，那只是浪费时间。此种情况如不制止必然会产生何种后果，由我来预言，亦属多余。

弗吉尼亚州带头反对政府，此事实为不幸，使我极为懊恼。我提及此州乃是因为世人皆认为这个州的立法机关必然批准此一行动。同时，主要的反对派领袖皆寓于此州，亦为一无可辩驳的事实。而且，尽管我只听说，除弗吉尼亚州外，其他各州中仅肯塔基州得到立法机关的支持，但我深信无疑在其他州领导人的赞助下，所有的计划均已安排好，并正由他们在美国其他地方的追随者系统地执行。

据悉，这个州的大部分公民仍倾向政府及联邦。我甚愿相信，而且确信此点。但这怎么与他们选举国会和州立法机关代表时的投票情况相符呢？他们选出的代表反对国会，而且根据这些代表所采取的政策的趋向，州立法机关也必然受到破坏。我们之间的一些人力图说明此种不协调系因他们自己虽然明白真相，但却不能使其他不谙此州内部政策的人信服。

产生以上情况的原因之一，在于我们当中最可敬和最有名望的人士未能挺身而出。这些人在家度着安乐生活，深信其权利与财产能得到保证。他们不愿放弃已获得的一切而投身于繁乱的公共事务，或受那些专以毁损他人名誉为手段的政敌的诽谤。

但是，目前我们一切有价值、可宝贵的东西均受到攻击。这个政党已成为政府机关的严重负担，并反对政府基于防卫自身安全所采取的一切措施。它煽动别国对我国的权利怀有恶意，并公然不顾潮流和人民的不满，置法国利益于本国利益之上，宁愿损害美国利益而为法国辩护。这个政党歪曲政府的一切行动，企图践踏和违反宪法，以便引进君主制度。一切竭力保持由行政当局宣布、为国会及州立法机关甚至人民自己在各种会议上一致通过的中立的行为，一切维护国家和平的行为，竟然被指责为是一种牺牲法国支持英国的手段，而且一切曾对此事起过作用的人也被指控为是受英国的影响，系英国的雇佣。同时，那些足使联盟分裂并能导致高压统治的措施已在系统地顽固地付诸实现。值此生死危亡之秋，事态已演变到极为明显的地步，难道那些最能拯救国家于急难的人竟能在家中坐待吗？难道他们不应挺身而出，以其才能和影响消除此种行为对和平与幸福所造成的危险，并防止事态的扩大吗？

内衅既开，则和平、幸福、自由及财产的安全均不可得。如下有效地制止我们当中某些人的行为，则他们充分使用其权力除了将事情推向极端外，岂能产生其他结果？听其言、察其行方能了解或猜测他人的观点，若以此原则去衡量我们当中的某些人，则那些反对派领袖的观点岂能被误解？他们的追随者虽然甚多，但我深信那些人并不知他们的阴谋，也不怀疑他们所追求的目的。但若对他们的行为等闲视之，一派在积极活动，极尽歪曲之能事，而另一派却苟且贪安，如果让那些诡计多端、心怀不满并在放逐中的外国人（他们不仅与本国政府为敌，而且其中大部分还与所有的政府为敌）为反对派积蓄力量，使他们人数日益增多，则只有上天知道会产生怎样的后果。

亲爱的先生，现在让我再回到写此信的目的，即我诚恳地希望您能参加即将到来的大选（即使不参加竞选国会议员，那样做您可能觉得离家时间过长），作为本州州议会的代表候选人。

目前这股急流卷走了那些宁愿随波逐流也不愿逆流而上的人。因为他们缺乏能干的引路人。领导他们的既不谙有关立法的事项，亦非社会知名之士。我毫不怀疑，许多有识之士是反对这股急流的。正如我已在众议院演说时所表明过的那样，您在众议院的崇高声望和影响足以抵御此种危险情绪，这将使那些胆小、动摇的人团结起来。总之，我认为您在此关键时刻挺身而出是非常重要的，并且我诚恳地希望您能充分考虑此一措施。

假如我错误地认为您在这些问题上的想法和我一致，或我采取的态度过于冒昧，则我应像在信首讲的那样，以恳求您考虑我的动机并接受我的歉意作为此信的结束语。我对联邦，尤其是对州的安宁正加速面临的危机，甚感忧虑，这是促使我写此信的原因。

谨致以最诚挚的敬意，亲爱的先生，我愿做您最恭顺的仆人。

二二九、定制军服

致陆军部长詹姆斯·麦克亨利

1799年1月27日于芒特弗农

亲爱的先生：当我重新考虑总司令的制服时（因为这关系到我个人，我以前是反对绣饰的），在披肩、袖口和上衣口袋绣花而不在马甲上绣，是否就会显得不协调和难看，我无法确定。装饰既不是必需的，也不是完全不允许的。您要征求关于对此事的意见，那么，根据您和行家们的评定，究竟哪一种式样最好，最符合要求呢？上衣是否要开叉袖口（镶以蓝边）及开叉口袋，或二者均按通常样式，一并请您裁夺。

这些显然都是些使您费神的小事。但是，新事开张，必须方向对头。在我开始写此信后，我就基本上已决定指示麦卡尔平先生遵照您的指示来做制服。我不喜欢衣服上绣饰过多，也不喜欢太费工时。依我看来，制服做得轻便、精致些，会更美观，更合乎要求。如果马甲需加以修饰，也应和衣服一样。费城如有专干此行的工人（法国人可能最精于此道），他们一定有许多式样可供选择，我请求您审查一下。

鹰徽已成为美国帽章的一部分，有人采用了这种帽徽吗？我认为它的大小至多不应超过金元的四分之一。在军官的帽子上这种鹰徽应配上羽毛。此活任何高明银匠均能做，如能给我四枚，则不胜感激，一接到通知我即将款汇上。

我还请求将肩章上所用的星及其他物品一并寄来(我已有肩章)。如此,则我在服装方面至少是配备齐全了。如果现已有漂亮的帽章(但不是那种古怪可笑的),或有人能做出那种帽章,则请将那种已装好鹰徽的帽章送来,以便置于军帽上,若此,则我感到非常高兴。总统和您也佩戴此种帽徽吗?因急于寄出,写得潦草,请您见谅。请确信您的挚友对您的忠诚、尊敬和关心。

二三〇、严厉的谴责

致詹姆斯·韦尔奇

1799 年 4 月 8 日于芒特弗农

先生:我已收到你 3 月 10 日从罗金汉县发来的信。虽然我不指望你的肯塔基之行能使你付还欠款,但我仍想(尽管我手头拮据)稍待时日,以便知道结果。同时,希望你相信今后在与你交往中将不会再有人受你作弄。

韦尔奇先生,有一事我必须坦率相告,即我最近听到许多有关你的品行的情况。我预料你会编造种种故事和关系,说别人如何使你失望,以此为借口,来为你不遵守你我之间的协议辩解。但是我确信你是达不到目的的。

一个连十元钱都拿不到的人,轻松自如地说他将得到十倍于此的钱,这并非难事,但只会令人失望。如果根据他的说法,他认为他可以得到足够的钱清偿自己所订正式契约上的债务,并使他的债权人满意,这也只能令人失望。

先生,我并非不知道你再三声明已买下我在大卡纳华的地产,并力图以欺骗和歪曲事实的手段在那些不知你底细的地方谋取大量贷款。我已收到许多询问此事真相的来信。因此，你应谨慎从事，你这样强词夺理为自己辩解，最后必将名誉扫地，面目无光。信誉对每个人都是很重要的，对投机者也是如此。

最后我要极其明确地向你说明两件事。

第一，我急需用你上次郑重保证在1月初归还我的那笔钱；第二，不论你如何使别人上当受骗，但你休想泰然无事地跟我玩弄此种花招。

借新债去偿还旧债决不是办法，而且借新债也不能证明你要还旧债。目前你正在打算贷款（或部分贷款）购买地产，目的在于做投机买卖或（如已得款）拒绝清偿根据合同你必须清偿的债务。

先生，请慎重考虑我的信，并诚实地给予答复。

二三一、拒绝当候选人[112]

致乔纳森·特朗布尔州长

1799年7月21日于芒特弗农

亲爱的先生：我对您提到的那次谈话记忆犹新，也未忘记我给您的答复。我认为那个答复现在同样有效。而且，因为那时两党之间的界线未能像现在这么分明，他们所持的对立观点也不如现在这样鲜明。当然，若照您的意见（出于对我的尊重）办，则个人影响就不起作用了。

让那个党去打起旗号，自称为自由的忠实儿子——民主主义者，或给予其他能适合他们的目的，并将完全左右他们选票的称号。

难道联邦主义者就不会联合起来，或者更确切地说，为了捍卫自己的事业而反对他们吗？他们当然必须这样做，否则就缺乏一种方针，显露自己的弱点，并留下祸根，这是不能容忍的。那么，现在的当政者和我的分歧又在哪里呢？

如果确实有人想要我来做他的继任者，则我感到十分遗憾。这不仅是因为我热切地希望在我退休期间能够宁静地住在这里，度过余年，除非奉召保卫国家（那是每个公民应尽的义务），而且也是从公众的利益考虑的。虽然我有充分理由感谢上帝保佑我身体健康，但我并非不知自己在其他方面的缺陷。我这样做将是可耻的，因为尽管这是我国同胞的愿望，而且在大家的信任下我可能当选并任职，但另一个比我更有才能的人却会因此去职。当然，我应站在联邦主义者极力支持的那一方，同时，我深信我决不应从反对联邦主义的一方夺走一张选票。如果我参加竞选，我就会成为恶毒攻击和无耻诽谤的靶子，不但会被加上摇摆不定的罪名，而且还会被诬为怀有野心，一遇时机便爆发出来。总之，我将被指责为昏聩无知的老糊涂。

我承认，和公众的巨大利益相比，这一切是微不足道的，这种比较也是明显的。但我所考虑的可归结为下列几点，这也是我所持的原则，即：现在和将来我都不会以任何人作为我的竞争对象；从那个党我将得不到一张选票；联邦主义者当中其他有身份的人士可以得到和我应得到的同样多的选票；在我垂暮之年（年将七十），在不能为国作出重大贡献，也不能符合预期要求的情况下，我应该慎重考虑，并谢绝我的朋友们的一切意在使我重任总统的善良然而是错误的想法。

此信虽已冗长，但最后我还要真挚地期望总统的一些亲密朋友能使他明白，在此紧要关头他长期离开政府岗位，必将遭到政府的朋友们的非议，因为他们谈起此事时甚为不满，而反对党则暗暗高兴，并以此作为他们的吉兆。曾有人建议我发表这个观点，但我拒绝了。我认为私人间交换意见更符合社交和友谊的惯例。

二三二、一所国立军事学院[113]

致亚历山大·汉密尔顿

1799 年 12 月 12 日于芒特弗农

先生：上月 28 日的信已按时收到，内附有您给陆军部长关于军事学院的意见的抄件。

我一直把在良好、广泛的基础上成立一所这种性质的学校看做是我国的一项重要目的。我在任职期间，曾利用各种适当的机会，在演说中，或以其他方式，建议立法机关重视此事。但是，对建立这样一所学校的具体组织工作，我从未插手。我将这一任务留给他人进行科学研究工作，并且关心这类学校工作安排的人，因为他们更能胜任这项工作。由于同一理由，我必须拒绝对您的计划的细节发表任何意见。而且此事既已向陆军部长提出，他自然会提交国会讨论，此时如再提议更改，恐怕已为时太晚。

我真诚地希望这一问题能得到应有的注意。您在给陆军部长的信中已极明确地指出建立一所军事学院的理由，这将能说服立法机关，使其为此事奠下永久可靠的基础。

华盛顿生平

乔治·华盛顿于1732年2月11日(旧历)出生于弗吉尼亚州布里奇湾。他出身于英国望族;他的曾祖父约翰,属于北安普敦郡的一个古老世家,约在1658年来到弗吉尼亚。华盛顿十一岁时,父亲去世,留下的大家庭境况贫困。华盛顿所受教育不多,仅在数学方面受过一些专门训练。他十六岁开始任土地丈量员,并从此发迹。他曾远至谢南多亚河流域进行测量,这段经历注定他成为警告法国人的最合适的使者,使他们于1753年放弃夺取俄亥俄河流域的企图。随后他参加了不成功的大草原远征。他在布雷多克手下服役。由于华盛顿头脑冷静,机智勇敢,那次远征得以免于全军覆没。在和法国以及和印第安人的战争中,他是殖民地军官中最出类拔萃的。

同时,在1759年,华盛顿和丹尼尔·帕克·卡斯蒂斯的遗孀玛莎·丹德里奇结婚。他的哥哥和他的侄女的去世以及他自己的婚姻使他成为殖民地最富有者之一个。他在芒特弗农定居,过着弗吉尼亚种植园主的舒适生活,而且产业日益扩大,并当上了本州的下院议员,成为殖民地首脑人物的受尊敬的朋友,度过了他一生中最幸福的岁月。当殖民地和英国发生争执时,他在地方立法机关和殖民地议会上都给予激进党以暗中的但是真挚的支持。1775

年他被任命为总司令后，就成为革命的领袖人物。他后来的经历是美国人人皆知的。

华盛顿自幼年起就异常沉默寡言，自制力很强。令人遗憾的是，即使是他的最早的信件也很少提到他本人的情况。他是历史上最沉默寡言的人之一。在老一辈传记作家的笔下，他是个虚构的人物；韦姆兹把他描绘成为一个集中了一切美德的圣人，一个令人厌烦的典型；在史巴里斯的笔下，华盛顿成了一个伟大的，令人生畏而又不可捉摸的人物。实际上华盛顿富有激情，很重感情。凡听到过他在蒙默思对查尔斯·李的严厉批评的人都不会忘记此事。他的信中流露出对妻子、母亲及许多侄子侄女的爱恋和关心。他会对一个好故事大为欣赏，也会因听了一个副官讲趣闻轶事而在草地大笑打滚。他和杰斐逊相同的是他总是挂念着种植园，而和杰斐逊不同的则在于他是个很成功的事业家。去掉外表的冷静和自制，华盛顿完全是一个人。

华盛顿的品格使他成为世界历史上的一个伟人。革命时期人才辈出，如果仅从军事才能，甚至管理政府的天才考虑，或许还能找到其他的领袖，但若没有华盛顿，革命要想成功，简直是不可思议的。正是各阶层人民对华盛顿的信任以及他自己的才能和正直，才使革命军在纽约和费城陷落后能团结一致；是他的勇气和恒心才使各州忠于职守，并驱除了相互之间的嫉妒。在美国获得独立后，华盛顿坚持要将美国建立成为一个更强大的统一的国家。他对宪法及新政府的支持促使互不信任、彼此猜忌的各州团结在新的联邦之下。在长期的斗争中，对华盛顿的信任是一个必不可少的因素，而事实证明这种信任是完全正确的。不止一次，意志薄弱者都认为除了专政以外再没有别的希望了;在纽堡,胜利的军队甚至准备跟随华盛顿反对国会。但在革命中,美国的动乱并未导致无政府状态或军事专制。国家得免于难,应归功于乔治·华盛顿的坚忍不拔的勇气和绝对的诚实。

本 书 轶 事

1777年在伦敦以华盛顿本人名义发表的一本书，书名：《乔治·华盛顿将军一七七六年致友人书》，这是第一次刊印华盛顿书信。说来令人惊奇，该书竟系伪造。手法亦极为巧妙，意在证明华盛顿并不同情美国的激进派，对革命前途亦缺乏信心。1795年在伦敦刊印华盛顿致国会函。一年以后，在纽约重印这两种选集，并补充了一些材料，作为反对联邦主义运动的文件。

在此期间，华盛顿的书信及抄本均锁于他自建的防火储藏室中并经妥善整理。后来担任过哈佛大学历史学教授兼校长的贾雷德·斯帕克斯，曾于1827年亲自检视，并曾得到当时芒特弗农的主人——布什罗德·华盛顿法官的允许，将其所需部分带至坎布里奇。古旧的克雷吉厅，1775至1776年系华盛顿的总部，后来为朗费罗的住所，斯帕克斯曾有十年时间在此，从事华盛顿文集(1833—1837年)的编纂工作。为了搜集资料，斯帕克斯曾索阅私人收藏，并曾远赴欧洲。直到1889年，他所编的十二卷本系当时唯一全面的华盛顿文集。该书版权由国会于1834年及1849年两次收买。

斯帕克斯的编纂，虽认真努力，但该书问世后即遭到严厉批评，编者的诚实与能力成为一场争论相当激烈的中心议题。那些正当的批评系基于编者下列两种不幸的作法：删去或遗漏编者认为无关重要、重复或批评不当的某些部分，但未加说明；有些信系由编者重写。编者的不幸起源于他曾找到某种早期的书信集，他发现华盛顿年青时期所写的书信，他成年后均曾仔细修改，删除思想上或表达上的不周之处。出于对英雄的崇敬，斯帕克斯也照此办理，所有信中的大写、拼写、标点及用语，如有不当，他都毫不犹疑地加以改动。当同一信件在回忆录及传记中出现时，编者受到激烈攻击，被指责为不诚实。现在此项罪名已得到洗雪，仅被指责为判断不当，方法上不科学。

斯帕克斯的版本现已被 W. C. 福特所编的全集（十四卷，1889—1893）所超过。本书根据的就是福特编的全集。福特版的特点是选材恰当、校订准确。华盛顿的大量信件可见于他同辈人，如里德、李等人的传记中；马萨诸塞历史学会及长岛历史学会亦曾出版过另外的（华盛顿）选集；还有一些信则见于各种刊物，如《美国历史杂志》。1889 年以前发行的各种华盛顿文集的全部书目见 W. S. 贝克编的《华盛顿文献书目》。

华盛顿不像许多革命领袖那样以文笔见长。他如何想就如何写，文格沉静、迂缓且有耐性，甚至有点笨拙。他的极端克制，他的务求确切与庄重，使他的文章不能像杰斐逊的著作那样感情奔放，想象丰富，有个人独特之处，读来余味无穷。但从华盛顿所写一切中，可以清楚地看出他个人的品格。他对国家的鞠躬尽瘁，对工作的极端负责任，对人的绝对诚实，无不显露无遗。

注　释

1. 年青时期的爱情　“低地美人”不知何指，因华盛顿似为一敏感的青年。可能指露西·格里姆斯——后来系亨利·李之妻，“轻骑哈里”之母，罗伯特·E.李的祖母。爵士系指汤姆斯·费尔法克斯，华盛顿第一次土地测量之行，即由他派遣。

2. 俄亥俄之行　此次旅行系受州长丁维迪之命，警告法国停止对俄亥俄流域的侵略行为。吉斯特系印第安著名商人及武士。

3. 请求授予军衔　在进攻杜肯要塞的远征中，华盛顿被任命为副指挥。弗赖伊上校受伤后，担任指挥。

4. 丁维迪州长　1752—1758 年，任弗吉尼亚州长。

5. 大草地的战斗　这是对法国与印第安人战争中第一次血战。6 月初，华盛顿被优势敌军包围，曾被迫投降，并退至弗吉尼亚。

6. 愿意担任候选人　直至 1758 年华盛顿才当选为弗吉尼亚州议员。

7. 布拉多克的败绩　由于华盛顿的冷静与受人轻视的殖民地民兵的勇敢，始使这次不祥的远征免遭全军覆灭之祸，这一点他未提及。

8. 边境的痛苦　从 1755 至 1758 年，华盛顿系弗吉尼亚边防哨所的指挥。他所取得的经验对他后来的事业有极大好处。约翰·罗宾逊系州议会议长兼州司库。

9. 致未婚妻　华盛顿于 1758 年冬第一次遇见丹尼尔·帕克·卡斯蒂斯的遗孀马莎·丹德里奇时提出婚约，第二次见面时即订婚。于 1759 年 1 月 6 日举行婚礼。据说华盛顿死后，他的夫人将他给她的全部信件付之一炬。留下来的信肯定已不多。

10. 布凯上校　亨利·布凯(1719—1766)是一位行伍出身的瑞士军官。原在低地国家服役，于 1756 年参加驻美英军。福布思率兵成功地进击杜肯要塞时，担任副指挥。1763 年击破庞蒂亚克的阴谋，并被派抗击南部印第安人。他死于彭萨科拉。

11. 乔治·威廉·费尔法克斯夫人　有理由相信卡里小姐即乔治·威廉·费尔法克斯夫人，系华盛顿早年曾竭力追求的目标，而且这种感情他一直没有忘记。

12. 西部的好处　华盛顿第一次执行土地丈量任务以后，即认为西部注定要成为美国最有价值的地区。他曾大量投资购买赐地，多次访问俄亥俄，并曾在原来的俄亥俄公司及其他庞大计划中发挥显著作用。在他的遗嘱中，他描述他所有的西部土地多达四万九千英亩，他估计价值超过三十二万五千美元——占他整个产业的一半以上。

13. 谈对大不列颠的消极抵抗　乔治·梅森系华盛顿的邻居与挚友。在此时期很可能是他最有影响的顾问。他向下届议会提出的议案，梅森无疑曾经参与。信中所谈的不进口协议获得通过，但未严格遵守。梅森在弗吉尼亚的革命运动中，以及在弗吉尼亚与全国宪法的制定工作中，均有杰出的作用。

14. 乔纳森·鲍彻博士　圣玛丽学校校长，华盛顿继子，约翰·帕克·卡斯蒂斯的老师。

15. 皮尔的画像　关于这张画像的描述及华盛顿的其他画像，见贝克编《刻印的华盛顿像》。

16. 卡斯蒂斯的订婚　华盛顿对其妻子前夫的二子极为钟爱，为培养他们花费不少时间与心思。1773 年他将男孩约翰·帕克·卡斯蒂斯送往英王(哥伦比亚学院)学院学习，但他很快就退学，于 1774 年与埃莉诺·卡尔弗特结婚。他死于 1781 年，留下子女四人均由祖父华盛顿抚养。

17. 伯韦尔·巴西特上校　一位邻近的种植园主。

18. 为殖民地的反抗辩护　此时华盛顿已成为弗吉尼亚激进党最积极和最有影响的领导人之一。不久以后即被选为代表参加大陆会议。费尔法克斯家移居美国不久，自然反对抵抗。

19. 为正义而战　因此信写于大陆会议第一次会议时，其重要性在于反映 1774 年的公众舆论。麦肯齐上尉系驻在波士顿的一位英军军官，华盛顿的旧友。

20. 接受任命　1775 年 6 月 15 日大陆会议决议:“任命一位将军指挥已建立及待建立的大陆军以保卫美利坚的自由”,经过投票,一致选定乔治·华盛顿。翌日,议长即正式以此通知华盛顿,函中华盛顿为此作答。

21. 托马斯将军　约翰·托马斯(1725—1776)原受医学教育,在对法国与印第安人战争中服役任上校。他接受了华盛顿的意见,在波士顿被围时卓有战绩。1776 年升为少将,接替时运不济的蒙哥马利,统率开赴加拿大的远征军,死于蒙特利尔附近。

22. 拒绝继续通信　1775 年 8 月 11 日华盛顿为波士顿被俘美军军官所受不良待遇写信责备盖奇。盖奇复信,口气傲慢,以“叛国”等罪名加诸华盛顿。来往书信由大陆会议公之于众。

23. 要争取加拿大人　美国希望征服加拿大并争取法国支持革命。蒙哥马利率领一千五百人通过香普兰湖达到圣劳伦斯,占领蒙特利尔,并在魁北克与阿诺德会师。阿诺德曾冒极大危险进至肯尼贝克,并通过缅因州的荒原。在接踵而来的战斗中,蒙哥马利阵亡,阿诺德受重伤。法国仍保持中立,加拿大则于 1776 年被放弃。

24. 约瑟夫·里德　约瑟夫·里德(1741—1785)曾就读于普林斯顿及伦敦中殿法学院。作为联络委员会的成员及州议会的议长,在宾夕法尼亚的抗击战中有显著功绩。1775 年被选为第二届大陆会议议员,他辞去议员职务,就任华盛顿的副官与秘书。他后来重新进入议会,并于 1778 至 1781 年任宾夕法尼亚最高行政会议主席。

25. 伦德·华盛顿　伦德·华盛顿在革命时期代管华盛顿将军的产业与商业利益。他与华盛顿将军的关系不详。

26. 斯凯勒少将　菲利普·斯凯勒(1733—1804)在对法国及印第安人战争中即充任少校,并选入第二届大陆会议,不久以后即升任少将。他任北方部司令时曾组织加拿大远征,但因健康欠佳未能实际领导。在新英格兰的军队与代表中,他甚不得人心,愤而辞职,但未被接受。1777 年,他的职务由盖茨接替。盖茨击败伯戈因,主要由于斯凯勒的准备工作。1779 年,他受到军法审判,被宣判无罪,并允其退休。后来他成为纽约某一重要政治派别的领导人之一,多次担任联邦政府职务,两次被选为合众国参议员。亚历山大·汉密尔顿为其女婿。

27. 蒙哥马利将军　理查德·蒙哥马利(1736—1775),原籍爱尔兰,曾于1757至1765年间在驻美英军中服役,晋升至上尉。1772年,他售出军衔定居纽约。1775年被选为省议会①议员,同年,任准将及少将。由于斯凯勒少将生病,他领导加拿大远征,在进攻魁北克时,身先士卒,战死疆场。

28. 菲利普·惠特利　菲利普·惠特利(1753—1794),黑人女诗人,在英美均曾受人重视。其主人惠特利曾给过她良好教育。她也显示出一定文学才华,以后又被携赴英国。在英国时,她发表一本诗集,献与亨廷顿伯爵夫人,曾轰动一时。回国以后,她发表的其他的诗,包括一首《向华盛顿献辞》的诗,很可能这就是此信中所提及的诗。

29. 缺乏军火　当包围波士顿时,美军每个士兵一度只有九发子弹,且难以获得足够补充。在法国援助来到以来,情况未获好转。

30. 保皇主义者　当英军撤离波士顿时,约有一万一千保皇主义派的难民撤离该市,赴哈利法克斯。他们多出自殖民地的名门,直到今天他们的后裔仍为该州的望族。华盛顿曾一再表示不赞成对保皇主义者采取严厉措施。

31. 副官　华盛顿的副官的全部名单见福特编:《华盛顿全集》第14卷,第432—433页。

32. 沙利文将军的资格　约翰·沙利文(1740—1795),于1775年在新罕布什尔被任为准将,并参加包围波士顿之役。他统率加拿大远征军安全归来,于1776年升任少将。后在长岛被俘,交换归来后,曾在特伦顿、普林斯顿、布兰迪怀因、杰曼顿及新港等地作战,他因1779年远征伊洛奎印第安人成功而著名。战后历任新罕布什尔议长与美国地方法院法官。

33.《独立宣言》　"各旅应于今晚六时在自己驻地集合,以能听到的声音宣读大陆会议说明这一措施的立场与理由的宣言"——《1776年6月9日命令集》。

34. 对自己的称呼　豪爵士在下院对美方论点曾表示支持。此次前来开始谈判,但其权力并不明确。华盛顿及其他革命领袖对谈判结果有所顾虑,乐于避免正式接触。豪爵士最后对保皇派的州长们发出一份通函,但他

---

① 原文为 Provincial Congress,是美国独立革命前由英国皇家直接管辖的殖民地议会。——译者

们若非在狱，即已在逃。国会接着将此函公布，函中仅提出如果无条件投降，可以既往不咎。

35. 8月27日的阻击　长岛之战，美方力量分散，措施不力，损失兵员一千五百人，斯特林及沙利文将军均被俘。华盛顿所在阵地难以防止英国战舰的进攻，两夜后退至大陆。

36. 李将军　查尔斯·李(1731—1782)，生于英国，行伍出身，曾在英军对法国和印第安人的战争以及对葡战争中服役，又曾参加波兰军队对土耳其的战争。1773年来美，成为热情的爱国者。1775年任少将，1776年指挥南方战线，新泽西撤退时统率右翼。在纽约被俘后，曾向英国泄露美方计划。由于1776年在蒙默斯的不光彩行为，曾受军法审判，停职一年，以后即开除军籍。

37. 最后决定权的使用　“本会议充分考虑到目前的危机，并认为华盛顿将军的智慧、热情与正直足堪信赖”，决定允许他在六个月内拥有指挥军队及军事行动的无限权力。

38. 呼吁忍耐　此时华盛顿对阿诺德特有好感，他在致理查德·亨利·李的函中说：“在你的部队中确难觅到比他更积极热情、更明白事理的军官。”阿诺德的晋升推迟，系因康涅狄格已有两名少将。

39. 格洛弗准将　约翰·格洛弗(1732—1797)，参加革命军后任马布尔赫德团上校。该团由渔民组成亦称海军陆战团。长岛撤退和特伦顿战役前闻名的抢渡特拉华河，他和全团士兵战功卓著。他按华盛顿的劝告接受了准将的军衔，参加了抗击伯戈因的战役，审判安德烈少校时，他是军事法庭成员。战后，马萨诸塞代表会议批准宪法时，他也是成员之一。

40. 亚历山大·斯波茨伍德上校　亚历山大·斯波茨伍德系奥古斯丁·华盛顿的女儿伊丽莎白的丈夫。

41. 亚历山大·汉密尔顿　此时汉密尔顿是华盛顿的副官。

42. 康韦将军的品格　托马斯·康韦(1733—1800)，爱尔兰人，行伍出身，受教育于法国。原在法军服役，任上校。来美后，于1777年被任命为准将。尽管华盛顿反对，他仍被任命为少将检察长。“康韦阴谋”(见本书第八十七篇)被发现后，他辞职，在驻印度的法军中服役。1792年，听说他曾在法国南部领导保皇党起事，但未成功。

43. 理查德·亨利·李　理查德·亨利·李(1732—1794),受教于英国,弗吉尼亚种植园主的首领。曾任州治安官,联络委员会成员,大陆会议代表,在反抗英国的斗争中作用卓著。此处他提出号召独立的建议。后仍为弗吉尼亚议会工作,1789至1792年,任合众国参议员。

44. 杰曼敦之战　华盛顿在布兰德怀因企图挽救费城之举失利后,豪将军分兵前进,华盛顿则乘机进行决战。一切计划进展顺利,可惜格林将军所部误攻沙利文将军的后卫,造成溃乱。此一错误部分由于浓雾,部分由于士兵缺乏经验,无法执行较为复杂的计划。

45. 伯戈因的投降　伯戈因的投降是战争的转折点。失去费城后,这一事件的出现,第一次使革命胜利有所保证,并使法国决定承认美国独立,并与之结盟。伯戈因的惨败,部分由于运输困难,但主要是得不到豪的预期的合作,而豪之误期由于英国陆军部的无能。

46. 普特南少将　伊斯雷尔·普特南(1718—1790),亦称"老普特",曾在对法国及印第安人战争中及西印度群岛远征中多次作战;1775年,曾率领康涅狄格民兵至波士顿,他被任命为少将,但在革命中很少作战。

47. 格林少将　纳撒内尔·格林(1725—1786),父母虽为教友派教徒,他从小就喜好军事科学。1770年,进入罗得岛议会;1775年,率领罗得岛部队至波士顿。他被任命为准将,并于1776年任少将。在哈莱姆、特伦顿及布兰德怀因各次战役中战功卓著。1778年,任军需局长。他主要由于在南部防卫战中指挥有方而出名,除三处海港城市外,其余地区的英军均被逐出。在军事才能上,一般认为他仅次于华盛顿。

48. 瓦利福奇的军队　是年严冬,部队所遭受的苦难,多属可以避免,此为极可痛心之处。近在咫尺即可获到丰富的供应,但后勤部门却彻底瓦解。

49. 康韦阴谋　华盛顿在纽约及费城的失利及盖茨的俘获伯戈因,使一项以盖茨任司令的阴谋由比较隐晦而成为可能。这项活动在国会里尤其厉害,1777年任命盖茨为改组的军事委员会首脑,康韦为总检察官。在威尔金森泄露机密使华盛顿公开采取对策以前,这项阴谋有希望成功。舆论和军队使康韦一伙垮了台。

50. 盖茨少将　霍雷肖·盖茨(1728—1806),英国军官,曾在布拉多克领导下服役,1763年在弗吉尼亚定居。1775年,被任命为准将衔副官,担任华盛顿的专门顾问。按照精心策划的安排，他首先接替北部的斯凯勒，以获得迫使伯戈因投降的荣誉。由于康韦的阴谋，他受到讥评，一个时期内曾离开部队。1780 年，任南部指挥时惨败于坎默登。虽然军法审判宣告无罪，但声名大落，从此被摈弃于政治生活之外。

51. 亨利·劳伦斯　亨利·劳伦斯(1724—1792)，胡格诺派教徒后裔，南卡罗来纳比较保守的领导人之一。他曾任安全委员会主席及大陆会议代表及议长(1777—1778)。1779 年因一项外交使命被派往荷兰时，为英国所俘。获释后，于 1781 至 1783 年参加和谈委员会工作。

52. 乔治·柯林顿州长　乔治·柯林顿(1739—1812)，在对法国及印第安人战争中任中尉，后任纽约州议会议员、大陆会议代表。1777 至 1795 年，任纽约州长。1805 至 1812 年，任美国副总统。

53. 英国委员　伯戈因投降后，英法战争迫在眉睫。诺思爵士于 1778 年 2 月 1 日在下院提出一系列决议案，获得通过，同意接受 1776 年 7 月 4 日前美方一切要求。英国所派委员携带此项建议在英国从费城撤退后始达美国。大陆会议拒绝考虑不包括独立的任何条件。

54. 帕特里克·亨利　此时亨利系弗吉尼亚州长。

55. 伪造的信件　这些信件于 1776 年在伦敦发表，信中显示华盛顿在为独立而战，似乎违其本愿。信件伪造得极为巧妙，有某种理由使人相信系出自弗尼吉亚最后一任英国所派检察长约翰·兰多夫之手。此项信件可从福特编《华盛顿文集》中查到。

56. 蒙默思之战　柯林顿放弃费城从陆路退至纽约时，华盛顿紧随其后，决心在有利时机迫使交锋。这似乎是 1778 年 6 月 27 日蒙默思所处情况。但率领先头部队的查尔斯·李以其类似叛国的畏葸几乎导致惨败。华盛顿赶赴前线，对李大加申斥，并鼓舞士兵重新投入战斗。是夜柯林顿退至防守强固的阵地，难以攻破，华盛顿遂放弃追击。此役系北方战线最后一次大战。直至 1781 年约克城之战，华盛顿一直限于监视纽约的英军。

57. 纳尔逊准将　托马斯·纳尔逊(1738—1789)，弗吉尼亚的爱国人士，《独立宣言》的签署者。

58. 莫里斯州长　莫里斯州长(1752—1816)，曾在英王学院(哥伦比亚学院)学习，曾在纽约省议会及大陆会议(1777—1780)任职。1781 至 1785

年,任财政部助理部长。他所制订的计划为我国现行货币制度的基础。曾代表宾夕法尼亚出席联邦制宪会议,系宪法条文的撰写人。后曾出任驻法公使和纽约州参议员。

59. 哈里森州长　本杰明·哈里森(1740—1791),弗吉尼亚种植园主,爱国志士。1777至1782年,任议会议长;1782至1785年,任州长。1788年批准宪法会议的成员。本杰明·哈立森系威廉·亨利·哈立森之父。

60. 军官的抱怨　面临无仗可打的季节,加上大陆会议对军队仍怀猜忌之心,且过分悭吝,导致1770年的严重不满情绪,军官纷纷辞职,或公开抱怨。大陆会议为之震惊,投票通过军官终身领取半薪法案,旋又收回成命,建议各州自行采取行动。1780年始通过半薪法案,但在纽堡讲话以前,问题一直没有解决。

61. 对李将军的指控　由于李企图反驳华盛顿的批评,为其行为辩护,导致他受到军法审判,终于开除军籍。

62. 特朗布尔州长　乔纳森·特朗布尔(1710—1785),哈佛大学毕业,一度曾任牧师,后进入商界,学过法律,1773年被选入康涅狄格州议会。1740至1769年,任副州长;1769至1783年,任州长。在殖民地的州长中,他是唯一衷心同情革命的人。有一种受长期公认的传统说法,说华盛顿称他为乔纳森兄弟,而且这就是美国在人名前称兄道弟的由来。

63. 斯特林勋爵　威廉·亚历山大(1726—1783),曾在对法国与印第安人战争中服役,赴英争取斯特林伯爵爵位未果,返美后积极参加纽约州的政治活动。进入军队后任上校,1776年任准将,1777年任少将。在长岛被俘。交换归来后,参加费城附近及蒙默思战斗。他受过良好教育,系英王学院(哥伦比亚学院)的创始人与院长。虽然下院拒绝了他的申请,但是在美国一般仍称他斯特林爵士。

64. 菲尔丁·刘易斯　华盛顿的姻兄。

65. 詹姆斯·杜安　纽约的保守派,坚决抵制过激行动,反对过《独立宣言》。此时他已与激进派一致行动,成为大陆会议中最发挥作用的成员之一。战后为纽约市第一任市长,后任美国地方法院法官。

66. 阿诺德的叛国　阿诺德叛国的主要目的系放弃西点和对赫德森河域的控制;不一定有任何捕捉华盛顿的想法。安德烈的不幸系因他无视柯林顿的警告:不得进入美军阵地,不得穿着制服,不得携带文件;亦因俘获他的三个普通士兵品格高尚。安德烈被捕后带至詹姆森上校处,上校竟愚蠢地向阿诺德报告,使他得以逃走。

67. 盖茨的停职　大陆会议因盖茨在卡姆登战役中的表现,令他停职。

68. 美国事态　大陆会议令劳伦斯上校在其动身赴法国以前,就自己使命的目的向华盛顿将军请示。劳伦斯前往总司令总,华盛顿按其请求,以信件形式说明自己观点。

69. 德·罗香波和德·泰内　在美国的法国陆海军司令。

70. 萨拉·贝奇夫人　萨拉·贝奇夫人,为本杰明·富兰克林之女,费城管理劳军物资的负责人之一。

71. 祝贺　祝贺的原因系由于尤塔斯普林斯之役,这一战役实际上将英军限制在南部一些海港城市。

72. 海军优势　由于俘获康沃利斯,有可能使法国暂时取得海军优势,切断英军的增援和退路,因此,华盛顿有充足理由强调控制海面的重要性。

73. 弗蒙特　新罕布什尔授地,久系新罕布什尔与纽约两州之间的争吵不休的原因。后该地定居者自己做主,组织了州政府并申请加入邦联。由于提出申请各州的反对,到1791年始得加入。

74. 詹姆斯·麦克亨利　詹姆斯·麦克亨利(1753—1816),生于爱尔兰,1771年来美,随拉什医生学医,在大陆军中任医师,后任华盛顿助理秘书。战后在马里兰州参议院及国会供职。曾任联邦制宪会议代表,并曾多次担任政府职务。1796至1800年,任陆军部长。

75. 不诚实的代理人　此信充分显示华盛顿不能忍受不公正或不公道的对待,当他感到应据理力争时,他可以使用不讲情面的言词。

76. 布什罗德·华盛顿　华盛顿所钟爱的侄子,芒特弗农的产权的继承人。后出任最高法院副法官。

77. 旧习未除的痕迹　康韦阴谋中突出的成员又卷入纽堡的讲话中(见本书第一四一篇)。

78. 暴风雨　战争结束以后,大陆会议及政府对军队应享有的待遇,表示难以处理,既不允军官支领半薪,也不能给士兵任何优惠。1782年,部队曾以尊敬的态度提出抗议,但无结果。1783年3月,一份煽动性很强的隐名的文件终于在军中流传，号召他们团结一致，自己起来做主。华盛顿当即召开军官大会，呼吁他们以国家为重，暂时忍耐，并保证竭尽全力，争取解决，从而避免了险将出现的危机。大陆会议随即准许军官获得五年全薪，并允许士兵获得应有待遇。

79. 大陆会议的软弱　此时（1783 年）大陆会议正敦促各州赋予额外权力，在一定时间内增加少量进口税，以便偿付债务的利息。有七个州同意，但是当大陆会议于 1786 年重提此案时，纽约州反对，提案作罢。

80. 威廉·戈登博士　威廉·戈登博士系马萨诸塞州不信国教的牧师，支持革命，并于 1788 年发表一部有关革命的历史。当时，该书在英美均不受重视，现在价值更微。

81. 契约劳工　为殖民地时期一种普遍的得到劳工的方式。劳工以若干年内的劳役售与船主，作为旅费的代价，然后船主将劳工售与种植园主。

82. 小孙孙　华盛顿夫人抚养了其子约翰·帕克·卡斯蒂斯的子女。

83. 诺克思少将　亨利·诺克思（1750—1806），原系波士顿的书商。在邦克山作战时，他从蒂坎德鲁加将大炮运来，使华盛顿得以将英军驱出波士顿。在北方军服役抗击伯戈因时，他已是准将，1781 年成为少将。1785 至 1795 年，任陆军部长。系华盛顿最亲近的友人之一。

84. 罗伯特·莫里斯　罗伯特·莫里斯（1734—1806），费城富商，系《独立宣言》的签署人之一，革命时期在州议会任职。他曾向大陆会议提供大笔金钱，1781 年任财政监督。他使混乱的账目有条不紊，并建立北美银行，1784 年辞职。他曾任大陆会议代表及美国参议员。晚年卷入西部土地投机，死于穷困。

85. 约翰·杰伊　约翰·杰伊（1745—1825），其祖先属胡格诺教派。毕业于英王学院（哥伦比亚学院），在纽约任律师。革命时期他供职于地方联络委员会及第一、二届大陆会议。州宪法的大部分由他起草，并曾担任纽约州第一任首席法官。1779 至 1783 年，任驻西班牙及法国的公使；1784 至 1789 年，任外事秘书。华盛顿任命他为合众国首席法官。1794 年，他与英国谈判，所订条约，人们称之为“约翰·杰伊条约”。辞职以后任纽约州州长（1795—1801），1801 年退休。

86. 马萨诸塞州的骚乱　1786 年，马萨诸塞州西部发生以丹尼尔·谢司为首的严重骚乱事件。闹事者主要来自负债的阶层，他们的主要目标是制止法院开庭，并争取立法对他们有利。州长鲍登几经周折始平息骚乱。国会未敢提出任何公开援助，但曾以防御印第安人为名，组织一支部队，以备必要时用以对付闹事者。

87. 亨利·李　“轻骑”或“轻骑哈利”李(1756—1818)，毕业于普林斯顿大学，大陆会议代表，弗吉尼亚批准宪法会议成员；1792 至 1795 年，任弗吉尼亚州长。1794 年，率军征讨威士忌暴乱。1799 至 1801 年，任国会议员。在国会曾以下列名句描绘华盛顿：“战争中的第一人，和平时的第一人，国人心目中的第一人。”罗伯特·E. 李系其子。

88. 戴维·汉弗莱斯上校　戴维·汉弗莱斯上校(1752—1818)，耶鲁大学毕业，为以“哈特福特才子”闻名的一个文学团体成员。他曾任华盛顿的助手，在康涅狄格政治中地位显著。1788 至 1790 年，随华盛顿息影芒特弗农。1791 年，被任命为第一任驻葡萄牙公使，后改任西班牙公使。美国第一头美利奴绵羊是他从西班牙带回的。

89. 乔尔·巴洛　乔尔·巴洛(1754—1812)，曾就读于达特默思与耶鲁大学，在大陆军中任牧师。后习法律，但以所作《哥伦布的梦想》等诗而享盛名。1788 年，出国担任不幸的赛阿托土地公司的代理人，1805 年以前一直在法国。当他负有外交使命派往拿破仑处时，死于从莫斯科撤退途中。

90. 乔治·斯特普托伊·华盛顿　乔治·斯特普托伊系塞缪尔·华盛顿之子。他与弟弟劳伦斯·奥古斯丁的教育费用均由叔父乔治·华盛顿支付。

91. 玛丽·伍斯特　伍斯特夫人系伍斯特将军的遗孀。伍斯特将军于 1777 年防守丹伯利时受重伤。

92. 华盛顿之母　玛丽·(鲍尔)·华盛顿，是奥古斯丁的第二个妻子和乔治·华盛顿的母亲。孀居四十六年后，死于 1789 年 8 月 25 日，死时八十三岁。关于她，我们所知甚少，但其子的庄重寡言及善于理事，似系得自其母。贝蒂·刘易斯夫人系惠尔丁·刘易斯之妻。

93. 哈里奥特·华盛顿　哈里奥特系塞缪尔之女，由其叔父抚养。她后来发展良好，与巴尔的摩的安德鲁·帕克斯结婚。

94. 莫里斯州长　华盛顿虽进此友好忠告，莫里斯去法国后的作为仍不得人心。1794 年被召回。

95. 杰斐逊与汉密尔顿　杰斐逊与汉密尔顿在气质上与政治上均针锋相对，几乎在一进入内阁时即产生矛盾。对汉密尔顿的财政计划，尤其是银行问题，彼此意见相左，一直发展到像杰斐逊所说那样："像一个笼里的两只公鸡"。华盛顿所渴望的是行政当局超出于党派斗争，使杰斐逊留任。1793 年 11 月，杰斐逊辞职，成为反对党的首领。

96. 埃德蒙·伦道夫　埃德蒙·伦道夫(1753—1813)，威廉及玛丽学院毕业，因参加爱国政党被其父取消继承权。革命时期任华盛顿助手。曾任弗吉尼亚宪法会议代表，第一任州司法部长，国会议员。1786 至 1787 年，任弗吉尼亚州长。率领州代表团参加联邦制宪会议，但是拒绝签署宪法，后来始表示支持。他是合众国首任司法部长，并继杰斐逊任国务卿。不久即因对法国大使表示不得体的同情而受到讥评，于 1795 年去职。

97. 弗朗西斯·华盛顿　弗朗西斯(巴西特)·华盛顿系乔治·奥古斯丁·华盛顿(函中所指死去的人)的遗孀。乔治·奥古斯丁于 1785 年后居于芒特弗农，管理产业。他系乔治·华盛顿兄弟查尔斯之子。

98. 埃德蒙·彭德尔顿　埃德蒙·彭德尔顿(1721—1803)，弗吉尼亚的种植园主与爱国者。1752 年进入州议会，曾任议长多年。革命时期系联络委员会及大陆会议成员，并曾任弗吉尼亚宪法会议主席。以后被选为出席联邦制宪会议代表，弗吉尼亚批准宪法时他起了很大作用。从 1779 年起到他去世，一直任弗吉尼亚上诉法院院长。

99. 查尔斯·科茨沃思·平克尼　查尔斯·科茨沃思·平克尼(1746—1825)，生于南卡罗来纳，就读于牛津及中殿法学院。回国以后积极参加当地抗英斗争。1776 年任华盛顿助手。1776 年去南方，曾在查尔斯顿被俘。曾参加联邦制宪会议及 1790 年的南卡罗来纳会议。1796 年派任驻法公使，但未被接受。翌年，他领导调查 X. Y. Z. 信件的委员会。1800 年，任联邦党副总统候选人，1804 年及 1808 年的总统候选人。

100. 民主协会　这些会社系由法国公使热奈发起建立，他原望这些会社能像法国的雅各宾俱乐部那样，在美国发挥相似的作用。热奈的过分行为及华盛顿的谴责，很快使他不得人心。这些会社是否会如华盛顿所相信的那样构成严重威胁，大可怀疑。对杰斐逊组织反对党，这些会社是有所帮助的。

101. 威士忌暴乱　事件发生于1794年宾夕法尼亚西部，目的在于反对征收威士忌酒税。此次起义系对新政府是否稳固及能否维持法律与治安的第一次严重考验。华盛顿命令邻近各州派出民兵，各州均忠实地执行命令，起义失败。

102. 埃莉诺·帕克·卡斯蒂斯　埃莉诺·帕克·卡斯蒂斯系华盛顿继子约翰·帕克·卡斯蒂斯之女。她与菲尔丁·刘易斯之子，即华盛顿的侄子结婚。

103. 蒂莫西·皮克林　蒂莫西·皮克林(1745—1829)，马萨诸塞州的爱国者与政治家，哈佛大学毕业，专攻法律。革命时期在军队服役，供职于军事委员会，后任军需局长。他系第一任邮政管理局长，后任陆军部长，1795至1800年任国务卿。嗣任马萨诸塞州中级民事及刑事法庭首席法官。1803至1817年间，代表该州任众议员及参议员。他始终是联邦党人当中最不愿和解的一翼的首领，这些人与英国暗中进行的阴谋，他也牵涉在内。他可能系哈特福德会议的策动者。

104. 帕特里克·亨利　帕特里克·亨利当时(1795年)已退出政治生活，他早年的激进主义已因财富与年龄关系而趋于温和。在1794至1796年间，他曾拒绝竞选美国参议员及弗吉尼亚州长，也曾拒绝担任国务卿、首席法官及驻法公使。

105. 杰伊条约　杰伊与英国所订条约可能是美国所希望的最好的条约，但是很不得人心，所以参议院批准以后，众议院作出坚决努力使批准无效。华盛顿坚定的立场有助于树立具有重大意义的维护宪法的先例。

106. 党派政治　此时(1796年)杰斐逊是反对党或民主共和党的公认首领，并且是该党的总统候选人。华盛顿虽仍坚持其政府无党派的理想，实际上已紧密地站在联邦党人一边，并视汉密尔顿为其最可信赖的顾问。信中含蓄的口气显示华盛顿与杰斐逊之间的关系渐趋冷淡，以后发展成前者对后者的不信任与厌恶。

107. 告别演说　告别演说一向被认为首要国家文件。除了所体现的作者崇高的爱国主义精神外，作者诚恳地呼吁反对政治中的地方主义，反对削弱中央政府，以及对门罗主义的预见，这些都是极为重要的。

108. 乔治·华盛顿·帕克·卡斯蒂斯　乔治·华盛顿·帕克·卡斯蒂

斯系华盛顿继子约翰·帕克·卡斯蒂斯之子。

109. 重返政治舞台　1797—1798 年，法国侮辱美国使节的事件发生后，美法两国虽未正式宣战，但实际上处于战争状态已近两年。亚当斯总统个人在群众中威信不高，且为其内阁所不信任，属意于汉密尔顿领导一切。他们说服普遍同意行将担任总司令的华盛顿，形势需要他任命一些将级军官，而且普遍要求汉密尔顿应做副司令。结果使华盛顿疏远了他的终身朋友、高级军官诺克斯将军。亚当斯总统当然不愿放弃任用军官的权力，这样，华盛顿就卷入一场与总统的激烈争执。总之，此事是不幸的，为华盛顿的晚年添加痛苦，也为 1800 年联邦党人的分裂及失败埋下祸根。

110. 外侨法与镇压叛乱法　联邦党人利用由于 X. Y. I. 事件群情激愤反对法国的机会，通过一系列法案，限制外侨，反对批评政府。因此项法案大部分针对反对政府的报纸及其编辑与投稿人，判刑也很重，但是很快就被认为侵犯新闻自由，并将制定这些法案的原因归诸于联邦党人的日益不得人心。

111. 弗吉尼亚立法机构　为抗议外侨法与镇压叛乱法，在肯塔基与弗吉尼亚的民主共和党人通过决议，攻击这些法案违宪，并对宪法及中央政府权力有限，提出措辞严峻但有党派色彩的解释。肯塔基决议由杰斐逊起草，弗吉尼亚决议则由麦迪逊执笔，口气较温和。

112. 拒绝充任候选人　1800 年选举临近时，联邦党人的分裂状态与不得人心，使得华盛顿的参加竞选成为他们赢得胜利的唯一希望。华盛顿此时已经是一位不折不扣的党人，政党机器也初具规模。

113. 国立军事学院　此处提及的计划为国会采纳，并在西点成立了军事学院。此信似为华盛顿所写的最后一封信，两年以后他即逝世。

参 考 书 目

《美国史述评》 贾斯廷·温泽编,第6卷,第7卷

Narrative and Critical History of America. Edited by Justin Winsor. Vols. VI and VII.

《美国史》 艾伯特·布什内尔·哈特编,第8—11卷

The American Nation: a History. Edited by Albert Bushnell Hart. Vols VIII to XI.

《合众国史》 理查德·希尔德雷思,共6卷

History of the United States. Richard Hildreth. 6 vols.

《约翰·亚当斯文集》 查尔斯·弗朗西斯·亚当斯编,共10卷

Works of John Adams. Edited by Charles Francis Adams. 10 vols.

《亚历山大·汉密尔顿文集》 亨利·卡伯特·洛奇编,共9卷

Writings of Alexander Hamilton. Edited by Henry Cabot Lodge. 9 vols.

《托马斯·杰斐逊文集》 保罗·莱斯特·福特编,共10卷

Writings of Thomas Jefferson. Edited by Paul Leicester Ford. 10 vols.

《华盛顿文集》 贾雷德·斯帕克斯编,共12卷

Writings of Washington. Edited by Jared Sparks. 12 vols.

《乔治·华盛顿文集》 沃辛顿·昌西·福特编,共14卷

George Washington. Edited by Worthington Chauncey Ford. 14 vols.

《乔治·华盛顿生平》 约翰·马歇尔,共4卷

Life of George Washington. John Marshall. 4 vols.

《乔治·华盛顿生平》 华盛顿·欧文,共5卷

Life of George Washington. Washington Irving. 5 vols.

《乔治,华盛顿》 亨利·卡伯特·洛奇,共2卷

George Washington. Henry Cabot Lodge. 2 vols.

《乔治·华盛顿》 沃辛顿·昌西·福特,共2卷
George Washington. Worthington Chauncey Ford. 2 vols.
《真正的乔治·华盛顿》 保罗·莱斯特·福特
The Real George Washington. Paul Leicester Ford.
《华盛顿书目》 W. S. 贝克
Bibliotheca Washingtonia. W. S. Baker

图书在版编目(CIP)数据

华盛顿选集/(美)乔治·华盛顿著;聂崇信,吕德本,熊希龄译.—北京:商务印书馆,2017
(汉译世界学术名著丛书:120年纪念版:珍藏本)
ISBN 978-7-100-14570-1

Ⅰ.①华… Ⅱ.①乔… ②聂… ③吕… ④熊… Ⅲ.①华盛顿(Washington,George 1732-1799)—选集 Ⅳ.①D771.209

中国版本图书馆CIP数据核字(2017)第153258号

汉译世界学术名著丛书
(120年纪念版·珍藏本)
华盛顿选集
〔美〕乔治·华盛顿 著
聂崇信 吕德本 熊希龄 译

商 务 印 书 馆 出 版
(北京王府井大街36号 邮政编码100710)
商 务 印 书 馆 发 行
北京新华印刷有限公司印刷
ISBN 978-7-100-14570-1

2017年12月第1版　　开本710×1000 1/16
2017年12月北京第1次印刷　　印张24¾
定价:125.00元